Sarah Rogalski

Perspektivwechsel

Ein Indigo-Kind wird zur Indigo-Mama

Smaragd Verlag

Die in diesem Buch enthaltenen Informationen sollen der Aufklärung dienen und ersetzen keine medizinische Diagnose, ärztliche Verordnung oder Behandlung. Sie ersetzen auch nicht den Besuch bei einem Arzt oder Heilpraktiker. Der Inhalt ist allenfalls als Begleiung und Ergänzung zu einem vernünftigen und verantwortungsvollen Gesundheitsprogramm gedacht. Autorin und Verlag übernehmen für unsachgemäßen Gebrauch keine Haftung.

Bitte fordern Sie unser kostenloses Verlagsverzeichnis an:

Smaragd Verlag e.K.
Brückenstraße 25
D-56269 Dierdorf
Tel.: 02689-92259-10
Fax: 02689-92259-20
E-Mail: info@smaragd-verlag.de
www.smaragd-verlag.de

Oder besuchen Sie uns im Internet unter der obigen Adresse und melden Sie sich für unseren Newsletter an.

Erste Auflage: September 2020

Umschlaggestaltung: preData
Satz: Gaby Heuchemer
Druck: CPI books GmbH, Leck
ISBN 978-3-95531-197-1

Inhaltsverzeichnis

Vorwort

Ich bin von Dankbarkeit erfüllt, weil dich dieses Buch erreicht hat. Es wollte und sollte zu dir, da bin ich mir sicher. Und zu Beginn möchte ich dich von Herzen beglückwünschen!

Da du diese Zeilen liest, weiß ich, dass du, in welcher Form auch immer – ob als Elternteil, als Großelternteil, Erzieher oder in einer anderen Rolle –, ein sehr großes Privileg hast. Du darfst einen oder mehrere neue Hüter der Erde auf ihrem Weg begleiten. Für die Erde gibt es derzeit kaum etwas Wichtigeres!

Aus eigener Erfahrung, die ich sowohl aus der Perspektive des „Irgendwie anders"-Kindes und später als Mama eines solchen Kindes machen durfte, kann ich nachempfinden, dass dieser Weg teilweise sehr herausfordernd ist. Diese Aufgabe ist aber mindestens genauso wertvoll, und daher möchte ich dir mit diesem Buch ganz viel Mut schenken, sowie Kraft, Inspiration, Unterstützung, Glaube an dich selbst und Wertschätzung.

Die Welt befindet sich bereits seit einigen Jahren in einem großen Wandel. Alte Strukturen werden aufgebrochen, altbewährte Systeme hinterfragt, es kommen Dinge ans Tageslicht, die lange unerkannt waren, und es werden neue Wege gefunden und geebnet. Diese neuen Wege wollen aber erst einmal gegangen werden, und dazu bedarf es Vorreiter. Diese Vorreiter gibt es schon seit einigen Jahrzehnten auf unserem Planeten, doch die Menschen erwachen nur langsam, Stück für Stück.

Ich nehme wahr, dass jetzt ausschließlich die „neuen Kinder" geboren werden. Kinder, die ein höheres Bewusstsein haben als wir. Sie sind hier mit einem wichtigen Auftrag, und deine Aufgabe als Begleiter dieses Kindes ist daher nicht weniger wichtig. Du bist einer der Menschen, der den Weg deines

Kindes mit am meisten prägt und seinen Start ins Leben maßgeblich begleitet und ebnet.

Ich fühlte einen starken Ruf, dem ich nachgab und dieses Buch schrieb. Hier hinein sind mein Herz, mein Wissen, meine gesammelten Erfahrungen und darüber hinaus empfangene Botschaften geflossen, mit der Herzensvision, dass es dir und deinem Kind dienlich sein wird und euch zu einem harmonischen, wertstiftenden Zusammenleben und einer starken Beziehung verhelfen wird. Dieses Buch möchte dir Mut schenken! Den Mut, immer auf dein Herz und deine innere Stimme zu vertrauen. Es möchte dir Kraft schenken, indem es dich daran erinnert, wie wichtig und wertvoll du bist, wenn du ein solch wundervolles Kind begleiten darfst. Es möchte dir Vertrauen schenken. Vertrauen, dass alles genau richtig ist, wie es war, wie es ist, und wie es kommen wird. Und es möchte dir viele Anhaltspunkte schenken, die dir den Alltag mit diesem besonderen Kind erleichtern werden.

Es bricht eine Neue Zeit an, und diese Zeit bringt neue Erdenbürger mit sich: Unsere Kinder, die Kinder der Neuen Zeit.

Schon immer gab es Fortschritte auf der Erde. Doch in den vergangenen Jahrzehnten wuchs der technologische und wirtschaftliche Fortschritt schneller an als der Grad unseres Bewusstseins, was dazu führte, dass unsere Erde fast zu Grunde gerichtet wurde. Wir stehen derzeit an einem sehr wichtigen Wendepunkt in unserer Geschichte, der Geschichte der Menschheit und der Erde.

Unsere Kinder werden, wie bereits erwähnt, mit einem erhöhten Bewusstsein geboren. Wir, ihre Eltern, Großeltern und Wegbegleiter, dürfen lernen, sie so zu begleiten, dass sie ihr Geschenk offenen Herzens in die Welt bringen. Wir dürfen ihnen vertrauen, genau wie uns selbst. Unserer Intuition!

Dieses Buch richtet sich speziell an die Führer der Neuen Zeit. Kinder, die besondere Merkmale aufweisen, die im Laufe des Buches noch ausführlicher beschrieben werden. Unser Verstand kategorisiert bekanntlich gerne, und so haben die Kinder der Neuen Zeit unterschiedliche Namen bekommen: Gefühlsstarke Kinder, hochsensible Kinder, hochbegabte Kinder, Lichtkinder oder auch Indigo-Kinder. Auch wenn ich kein Freund von Schubladen-Begriffen bin, so werde ich im Laufe des Buches den Begriff „Indigo-Kinder" oder „Indigos" benutzen, weil dieser Begriff, anders als die anderen, alle wesentlichen Merkmale umfasst und nicht nur Teilaspekte ihres Wesens.

Die Führer der Neuen Zeit brauchen kurz zusammengefasst:

Einen geschützten Rahmen, Raum für ihre Entwicklung, Unterstützung, sowie das Gefühl, gesehen und bedingungslos geliebt zu sein.

Das benötigen natürlich auch alle anderen Kinder. Ich richte das Wort jedoch speziell an die Indigos, weil ich hier aus eigener Erfahrung sprechen kann. Aus zwei Sichtweisen heraus: Als Indigo-Erwachsene, also als ehemaliges Indigo-Kind, und als Mama eines Indigo-Kindes. Und vielleicht magst du dich spätestens an diesem Punkt des Buches fragen: „Von wem lese ich hier eigentlich gerade?", und dieses Rätsel mag ich für dich in einem der folgenden Kapitel lüften.

Ich blicke gerade in diesem Moment zurück auf meine Vergangenheit und muss schmunzeln, weil mir bewusst wird, dass alle Schicksalsschläge, Lernerfahrungen, mein beruflicher Werdegang und vieles mehr, mich auf genau diese Aufgabe vorbereitet haben. Und auch wenn es mir an Zeit mangelt, wie du es als Mama oder Papa eines solch besonderen Kleinkindes sicher gut nachempfinden kannst, kann ich gar nicht anders, als dieses Buch zu schreiben, weil es mich drängt und ruft.

Was dieses Buch so besonders macht, sind folgende drei Dinge:

1. Ich schreibe authentisch aus der Sicht eines Indigo-Kindes, weil ich selbst eines war.
2. Ich schreibe aus der Perspektive einer Mama eines Indigo-Kindes, weil ich selbst eine bin.
3. Ich ließ Botschaften mit einfließen, die ich empfangen habe. Deren Herkunft ist rational nur schwer erklärbar, und ich mag dir an der Stelle nur den Impuls geben: Lies mit dem Herzen, spüre die Wahrheit und nimm nur die Worte an, mit denen du in Resonanz gehst.

Nun folgt noch eine kurze Anleitung, wie du das Buch für dich am besten nutzen kannst, und dann hüpfen wir schon direkt hinein in die wunderbare Welt der Indigos mit dem Ziel, dass es das Leben deines Kindes als auch dein eigenes Leben bereichert und darüber hinaus unsere Erde zu einem besseren Ort werden lässt.

Ich sende dir tiefe Dankbarkeit und Herzensgrüße für deine Offenheit und dein wertvolles Wirken.

☆☆☆

Wegweiser durch dieses Buch

An dieser Stelle magst du dir vielleicht denken, wieso du einen Wegweiser für ein Buch brauchst. Lesen, umblättern, lesen – und fertig. Und ja, damit ist der Hauptteil bereits abgedeckt. Aber Spaß beiseite!

Was erwartet dich also?

In dieses Buch sind viele meiner persönlichen Erfahrungen und Beobachtungen hineingeflossen, wie du an der einen oder anderen Stelle anhand von Alltags-Beispielen erkennen wirst.

Du wirst zwei ganz besondere Kapitel finden:

Eins über mein Leben als Indigo-Kind, und eins über das Mama-Sein eines Indigo-Kindes. In beiden Kapiteln werde ich dich authentisch in Teilbereiche meines Lebens schauen lassen, um dir zu helfen, dein Kind besser zu verstehen, und dich selbst auch.

Des Weiteren habe ich für dich alle wichtigen Indigo-Merkmale aufgelistet und ausführlich erklärt, sowie das, was diese Kinder brauchen, um ein harmonisches Beisammensein zu erschaffen. Zudem habe ich die Fragen und Unsicherheiten von Eltern aufgegriffen, die mir immer wieder begegnen, und ausführlich beantwortet. Du wirst erfahren, wie dein Kind dir bewusst oder unbewusst dabei hilft, immer tiefer mit dir selbst in Verbindung zu kommen.

Aber eins kann ich gar nicht genug betonen: In diesem Buch geht es um die Kinder, um *dein* Kind, aber ganz besonders auch um dich! Also – lass dich überraschen...

Und jetzt kommt der entscheidende Punkt für dieses Kapitel! Du wirst immer wieder auf Stellen in kursiver Schrift stoßen.

Diese Zeilen habe ich empfangen. Das heißt, sie sind nicht in meinem Kopf in Form von angesammeltem Wissen und zusammengetragenen Gedanken entstanden, sondern entstammen einer Quelle, für die es keinen herkömmlichen Quellennachweis gibt. Ich habe sie über meine Hellsinne empfangen – und das ist ein großes Merkmal für einen Indigo. Über die Hellsinne berichte ich im Folgenden noch ausführlicher.

Bitte schlage dieses Buch jetzt nicht genervt oder gefrustet zu, oder verschenke es gar, sondern bleib offen! Denn das, was nun folgt, ist kein verrückter Eso-Kram. Auch hier weiß ich aus eigener Erfahrung, wie man über solche Botschaften denken kann, wenn man damit (noch) nicht wirklich etwas anfangen kann. Ich habe tatsächlich überlegt, das Buch ausschließlich bodenständig zu verfassen und alles, was als esoterisch abgetan werden könnte, wegzulassen. Aber das fühlte sich ganz und gar nicht stimmig an, weil es einen sehr großen Anteil verdrängen und verleugnen würde. Das geht gegen meine Werte, und damit gar nicht!

Darum fließt wirklich all mein Wissen mit ein, was wesentlich für die Kinder und dein Zusammenleben mit ihnen ist. Aber auf eine bodenständige Art und so, dass diese Zeilen wirklich jeden erreichen können, der ein solch wundervolles Kind zu Hause hat. Ganz gleich, welche Einstellung und Sichtweise du aktuell hast. Es geht nur darum, dein Leben, das deines Kindes, euer Zusammenleben und die Erde zu bereichern. Ja, ich weiß, ich wiederhole mich. Aber es ist so unglaublich wichtig – du bist so unglaublich wichtig, genauso wichtig wie dein Kind, und Wiederholungen gehen leichter ins Unterbewusstsein.

So, und jetzt kommen meine jeweiligen Vorschläge:

Möglichkeit 1)

Du bist mit den Themen „Hellsinne“ und „Seelensprache“ schon häufig in Berührung gekommen. Vielleicht sind sie auch bereits so normal für dich wie Lesen, Schreiben und Sprechen.

Dann sage ich: Wunderbar! Lehne dich zurück und genieße jede Zeile!

Möglichkeit 2)

Du warst mit diesen Themen schon in Berührung, bist aber unsicher und teilweise noch skeptisch.

Dann rate ich dir: Lies das Buch mit offenem Herzen, lies es so offen, als hättest du noch gar keine Prägungen erhalten, und achte stets darauf, ob das, was du liest, mit dir in Resonanz geht. Nimm nur das an, was sich für dich stimmig anfühlt.

Möglichkeit 3)

Du kannst noch gar nichts mit den Dingen anfangen, die man weder anfassen noch sehen kann.

Aber auch dann möchte ich dir ans Herz legen: Lies das Buch dennoch! Es wird dir nicht ohne Grund zugefallen sein. Und bitte lies es möglichst offen – neugierig, gespannt und in der Haltung, wenigstens etwas mitzunehmen, was sich als bereichernd und wertstiftend für dich herausstellt.

Und nun genug der einleitenden Worte. Es geht los, und zwar authentisch, ohne Blatt vor dem Mund. Ich schreibe mit offenem Herzen und Geist, auf dass das Buch dich genau auf die Weise erreicht, auf die es dich erreichen soll.

Was sind Indigo-Kinder?

Diese Kinder sind die Botschafter der Neuen Zeit. Zukünftige Erwachsene, die alte Systeme hinterfragen, neue Wege aufzeigen und diese beschreiten. Mit dem tieferen Sinn dahinter, unsere Erde zu retten. Das klingt erst einmal dramatisch und somit beinahe nach einem Roman, jedoch steht die Erde derzeit an einem kritischen Punkt, und es ist jetzt an der Zeit, etwas zu verändern, um unseren Planeten langfristig zu erhalten.

Indigos sind für mich die Führer der Neuen Zeit. Dabei führen sie jedoch nicht durch Dominanz und Rechthaberei, sondern auf eine liebevoll begleitende und unterstützende Weise. Sie hinterfragen Strukturen und Systeme und zwingen ihre Eltern damit regelrecht, es ihnen gleich zu tun. Es geht darum, nicht weiter blind der Masse zu folgen, sondern unseren gesunden Menschenverstand und unser tiefstes Gefühl, unsere Intuition, weise zu nutzen und den Mut aufzubringen, die Dinge anders zu leben, als sie uns vorgelebt wurden.

Diese Kinder führen die Menschen in den unterschiedlichsten Bereichen auf neue Wege und leben neue Möglichkeiten vor. Dabei ist es vollkommen belanglos, ob sie spirituell erwacht sind oder sich ihrer Herkunft gar nicht bewusst. Es spielt ebenso keine Rolle, ob sie als Coach, Lehrer oder in der Wirtschaft, der Politik, im medizinischen Bereich, oder wo auch immer, Fuß fassen.

Sie rütteln bereits während ihrer Kindheit auf und „zwingen" sozusagen ihre Eltern, neue Wege zu beschreiten. Einfach, indem sie rebellieren, ob still oder laut. Die Eltern spüren, wenn es ihrem Kind nicht gut geht, und in der heutigen Zeit hat ein „Da muss er/sie eben durch!", „Das härtet ab fürs Leben!" und so weiter in meinen Augen keinen Platz mehr. Das Leben darf leicht sein, es darf Freude machen. Trotz aller Prüfungen und Herausforderungen, vor denen wir immer wieder stehen. Doch sollten wir, du und ich, also die Generation der Älteren, unsere Kinder ermutigen, sich ihr Leben so zu gestalten, dass es sich gut und erfüllend für sie anfühlt. Als Kind hätte ich mir die heutigen, alternativen Möglichkeiten sehr gewünscht, und auch heute ist noch so viel mehr an neuen Möglichkeiten drin. Wir stehen ja erst am Anfang!

Jeder Einzelne ist dabei wichtig und von unschätzbarem Wert, wobei die eigene Bedeutung oftmals unterschätzt wird. Viele Mütter stellen sich und ihre Fähigkeiten in Frage. Sehen andere Kinder, die scheinbar „funktionieren". Nur das eigene nicht! Doch genau darum geht es den Indigos auch: nicht zu funktionieren und ins System zu passen, sondern andere und neue Wege zu gehen.

Vielleicht denkst du dir an der Stelle schon so etwas wie: „Na super, hätte es nicht einfacher sein können? Wieso ich? Wieso bei mir?" Aber vielleicht bist du jetzt schon voller Ehrfurcht und von Dankbarkeit erfüllt, weil du solch eine besondere Seele ins Leben begleiten darfst. Wenn dem noch nicht (ganz) so ist, dann mag ich dich zum Umdenken anregen:

Glaube mir, du hast dich felsenfest auf Seelenebene dazu entschlossen, dieses Kind in die Welt zu bringen, und tief in dir weißt und spürst du das. Auch wenn es Momente und Tage der Verzweiflung gibt. Und ich möchte dich mit diesen Zeilen dazu anregen, das Indigo-Kind ein solches sein zu lassen, ihm zu helfen, sich zu dem zu ent-wickeln, wer er oder sie im Ursprung ist, aber nicht mit innerem oder äußerem Kampf, sondern in Einklang und Harmonie. Das klappt wunderbar, wenn man beginnt, diese Kinder zu verstehen und die Perspektive zu wechseln. Ich möchte, dass du und dein Kind in Harmonie leben könnt, Freude genießt, Liebe fließt, das Herz deines Kindes weit offen bleibt und dabei dein eigenes Herz heilt, damit es sich ebenfalls wieder öffnet. Denn die meisten Menschen tragen noch schützende Herzmauern mit sich, auf die ich im weiteren Verlauf noch eingehen werde.

Zum Abschluss dieses Kapitels möchte ich dir noch verraten, wodurch der Begriff „Indigo-Kind" geprägt wurde: Hellsichtige Menschen nehmen die Aura dieser Kinder als Indigoblau wahr und können sie allein dadurch sofort erkennen. Menschen mit dieser Aura-Färbung gab es vor einigen Jahrzehnten noch nicht. Es hat einen Grund, weshalb sie gerade jetzt vermehrt auftauchen. Falls du jedoch zu der Vielzahl der Menschen gehörst, die sich von Anfang an auf ihre physischen Sinne verlassen haben, so wie auch ich einst geprägt wurde, erkläre ich dir im Folgenden, woran du ein Indigo-Kind noch erkennen kannst.

☆☆☆

Woran du ein Indigo-Kind erkennst

Sie sind irgendwie anders

Jedes Kind ist einzigartig und etwas ganz Besonderes, das ist unumstritten. Doch Indigo-Kinder scheinen irgendwie anders zu sein als andere Kinder. Sie verhalten sich anders, sie haben extreme Gefühle und fallen immer irgendwie auf.

Sie sind weiter in ihrer Entwicklung

Oft sind sie in ihrer körperlichen und geistigen Entwicklung weiter als Gleichaltrige. Können zum Beispiel sehr früh sprechen, laufen, haben früh eine ausgeprägte Mimik, und auch ihre Talente zeigen sich frühzeitig. Manchmal kommen aus dem Mund eines Indigo-Kindes beinahe erschreckende Botschaften, weil diese so weise und tiefsinnig sind und es keine rationale Erklärung für ihre Aussagen gibt.

Sie sind sehr intelligent

Spielend leicht lernen sie neue Dinge, begreifen sehr schnell, haben großes Interesse daran, Neues zu lernen, sofern es einen Sinn für sie ergibt und sie weiterbringt.

Die meisten dieser Kinder sind außerdem hochbegabt und haben einen überdurchschnittlich hohen IQ. Dieses Merkmal bedeutet im Umkehrschluss jedoch nicht, dass sie besonders gut in der Schule sind. Denn oft rebellieren sie genau in diesen Systemen, was sie jedoch nicht mit Absicht oder mit der bewussten Intention tun, „Ich hebe das System aus den Angeln!“, sondern weil sie den Sinn nicht sehen, unter- oder überfordert sind und die Lehrer nicht als Autoritäten achten können, weil sie sich ihnen im Kern überlegen fühlen und spüren, dass einige der Lehrer nicht mit dem Herzen dabei sind.

Sie haben ausgeprägte Hellsinne

Jeder Mensch wird mit Hellsinnen geboren, genauso wie mit den uns bekannten körperlichen Sinnen. Bei den Indigo-Kindern fällt auf, dass sie über besonders ausgeprägte Hellsinne verfügen, die entweder offen bleiben, oder – wenn das nicht der Fall ist – im Laufe ihres Lebens wieder entdeckt und bewusst ausgebildet werden können.

Mit den Hellsinnen verhält es sich ähnlich wie mit unseren Muskeln. Je mehr sie genutzt werden, desto kräftiger werden sie, und desto müheloser und natürlicher können sie eingesetzt werden, bis sie zu einem natürlichen Bestandteil des Lebens werden. Sie werden dann so natürlich gebraucht wie die physischen Sinne. Lernt ein Kind laufen, so ist es erst einmal sehr instabil und wackelig auf den Beinen. Es fällt und steht immer wieder auf. Es übt Tag für Tag, und irgendwann läuft es mühelos, ganz selbstverständlich. Laufen lernen ist völlig natürlich für uns Menschen. Wir leben es den Kindern vor, und sie machen es uns von ganz alleine nach.

Doch genauso, wie es in einem Kind angelegt ist, die Beinmuskulatur soweit zu stärken, um laufen, rennen und springen zu können, sind auch die Hellsinne im Menschen von Geburt an vorhanden.

Allerdings verkümmern sie bei den meisten Kindern aus zwei Gründen: Entweder, weil diese nur so lange von ihnen genutzt werden, bis sie feststellen, dass sie mit diesen Sinnen nicht „normal" sind und allen anderen diese Fähigkeiten scheinbar fehlen. Und dann beginnen sie, sich zu schämen und sich zu hinterfragen, weil auch sie allmählich glauben, nur eine lebhafte Fantasie zu haben. Und irgendwann hören sie auf, über diese Sinne wahrzunehmen und sie zu nutzen, denn jedes Kind möchte sein wie die anderen. Das ist ein Ur-Bedürfnis von uns Menschen und führt häufig zu inneren Konflikten der Indigo-Kinder, sowie der erwachsenen Indigos.

Oder aber es bilden sich bereits in frühester Kindheit Herzmauern. Darüber wirst du später noch mehr erfahren.

Ich wurde ebenfalls mit ausgeprägten Hellsinnen geboren, doch vergaß ich meine Gaben, als ich heranwuchs. Ich hielt sie für nicht normal, weil niemand sonst so fühlte wie ich. Es gab eine Zeit in meinem Leben, in der ich einfach nur normal sein und dazu gehören wollte. In dieser Zeit unterdrückte ich den anderen Anteil in mir. Später, als ich begann, mit Tieren zu kommunizieren, ließ ich diese Fähigkeiten wieder bewusst zu.

Heute helfe ich den Menschen unter anderem, ihre eigenen Hellsinne wieder zu aktivieren, um die natürlichste Form der Sprache wieder ins Bewusstsein zu rufen: die Seelensprache!

Die Seelensprache wird uns allen wieder in Fleisch und Blut übergehen und irgendwann wieder so normal werden, wie es Sehen, Hören oder Fühlen für uns ist.

Die Seelensprache ist für mich die Sprache der Neuen Zeit, neben der verbalen Kommunikation und der Körpersprache. Die nächste Generation bringt sie daher umso intensiver mit. Ich beobachte, dass viele Menschen bereits jetzt sensitiver reagieren und ihre Hellsinne unbewusst einsetzen. Zum Beispiel, indem sie spüren, ob ihr Gegenüber gerade die Wahrheit spricht oder lügt, oder indem wir binnen Sekunden fühlen, ob ein uns fremder Mensch ein hohes oder niedriges Selbstwertgefühl hat.

Ich weiß noch haargenau, wie sich der andere Anteil anfühlt, der absolut skeptische, der sich an die Stirn tippen und „Ja, nee, ist klar!“ sagen will. So ging es mir in meiner Jugend, als ich das erste Mal den Begriff „Tierkommunikation“ hörte. Lange war ich skeptisch und pochte auf Beweise, die meinen Verstand zufriedenstellen und überzeugen sollten. Heute ist es das Normalste von der Welt für mich, allerdings bin ich mir bewusst, dass es für viele andere noch nicht normal ist und auch nicht sein muss.

Dabei ist es eigentlich absurd, dass wir die feinstoffliche, energetische Welt so sehr ausklammern – hier in unserer grobstofflichen, also materiellen Welt. In Wahrheit ist beides da! Und beides ist gleichermaßen wichtig. Der Unterschied ist nur, dass wir das eine, die grobstoffliche Welt, sehen und anfassen, sie also mit unseren physischen Sinnen wahrnehmen können. Die energetische Welt hingegen können wir weder sehen noch berühren, aber wir können sie mit unseren Hellsinnen wahrnehmen, sofern diese ausgebildet sind. Mittlerweile hat selbst die Wissenschaft Beweise dafür erbracht, dass in Wahrheit nichts stofflich ist. Alles ist schwingende, sich formende und verändernde Energie. Das ist Fakt. Schwingt die Energie niedrig, so erscheint sie uns als feste Form, als Materie. Es gibt so viel zwischen Himmel und Erde, was höher schwingt und messbar ist, wir jedoch physisch nicht erfassen können. Wir haben unsere Hellsinne, wie auch unsere körperlichen Sinne. Sie sind nur subtiler, feiner und sehr leise.

Wofür benötigen wir unsere Hellsinne eigentlich?

Mit der Seelensprache ist die Übertragung von Wissen und Emotionen binnen Millisekunden möglich, wofür wir beim Aufschreiben oder Erzählen viele Minuten bräuchten. Sie ist sehr exakt und frei von Missverständnissen. Die Seelensprache hilft uns, unser Gegenüber zu einhundert Prozent zu verstehen.

Mit der Seelensprache können wir mit allem kommunizieren, was beseelt ist und nicht verbal kommuniziert, zum Beispiel mit Säuglingen, Kleinkindern und Tieren. Aber es ist damit auch möglich, an das tiefe Wissen der Seele eines Menschen zu gelangen, wenn dieser dem zustimmt.

Zum Beispiel, um zu erfahren, weshalb ein Trauma entstanden ist und wie Heilung stattfinden kann. Das heißt, wir kommen an das Wissen der Seele und des Unterbewusstseins, wenn das Wachbewusstsein keine Ahnung hat, weshalb zum Beispiel eine irrationale Angst vor engen Räumen, dem Fliegen oder Ähnlichem besteht.

Hellhören

Das bedeutet, dass man innerlich – also nicht über die Ohren – Worte oder ganze Sätze hört. Sie sind einfach plötzlich da, als Gedanke, der aber nicht us uns selbst kommt. Wenn du dir jetzt eine dir vertraute Stimme vorstellst und wie sie etwas zu dir sagt – ein Wort oder einen Satz –, dann hast du eine gewisse Vorstellung vom Hellhören.

Hellsehen

Es gibt zwei Formen des Hellsehens. Manche Menschen können die Aura, also das Energiefeld, eines anderen Menschen sehen, so, wie sie auch den Körper wahrnehmen. Es gibt aber auch die inneren Bilder, die plötzlich aufblitzen. Man sieht sie wie bei einem Tagtraum, oder, wenn du jetzt an ein rotes Auto denkst und es dir in allen Einzelheiten vor deinem inneren Auge ausmalst.

Hellfühlen

Beim Hellfühlen nimmt man eins zu eins wahr, was das Gegenüber fühlt. Man spürt es so intensiv, als würde es einen selbst betreffen. Ist dem anderen kalt, wird plötzlich Kälte wahrgenommen. Ist der andere voller Energie, wird diese ebenso gefühlt. Auf diese Weise ist die komplette Palette der Emotionen wahrnehmbar.

Das Hellfühlen ist der Hellsinn, der bei mir von der Kindheit an bis heute immer da war, wenn auch sehr unkontrolliert und nur unterschwellig.

Ich erinnere mich noch sehr gut an eine Nacht in meiner Jugendzeit, in der ich im Bett lag und plötzlich krampfartige Bauchschmerzen bekam, während es mich gleichzeitig zu meiner Stute rief. Mein Verstand riet mir, einfach liegen zu bleiben. Es war spät, und am nächsten Tag musste ich früh aus dem Bett. Doch die Schmerzen wurden immer schlimmer.

Nachdem ich minutenlang versucht hatte, meinen Impuls zu verdrängen und einzuschlafen, war ich irgendwann so hellwach, dass ich nicht anders konnte, als mich anzuziehen und zu den Pferden zu gehen, die bei uns mit auf dem Hof standen. Gott sei Dank! Denn da fand ich meine Herzensstute, die sich schwitzend in der Box hin und her wälzte. Sie hatte eine schlimme Kolik. Die Nacht verbrachte ich dann gemeinsam mit dem Tierarzt auf dem Hof herumwandernd, anstatt in meinem Bett. Die Stute erholte sich schnell und war am nächsten Tag wieder schmerzfrei.

Damals traute ich diesen Gefühlen und Eingebungen noch nicht. Schließlich lebte sie mir keiner vor. Es war einfach nicht normal für mich, und niemand brachte mir bei, wie ich damit umgehen könnte. Es muss nämlich nicht sein, dass man sich, weil man fremde Schmerzen fühlt, so sehr quält, aber das wusste ich damals noch nicht.

Hellwissen

Bei diesem Hellsinn weiß man die Dinge einfach, ohne sie einordnen zu können. Man kennt von jetzt auf gleich den Grund, warum sich ein Mensch so verhält, wie er es tut. Binnen Millisekunden empfängt man alle Informationen und Erfahrungen, die derjenige in der Vergangenheit gemacht hat – und plötzlich versteht man alles.

Man kann Hellwissen für alle möglichen Zwecke einsetzen. Es ist ein tiefes, inneres Wissen, was unmittelbar eintritt.

Hellriechen und Hellschmecken

Diese beiden Hellsinne sind am wenigstens relevant, aber der Vollständigkeit halber möchte ich sie hier nicht unerwähnt lassen. Es ist möglich, einen Geruch in der Nase zu haben, den man genau beschreiben kann, ohne dass man ihn mit der Nase wahrnimmt oder eine Quelle dafür hat. Auch kann man plötzlich einen Geschmack wahrzunehmen, ohne etwas Entsprechendes gegessen oder getrunken zu haben.

Telepathie

Häufig wird Telepathie mit den Hellsinnen gleichgesetzt, ist aber nicht dasselbe.

Telepathie bezeichnet Gedankenübertragung, die im selben Moment stattfindet. Beide – Telepathie und Hellsinne – sind sehr eng miteinander verknüpft, zumal Telepathie auch über die Hellsinne funktioniert und somit die Seelensprache mit einschließt. Der Unterschied ist, dass Telepathie ein sofortiger Austausch von Informationen ist.

Ich erlebe Telepathie durch die ausgeprägten Hellsinne tagtäglich, zum Beispiel, indem meine Tochter gerade ein Thema anspricht, an das ich genau in dem Moment gedacht habe, obwohl wir gerade mit einer ganz anderen Sache beschäftigt waren. Oder indem ich an eine Freundin oder Bekannte denke, von der ich schon lange nichts mehr gehört habe, und später sehe ich, dass eine E-Mail oder eine Nachricht über das Handy von ihr gekommen ist. Ich glaube, dieses Phänomen hat jeder schon mindestens einmal erlebt.

Mit Hilfe der Seelensprache ist es jedoch auch möglich, an Informationen zu kommen, die dem Bewusstsein unbekannt sind. Zum Beispiel kann man auf Seelenebene fragen, warum sich eine Krankheit oder ein Symptom zeigt, oder wie eine seelische Wunde Heilung erfahren kann. Die Möglichkeiten hier sind nahezu unbegrenzt.

Aktive Hellsinne bei deinem Kind

Woran erkennst du aber nun, ob dein Kind seine Hellsinne noch hat oder sogar nutzt?

Alle Indigos fühlen sehr genau, wer die Wahrheit spricht und authentisch ist und wer nicht. Diese Fähigkeit geht ihnen niemals verloren. Sie spüren haargenau, ob jemand sie ernst nimmt oder Interesse an ihnen nur vorspielt.

Es gibt jedoch auch einige Vorkommnisse, die die Eltern irritieren oder sogar sorgen und ängstigen können. Alles, was wir nicht kennen, neu und für den Verstand nicht einzuordnen ist, erzeugt erst einmal Angst und Unsicherheit. Das ist vollkommen normal und von Natur aus so angelegt, um unser Überleben zu sichern.

Ich hoffe, dass ich dir mit den Erzählungen und Beispielen sowie mit dem ganzen Rest deine Unsicherheit nehmen und dir dafür ganz viel Vertrauen in dich und dein Kind schenken kann!

Wenn du dich für dein Kind und das Neue öffnest, erwartet dich eine ganz neue Welt, eine völlig neue Perspektive der Dinge, und aus eigener Erfahrung kann ich sagen: Das möchte ich nie mehr missen!

Sehr viele Kinder haben sogenannte imaginäre Freunde. Das Wort „imaginär" bedeutet so viel wie „scheinbar", „nur in der Vorstellung stattfindend" oder „unwahr". Dabei sind diese Freunde realer als so manches, was wir glauben. Hat ein Kind imaginäre Freunde, so wird es häufig als sehr fantasievoll beschrieben, es wird als Phase deklariert, und die bleibt es auch, da das Kind irgendwann und meistens sehr schnell spürt, dass es nicht normal zu sein scheint. Auch wenn seine Eltern es darin bestärken, einen Platz für den imaginären Freund frei halten etc., so spüren die Kinder dennoch die tiefe Wahrheit dahinter. Sie spüren, dass ihre Eltern es gut mit ihnen meinen, aber sie ihnen nicht glauben, und erkennen natürlich schnell, dass die Eltern ihre Freunde nicht wahrnehmen können.

Die Grenze zwischen der feinstofflichen und grobstofflichen Welt ist für Kinder noch sehr verschwommen. Immer mehr Kinder werden mit diesen offenen Hellsinnen geboren, um die Erde auch in der Hinsicht bei ihrem Fortschritt zu helfen. Es wird die Erde und unser Miteinander sehr bereichern, wenn wir alle wieder mehr ins Fühlen kommen. Wenn wir die feinstoffliche

Welt verstehen und sie genauso in unseren Alltag integrieren, wie die uns bekannte materielle Welt. Alles ist im Ausgleich. Auch eine Idee ist zunächst etwas Feinstoffliches, ehe sie umgesetzt wird in etwas Grobstoffliches, wie zum Beispiel ein neues Gebäude, ein Bild oder ein Buch.

Wie gehe ich damit um?

Bestärke dein Kind in seiner Wahrnehmung. Gib ihm das Gefühl, dass es genau richtig ist mit allem, was es ausmacht. Du darfst und solltest hier auch absolut authentisch sein. Sage deinem Kind ganz ehrlich, dass du etwas nicht wahrnehmen kannst, was es gerade gesehen oder beschrieben hat. Aber füge hinzu, dass es nicht heißen muss, dass es nicht real ist. Es genügt, wenn dein Kind spürt, dass du ihm glaubst und ehrlich mit ihm bist. Du kannst ihm auch sagen, dass dir diese Dinge noch unheimlich sind und ganz neu und fremd, aber du dich sehr freuen würdest, wenn es dir mehr darüber erzählen mag. Wie in allen anderen Lebensbereichen auch, ist es den Kindern nur wichtig, sich auf eine ehrliche und unterstützende Weise gesehen und verstanden zu fühlen.

Sie sind sehr durchsetzungs- und willensstark

Indigos haben einen enorm starken Willen und wissen ganz genau, was sie wollen und wie sie es wollen! Wird ihr Wille nicht erfüllt, so reagieren sie in der Regel mit heftigem Widerstand und rebellieren so lange, bis sie ihren Willen bekommen oder man ihnen auf Augenhöhe begegnet und sie gebührend begleitet. Oft wird ihnen Unrecht getan, indem man sie als „Dick- oder Sturkopf" bezeichnet. Außerdem haben sie eine starke Meinung und pochen auf ihr Recht. Sie rücken nur selten von ihrer Meinung ab, außer wenn sie gute, sinnvolle Argumente hören und sich ernst genommen fühlen.

Indigos brauchen diese enorme Willensstärke und das Gefühl, Recht zu haben für ihren Weg. Hierauf gehe ich in einem der folgenden Kapitel noch tiefer ein.

Sie verlangen sehr viel Aufmerksamkeit

Sie können sich schwer nur mit sich selbst beschäftigen und wünschen sich Gesellschaft und gesehen zu werden. Wichtig ist ihnen die uneingeschränkte Aufmerksamkeit. Ist die Mutter körperlich anwesend, aber telefoniert, während das Kind spielt, so wird es in aller Regel nicht damit einverstanden sein. Ebenso wenig, wenn die Mutter anwesend ist und mitspielt, aber in Gedanken ganz woanders ist. Das spüren sie und reagieren entsprechend.

Sie lassen sich nicht manipulieren, bestrafen oder erziehen

Bei Indigo-Kindern helfen keinerlei Erziehungsmethoden. Sie lassen sich nicht manipulieren, also in eine gewünschte Richtung lenken, und sie lassen sich auch nicht bestrafen. Spüren sie die Unbewusstheit ihrer Begleitperson und scheinen sie der Strafe nicht entkommen zu können, wird sie zwar vollzogen, aber im Kern nicht angenommen. Das Kind lernt dabei nichts dazu, außer, dass es Recht hatte. Es fühlt sich in seinem Gefühl bestärkt, dass seine Begleitperson keine Führungsqualität besitzt, weil sie sich unsicher und hilflos gefühlt und das Große Ganze nicht verstanden hat. Für diese Kinder macht es keinen Sinn, wenn sie zum Beispiel wegen zu vielen Fernsehens nicht auf die Geburtstagsparty des besten Freundes dürfen. Oftmals steckt dahinter ein Überlegenheitsgefühl. Diese Kinder wissen im Kern um ihre wahre Größe. Ihre Körper sind klein, aber ihre Seele ist uralt und unglaublich wissend. Außerdem spüren sie aufgrund ihrer ausgeprägten Hellsinne deine wahren Absichten, durchschauen Lügen und Manipulationen sofort.

Nicht selten haben Mütter von Indigo-Kindern deshalb Gedanken wie: „Habe ich etwas falsch gemacht?" oder „Wieso ist mein Kind so anders als alle anderen?".

Ich verstehe dich! Und ich möchte dir die Antwort geben: Weil die Indigos einfach so ticken, wie sie es tun. Sie sind eben anders! Und das ist auch gut und genau richtig so! Dennoch ist es schwierig im Zusammenleben mit ihnen und vor allem im Leben in der Gesellschaft, denn sie lassen sich in der Regel nicht anpassen. Das ist einer ihrer Aufträge: Nicht ins System zu passen, sondern aufzuzeigen, dass die Zeit reif ist, Neues zu kreieren.

Nicht ohne Grund werden Indigos als Rebellen bezeichnet. Sie rebellieren gegen sämtliche ungesunden Zustände hier auf der Erde, und sie tun es mit den allerbesten, höchsten Absichten. Sie wollen die Erde und mit ihr alle ihre Bewohner retten. Doch aus eigener Erfahrung weiß ich, dass es dadurch im Alltag einer Mutter nicht immer einfach ist. Es hilft, wenn du dir immer wieder den besonderen Auftrag deines Kindes bewusst machst und dir überlegst, was du dir von Herzen für dein erwachsenes Kind wünschen würdest. Was ist besser: Ein angepasster Erwachsener, der zu allem „Ja und Amen" sagt, der sich verbiegt für die

Anerkennung anderer, und dem System und dem alt bewährten Trott folgt, obwohl es ihn unglücklich und ungesund macht? Oder ein selbstbewusster, glücklicher Erwachsener, der mit sich selbst im Reinen ist, der erfüllt ist, neue Wege geht und damit ein Zeichen setzt für alle anderen?

Ich persönlich wünsche mir die zweite Option für meine Tochter, und da du dein Kind liebst, denke ich, du auch. Auch wenn eine kleine, fiese Stimme im Hintergrund vielleicht sagen mag: „Das andere wäre aber einfacher..." Ja, vielleicht einfacher, aber auch sinn-los und weitaus nicht so erfüllend.

Sieh dein Kind als das an, was es ist: ein Weltveränderer! Im Großen oder im Kleinen ist dabei überhaupt nicht entscheidend. Es ist ein Mensch, der beeinflusst. Vielleicht nur sein unmittelbares Umfeld, vielleicht aber auch mehr. Vielleicht im Spirituellen, vielleicht aber auch in der Wirtschaft, in der Politik, im Sport oder wo auch sonst. Völlig egal! Lass dein Kind das leben, wofür es hierhergekommen ist, und es wird euch beide erfüllen. Denn auch du hast damit einen immens wichtigen Auftrag auf der Erde.

Sie haben eine starke Passion

Die Indigo-Kinder sind sehr leidenschaftlich bei den Dingen, die sie lieben. Das bedeutet aber auch im Umkehrschluss, dass sie desinteressiert und gelangweilt mit Themen umgehen, die sie nicht interessieren. Sie verwenden mehr oder weniger bewusst ihre Zeit für die Dinge, die sie lieben und die einen Sinn für sie ergeben. Der Sinn für ein Indigo kann auch einfach „Es macht Spaß!" sein. Was für mich mittlerweile höchst spirituell ist, da wir oft im Laufe der Zeit dem sogenannten Ernst des

Lebens verfallen. Von den Kindern können wir so unglaublich viel lernen. Zum Beispiel, einfach etwas ohne logischen Sinn zu tun, außer dem sehr großen, dass es uns einfach Freude macht. Wenn sie ihre Leidenschaft noch nicht gefunden haben, können sie orientierungslos und deprimiert wirken. Sie brauchen und suchen regelrecht den Sinn in ihrem Leben. Erfahrungsgemäß ergeht es jedoch nur Kindern so, die in sehr jungen Jahren schon dabei waren, sich zu verlieren, weil sie immer wieder das Gefühl bekamen, irgendwie falsch und anders zu sein, und weil sie überlagert wurden von Prägungen und Ängsten, die vom Umfeld unbewusst übergeben wurden.

Dies ist einer der größten Beweggründe für dieses Buch. Ich liebe es, den Menschen dabei zu helfen zu erkennen, weshalb sie auf der Erde sind. Sie darin zu unterstützen, ihren persönlichen Seelenweg zu gehen, denn ich bin zutiefst davon überzeugt, dass wir stets erfüllt und glücklich sind, wenn wir uns auf unserem Seelenweg befinden. Egal, wie turbulent oder schwierig es sich gerade anfühlt oder wie segensreich natürlich. Tief im Kern spüren wir, dass wir dennoch dort richtig zu sein scheinen, wo wir stehen, und entwickeln ein tiefes Vertrauen ins Leben, wenn wir anschließend zurückblicken und erkennen, wohin uns die Schwierigkeiten und Herausforderungen gebracht haben und wie sehr wir an ihnen gewachsen sind.

Eine große geistige Krankheit der Menschen besteht darin, dass sie sich vollkommen verloren haben. Dass sie von ihrem Seelenweg abkommen und ihrem eigenen Ego verfallen. Sich mit anderen vergleichen, beurteilen, bewerten. Wenn wir unsere Kinder darin unterstützen, die zu werden, die sie schon sind, dann gehen sie automatisch den Weg, der für sie bestimmt ist. Sie werden sich nicht verlieren, sondern stark und selbstbewusst durch alle Aufgaben des Lebens gehen und sich ein Leben erschaffen, das sie erfüllt. Und das ist meiner Meinung nach eine der Aufgaben, die alle Indigos vereinigt: Als Vorbild zu dienen.

Sie haben einen starken Gerechtigkeitssinn

Indigos haben ein großes Gespür dafür, was gerecht ist und was nicht. Wenn in ihren Augen etwas unfair abläuft, dann stehen sie für ihr Recht oder auch das Recht eines anderen ein. Sie sind hier sehr wachsam und korrekt, auch wenn es auf den ersten Blick so scheint, als würde es dem widersprechen, dass sie mit den Regeln und dem aktuellen System brechen.

Die Indigos interessieren sich tatsächlich nicht für Regeln, wenn sie in ihren Augen keinen Sinn machen. Sie reagieren ihrem Charakter, ihrem Temperament und ihren Prägungen entsprechend.

Ich bin ein introvertierter Mensch und war als Kind sehr schüchtern. Ich nahm Regeln daher stillschweigend wahr, aber hinterfragte sie dennoch innerlich. Meine Rebellion geschah stets still, wenn ich mich nicht sicher fühlte, wie zum Beispiel in der Öffentlichkeit oder in der Schule den Lehrern gegenüber. Ich befolgte die Regeln, aber verlor den Respekt vor dem jeweiligen Menschen, oder ich gab keine Widerworte, aber befolgte eine Regel einfach nicht, wenn sie in meinen Augen keinen Sinn machte.

Meine Tochter ist da ein ganz anderer Typ. Sie ist extrovertiert, offen und sehr selbstbewusst. Sie hinterfragt alles, auch laut, wenn es in ihren Augen keinen Sinn ergibt. Sie spricht offen aus, was sie denkt, und denkt nicht darüber nach, wie es auf ihr Gegenüber wirken könnte. Sie ist jedoch auch sehr kooperativ, wenn ihr etwas ehrlich erklärt wird und sie den Sinn dahinter versteht. Bei dem Gerechtigkeitssinn der Indigos geht es nicht um die geschriebenen Regeln, sondern um die gefühlten. Sie möchten, dass sie, so wie andere Lebewesen, fair behandelt werden, und dafür stehen sie ein.

Sie fühlen sich als etwas Besonderes und wollen auch so behandelt werden

Die Indigo-Kinder werden mit einem Gefühl geboren, als seien sie königliche Hoheiten und erwarten, genauso behandelt zu werden. Sie fühlen sich als etwas Besonderes und können nicht verstehen, wenn sie respektlos behandelt oder in ihrer inneren Größe nicht erkannt werden. Dieses Gefühl kenne ich aus meiner eigenen Geschichte. Immer wieder ertappe ich mich bei dem Gedanken: „Erkennt ihr mich denn nicht?“, und es stellt sich ein tiefes, ruhiges Gefühl ein, wenn ich erkannt werde.

Bei meiner Tochter beobachte ich es ebenso, wieder in der sehr extrovertierten Variante. Sie sagt genau, was sie möchte, und auf welche Weise. Besonders gut kann ich es beim Eltern-Kind-Turnen beobachten. Sie weiß genau, dass man sich nicht vordrängeln darf. Aber sie tut es dennoch – aus Überzeugung! Und spannenderweise beobachte ich es bei vielen anderen Indigo-Kindern ebenfalls. Es sind immer wieder die gleichen Kinder, die von ihren Eltern ans Ende der Warteschlange gestellt werden, die auch alle anderen Merkmale eines Indigos aufweisen und die ich als solche einfach fühlen kann. In solchen Situationen erkläre ich Mila die weltlichen Regeln und sorge dafür, dass sie sie einhält, aber ich gebe ihr auch das Gefühl, dass ich sie verstehen kann.

Ich empfinde es als meine Aufgabe, ihr die aktuelle Welt zu erklären, aber ihr ebenfalls den Freiraum zu lassen, eine neue zu erschaffen. Indem ich ihr tiefe Wurzeln wachsen lasse und ihr immer wieder das Gefühl gebe, dass sie genau richtig ist, wie sie ist.

Indigo-Kinder drängen sich gerne vor, weil sie die energetische Hierarchie fühlen und nach der natürlichen Ordnung handeln. Sie spüren, wer sie sind: uralte Seelen, die immenses Wissen haben und einen Auftrag hier auf der Erde. Es ist kein egoistisches, gemeines Verhalten. Sie handeln ganz natürlich im Einklang mit der Natur. Wir müssen dafür nur in die Natur schauen, um ihr Verhalten tiefer verstehen zu können. Denke nur einmal an eine Pferdeherde oder an andere Tiere, bei denen eine Rangordnung herrscht. Manche Pferde sind als Chef und Führer geboren, andere nicht. Dafür haben sie andere, ebenso wichtige Qualitäten und Aufgaben innerhalb der Herde. Es wäre fatal, wenn eins der Pferde alle anderen anführen würde, das nicht über die entsprechenden Qualitäten verfügt.

Indigos sind Führer und Vorreiter, und das ist in keinerlei Wertung gesprochen. Jeder Mensch auf der Erde hat einen wichtigen und wertvollen Platz und sollte genau die Qualitäten leben, die ihm liegen und Freude bereiten. Tun wir das und versuchen uns nicht zu verbiegen, um dazuzugehören, dann erleben wir wahre Erfüllung und Verbundenheit mit uns selbst und allen anderen Geschöpfen.

Ich habe mir häufig Gedanken darüber gemacht, was passieren würde, würde man alle Kinder beim Eltern-Kind-Turnen frei walten lassen würde, ohne ständig einzugreifen. Der Verstand denkt berechtigterweise sofort: Alle „starken“ Kinder würden nur noch turnen und die schönsten Dinge spielen, und die „schwachen“ Kinder würden am Rand stehen, einstecken müssen und kämen gar nicht mehr zum Zug. Und genau das glaube und fühle ich nicht! Ich denke, dass es ein solches Szenario geben könnte, wenn es sich um Indigo-Kinder handelt, die zu Hause unterdrückt und erzogen werden, um an der Stelle ihren ganzen Frust und ihre Dominanz ausleben zu können. Aber ebenso fühle ich, dass die Kinder uns auch hier Lehrmeister sein könnten. Würden sie schon zu Hause gesehen, bedingungslos geliebt und unterstützt werden, so wären ihre Herzen offen. Sie wären zufrieden, im Einklang mit sich und ihrer Welt. Wären das die Voraussetzungen, so würden die Indigo-Kinder sich vermutlich zusammenschließen und gemeinsam für Ordnung sorgen, sodass jeder gleichberechtigt ist, über niemanden gewertet wird, und sie würden zu einer natürlichen Ordnung finden, wie es die Natur tut.

Bei Mila beobachte ich zum Beispiel, dass sie beim Turnen für ihre beste Freundin einsteht, die zurückhaltender ist und sich niemals vordrängeln würde. Drängelt sich ein anderes Kind vor ihre Freundin, so ist Mila sofort zur Stelle und verweist das andere Kind an seinen Platz zurück.

Wir pfuschen zu sehr in der Natur herum. Das ist eins der Grundprobleme auf unserer Erde. Dass wir aus Angst zu viel Kontrolle ausüben, anstatt uns tragen zu lassen und in Hingabe zu leben.

In jeder Herde gibt es eine natürliche Hierarchie. Sie sorgt dafür, dass alle Tiere versorgt sind, jedes genügend Futter und Wasser bekommt, auch wenn der Herdenchef als Erster am Zug ist. In einer Herde, in der die Natur waltet, gibt es nur zufriedene Pferde. Ganz anders sieht es interessanterweise bei unseren domestizierten Pferden aus, die wir willkürlich zusammenstellen. Aus meiner langen Laufbahn als Tierkommunikatorin weiß ich, dass es sehr viele Pferde gibt, deren Seelen unzufrieden sind, weil sie sich gezwungen fühlen, Dinge zu tun, die sie nicht tun möchten oder physiologisch gar nicht können. Natürlich stiftet ein solches Pferd Unruhe in der Herde und entlädt seinen Frust. Die Pferde können sich nicht auf natürliche Weise zusammenfinden, es gibt zu viele oder zu wenige Führer auf kleinem Raum, und darunter viele unausgeglichene Pferde, weil sie zu etwas anderem gemacht werden sollen, als sie im Kern sind.

Es geht bei den Indigo-Kindern also darum zu erkennen, wer sie sind: Sehr weise, uralte Seelen mit Führungsqualität.

Ja, es kann anstrengend sein mit diesen besonderen Kindern, aber es wird so viel leichter, wenn du dein Kind in der Tiefe erkennen kannst. Und genauso deinen eigenen, ganz besonderen Part. Du weißt nicht, wohin es dein Kind verschlägt. Wo auf der Erde es später dienen darf und seine Erfüllung finden wird, aber du weißt schon jetzt, dass es eine immens wichtige Rolle spielen wird, im großen oder kleinen Umfeld. Und das ist völlig gleich. Es wird einen Unterschied hier machen, das steht fest, und diesen kannst auch du machen. Genau jetzt!, indem du dein Kind verstehst, begleitest und ihm immer wieder das Gefühl gibst, dass es richtig ist, ganz genauso, wie es ist, dass du es bedingungslos liebst und unterstützt. Und indem du aufhörst, dich selbst in Frage zu stellen.

Sie sind oft frustriert, wenn sie nicht ernst genommen werden oder noch nicht über bestimmte Fertigkeiten verfügen

Indigo-Kinder reagieren regelrecht allergisch darauf, wenn sie sich von ihrem Gegenüber nicht ernst genommen fühlen. Ist dem so, dann nehmen die Kinder die jeweilige Person auch nicht mehr ernst und verlieren das Interesse an ihr. Auch hierzu fallen mir zig Alltagsbeispiele ein. Und jedes Mal beobachte ich es staunend. Ebenso wie meine Tochter spüre ich die Schwingungen hinter den Masken der Menschen.

Zum Beispiel nehme ich wahr, wer authentisch agiert, und wer nicht. Auch sehe und spüre ich hinter den aufgebauten Fassaden den jeweiligen Grund. Das können Ängste sein, versuchte Anpassung, gefallen zu wollen oder auch Unsicherheit.

Wenn Mila spürt, dass sie von jemandem nicht respektiert wird, weil die Person sie von oben herab behandelt, macht sie zu und ignoriert die Person. Spricht allerdings jemand offen und auf Augenhöhe mit ihr, ist sie das offenste, sympathischste Kind und baut gerne Beziehungen auf.

Die Indigos sind außerdem häufig ungeduldig mit sich selbst und sehr selbstkritisch. Wenn sie etwas Neues lernen, dann muss das am besten sofort gehen. Sie verstehen nicht, warum es so lange und stetige Wiederholung braucht. Meiner Ansicht nach hängt dies damit zusammen, dass sie in diesem Alter noch spüren, wie alt ihre Seelen sind und sie alle diese Fähig- und Fertigkeiten schon einmal spielend beherrscht haben, wie Laufen, Sprechen, Schreiben und alles weitere, was wir für unsere irdische Erfahrung brauchen.

Sie wollen alles alleine machen

Aus demselben Grund wollen sie immer alles alleine machen und selbst schaffen. Sie wollen endlich wieder die Fähigkeiten und Fertigkeiten erwerben und beherrschen, die einst selbstverständlich waren. Außerdem steckt der Wunsch dahinter, gesehen zu werden und sich ausdrücken zu können.

Wie oft habe ich mir als Kind gewünscht, endlich erwachsen zu sein, damit ich genauso ernstgenommen und angehört werde wie die Erwachsenen, und meine Denkweisen nicht mehr als naiv angesehen werden.

Sie sind sehr sensibel

Indigo-Kinder sind zumeist hochsensibel. Menschen mit einer normalen Sensibilität können dies nur bedingt nachempfinden, und so hören Indigos häufig Sätze wie: „Nun stell dich mal nicht so an!", „Du musst dir ein dickeres Fell zulegen!", „Deswegen musst du doch nicht weinen!", usw.

All das bringt die Kinder natürlich noch mehr dazu zu glauben, dass etwas mit ihnen nicht stimmt. Umso wichtiger ist es, dass sie in ihrem engsten Umfeld erfahren, dass eben doch alles in Ordnung mit ihnen ist. Eine Person genügt da schon, und die kannst du selbst sein.

Es gibt bereits eine Reihe Bücher über dieses Thema, die dieses wundervoll, umfangreich und detailliert beschreiben. Aus dem Grund mag ich hier für dich die wichtigsten Punkte der Hochsensibilität zusammenfassen, um herauszufinden, ob auch dein Kind hochsensibel ist:

- Sie sind sehr emotional.
- Sie zeigen eine hohe Empfindlichkeit gegenüber Geräuschen und Licht.
- Sie sind sehr empathisch.
- Sie spielen gerne allein oder mit nur einem Freund.
- Es zieht sie sehr zu Tieren und in die Natur.
- Sie sind sehr kreativ und haben eine lebhafte Fantasie.
- Kratzige und enge Kleidung empfinden sie als höchst unangenehm.
- Sie leiden schnell unter Reizüberflutung und brauchen viel Raum und Rückzug, um sich wieder zu erholen.
- Sie beschäftigen viele Dinge nachhaltig / sie sorgen sich.
- Strukturen und Routinen sind ihnen sehr wichtig.

Sie haben starke Gefühlsausbrüche – von himmelhochjauchzend bis hin zu Tode betrübt

Die Gefühlsausbrüche sind eher ein Symptom und keine Eigenschaft der Kinder. Aus meinem eigenen Leben weiß ich, dass dieses Symptom sich zeigt, wenn man noch nicht im Einklang mit sich selbst und der Welt ist. Wenn einem alles zu viel wird, man sich unverstanden und falsch fühlt, überreizt ist, sowie Anforderungen entsprechen muss, denen man nicht gerecht werden kann. Die Gefühlsausbrüche resultieren aus vielen der vorangegangen Merkmale. Sie neigen zu starker Wut und Frust, wenn sie sich unverstanden oder unfair behandelt fühlen. Sie können von jetzt auf gleich über scheinbare Kleinigkeiten sehr traurig sein. Sie können aber ebenso vor Glück übersprudeln. Die Gefühlspalette ist bei allen Menschen groß, und die Indigos leben sie in der Regel noch viel intensiver und auch sprunghafter aus.

☆☆

„Diese Kinder fühlt man. Wenn du ein Indigo zu Hause hast, dann weißt du es spätestens jetzt. Nicht aufgrund der Auflistung der Merkmale, sondern durch das Gefühl, das sich in dir während des Lesens eingestellt hat. Du wirst in Resonanz gegangen sein. Egal, wie feinfühlig ein Mensch ist oder wie sehr angebunden an die materielle, oberflächliche Welt – jeder wird wahrnehmen, dass es sich um ein „Irgendwie anders"-Kind handelt. Viele werden es gar nicht beschreiben können. Manche wird es erfreuen, andere wird es triggern, andere wiederum nehmen es neutral wahr. Doch die Schwingung steht im Raum. Für jeden wahrnehmbar."

☆☆☆

Wieso kommen diese Kinder zur Welt, und warum werden es immer mehr?

Unsere Welt befindet sich gerade mitten in einem Wandel. Es ist eine Zeit angebrochen, in der neue Normen und Werte gelten werden. Wann immer ein System ausgedient hat, bedarf es eines Bruchs, einer Reinigung und einer Neusortierung. Wie bei einem großen Sturm, der durch die Natur fegt und alles, was morsch und lose ist, mit sich fortträgt, was die Natur sonst auf Dauer belasten würde, und nicht selten erst einmal pures Chaos und Verwüstung hinterlässt. Danach folgt die Reinigung. Das hinterlassene Chaos wird aufgeräumt, um ein neues Feld zu erschaffen. Es gibt viel Platz, einen leeren Raum, der fortan genutzt werden kann, um ein neues System und damit eine gesündere Umgebung zu erschaffen.

Aus diesem Grund werden immer mehr Seelen geboren, die die alten Systeme aus den Angeln heben. Die sogenannten Indigo-Kinder stehen also sinnbildlich für den Sturm. Sie bringen die alten Systeme ins Wanken, sind erst einmal unangenehm, machen vielleicht sogar Angst, weil man Veränderungen nicht mag. Und das bedeutet erst einmal Unsicherheit, Sorgen entstehen, und alte Vorstellungen und Muster dürfen losgelassen werden. Alles, was wir Menschen von Natur aus nicht gerne mögen. Der Verstand sehnt sich nach Sicherheit und Beständigkeit. Doch im Leben hat nur eines Bestand: die Veränderung – und der Wandel.

So fegen diese Kinder, und mittlerweile auch viele Erwachsene, über den Planeten und machen mehr und mehr ihre Werte sichtbar, stehen für das ein, was sich für sie wahr anfühlt. Dabei trotzen sie dem Gegenwind, der ihnen erst einmal entgegenbläst. Veränderungen bringen oft zunächst Widerstand mit sich, weil uns das Alte und Gewohnte sicherer und bequemer erscheint. Doch sobald alles weggefegt wurde, was alt, marode und nicht mehr dienlich ist für diese Welt, wird der Sturm sich legen. Frieden kehrt ein.

Die Menschheit kann sich entscheiden, dagegenzuhalten, zum Beispiel, indem man diesen neuen Kindern Medikamente verabreicht, um sie dazu zu bringen, stundenlang im Schulunterricht stillsitzen zu bleiben und sich zu konzentrieren; indem man Strafen verhängt und sich andere Maßnahmen ausdenkt, um das alte System krampfhaft aufrechtzuerhalten, oder sie geht in die Annahme. Begegnet dem Neuen mit Offenheit und Neugierde, entspannt sich, lässt los und erschafft neue Wege, die letztendlich für die Gesellschaft und die Erde gesünder sind.

Ganz wichtig dabei anzumerken ist, dass die Indigo-Kinder sich nicht deshalb erheben, weil sie selbst im Mittelpunkt stehen wollen, sondern sie stehen für etwas Großes ein, für die ganze Gesellschaft, damit jedes Individuum sich hier nachhaltig wohlfühlen und aufblühen kann, und so betrachtet ist es fast schon traurig, dass diese Kinder oft als Tyrannen und unerzogen abgestempelt werden. Ihr Weg ist nicht der leichteste – und sie tun es auch für dich!

Die Erde steht gerade an einem Wendepunkt, weil wir, unter anderem, sehr achtlos mit ihr umgegangen sind.

Ich mag das Bild, die Erde als ein einzelnes Wesen zu betrachten, was sie schließlich ja auch ist. An der Stelle möchte ich einen Text mit dir teilen, den ich einst für meine Facebook-Seite verfasst habe:

„Stell dir einmal vor, dass eine Organ-Zelle deines Körpers plötzlich entscheidet, ihr eigenes Ding zu machen. Sie folgt nicht mehr der übergeordneten Instanz, die das wundervolle System „Mensch", und im kleineren vielleicht das Herz, zu dem macht, was es ist. Sondern sie denkt sich: „Ich selbst habe Macht. Es hätte mir aber viel mehr Freude bereitet, ein Teil der Lunge zu sein oder der Leber oder...". Und dann beginnt sie zu kämpfen. Sie bäumt sich auf und wendet alle Kraft auf, um gegen die höhere Instanz zu kämpfen, weil sie sich als ein ICH identifiziert. Dann stell dir vor, es würde nicht bei einer Zelle bleiben, die diese Intention hat. Es werden immer mehr und mehr Zellen, die sich denken: „Ja, stimmt. Wieso soll ich eigentlich mit dem Strom schwimmen? ICH kann auch etwas Besonderes. ICH wäre auch viel lieber Teil der Niere...". Jede Zelle hinterfragt auf einmal ihren Weg, ihr natürliches Sein. Und plötzlich kämpft die Hälfte aller Organ-Zellen gegen das an, was sie eigentlich ist und sie als Ganzes zu einem wertvollen Teil des menschlichen Körpers macht.

Was würde wohl passieren? Ganz klar, oder? Das Organ wird krank, und vielleicht kommen sogar so viele Zellen aus dem Takt, dass das Organ stirbt/versagt. Du weißt, was dies für den menschlichen Körper im Zweifel bedeuten würde.

Nun stell dir einmal vor, der menschliche Körper ist unser Planet Erde. Und dass die Erde mehrere Organe hat: Die Ozeane, die Wälder, die Tiere, die Menschen. Wenn die Menschheit als Ganzes ein Organ der Welt bilden würde. Was wärst du dann? Was wäre ich dann? Eine Zelle! Eine Zelle des Planeten Erde. Kann es nicht sein, dass unsere Erde krank wurde, weil der Mensch begann, sich als ICH zu identifizieren? Dass das Ego zu dominieren begann und vergessen wurde, dass wir Teil eines Großen und Ganzen sind?

Und wenn dem so wäre, was würde es im Umkehrschluss bedeuten?

Kann es vielleicht sein, dass wir alle glücklich und erfüllt wären, würden wir uns der höheren Instanz hingeben? Der Instanz, die genau weiß, wie jede Zelle schwingen muss, um im Takt zu sein, sodass sie sich selbst im Frieden und in Harmonie befindet, genau wie alle anderen Zellen? Macht es Sinn, uns mit anderen zu vergleichen? Etwas zu erreichen, was unser Ego befriedigt, aber unsere Seele und unseren Körper auf Dauer krank macht?

Was also ist der Weg?

Es gibt einen direkten Draht zu der höheren Instanz. Sie nennt sich Intuition. Das Problem ist: Wir sind alle mittlerweile sehr verwirrt, weil wir uns vor langer Zeit von unserer wahren Natur entfernt haben. Wir sehnen uns im Kern alle danach, in Harmonie zu sein, geliebt zu sein, unseren Anteil zur Erde beizutragen. Weil es der ureigene Ruf unserer Seele ist! Doch wir sind umgeben von einem Meer von Zellen, die aus dem Takt gekommen sind. Die sich irgendwann von ihrer Intuition entfernt haben und dem scheinbaren Glück hinterhergejagt sind, von dem sie sich einst selbst unbewusst abgewandt haben.

Und wie könnte der Ausweg aussehen?

Viele einzelne Menschen erinnern sich wieder. Sie vertrauen, geben sich dem Leben, der höheren Instanz hin. Hören auf ihre Intuition und folgen nur noch vertrauensvoll dem, was sich tief im Kern stimmig und wahr anfühlt. Wenn viele Einzelne wieder der Intuition, und damit ihrem wahren Selbst, folgen, dann können sie leuchtende Vorbilder sein und durch ihr Wirken und Sein auf der Erde andere dazu inspirieren, auch wieder in den Gleichklang zu kommen."

Aufgrund der Reaktionen auf diesen Text bei Facebook, möchte ich an der Stelle noch etwas ergänzen: Bei einigen Lesern löste er den Gedanken aus, dass kein Mensch etwas Besonderes sei. Dass dann alle gleich zu sein hätten. Aber genau das ist nicht damit gemeint! Jeder Einzelne hier auf der Erde ist etwas Besonderes. Du bist absolut einzigartig!

Probleme entstehen in unserem Leben erst dann, wenn wir uns von unserem wahren Selbst entfernen. Wir beginnen irgendwann, uns als etwas zu definieren, was wir in Wahrheit nicht sind. Wir leben ein Leben, das nicht uns entspricht, sondern allenfalls unserem engen Umfeld und der Gesellschaft, in der wir aufwachsen. Meistens tun wir dies völlig unbewusst, weil wir es vorgelebt bekommen haben und es dadurch für normal halten. Wir tun es, um geliebt zu werden, Anerkennung zu erhalten, lernen bereits als Kinder, wofür wir mehr und wofür wir weniger geliebt werden. Und wir tun es, um uns der Gemeinschaft anzupassen, aus der Ur-Angst heraus, ausgeschlossen zu werden. Umso schwieriger erscheint es uns, wieder zu uns selbst zu finden und dann auch den Mut aufzubringen, uns selbst zu leben.

Genau hierfür kommen die Indigos zur Welt. Sie leben neue Werte und Formen vor, um neue Bahnen zu bereiten, damit viele sich anschließen können. Wenn immer mehr Seelen mit den alten Normen brechen und sich selbst leben, also das, was ihnen Freude macht, was ihren Potenzialen und natürlichen Qualitäten entspricht, wird es umso leichter, es ihnen gleich zu tun und ebenfalls das zu leben, was uns entspricht. Das heißt, es ist nicht anzustreben, sich mit allen gleichzusetzen und so zu werden wie die Menschen, die es uns vorleben, wie man zu sein hat. Sondern es geht darum, dass du dir ein Beispiel nimmst und ebenfalls den Mut aufbringst, DICH selbst zu leben.

Stell dir eine wunderschöne, blühende Rose vor. Nun geht es nicht darum, dass die Sonnenblume, die in ihrer Nähe wächst, danach strebt, ebenfalls eine Rose zu werden. Sie kann sich anstrengen, alle Kraft aufwenden, ihre eigene Natur ablehnen, aber sie wird niemals zu einer Rose werden. Sie kann sich aber dennoch die Rose als Vorbild nehmen, ihr Leuchten und Strahlen, ihren Einklang mit sich selbst, und zu ihrer besten Version werden und die Erde als wunderschöne, strahlende Sonnenblume bereichern. Letzten Endes geht es also darum, dass wir alle erblühen, dass wir erwachen und uns bedingungslos annehmen und lieben. Dann sind wir im Einklang mit uns selbst und allem anderen.

☆☆

„Die Welt befindet sich derzeit in einem nicht mehr umkehrbaren Wandel. Dieser Wandel ist die größte Transformation aller Zeiten. Weg von der Angst, hin zur Liebe. Damit meinen wir jedoch keine Liebe der romantischen, sondern der verbindenden Art. Die Welt war bislang noch sehr in der trennenden Weise vom Ego und wird es in der Zeit, in der diese Zeilen entstehen, auch noch sein. Der Mensch identifiziert sich einzig und allein über sein Ego.

Das Ego hat Wünsche und Sehnsüchte und setzt diese durch. Die Seele fühlt, macht Erfahrungen, sammelt Erkenntnisse. Viele Menschen haben sich einst verloren. Sind hier auf die Erde gekommen, tiefschlafend in ihrem Anzug „Mensch", ausgestattet – mit Namen, Lebenslauf, Vorlieben und Abneigungen. Doch die Zeit, in der man sich allein mit dem Äußeren identifiziert, ist bald vorbei. Die Menschen erwachen. Sie verstehen, wer sie sind, weshalb sie gekommen sind. Und so tobt ein großer Sturm der Unzufriedenheit, des Zweifels, des gefühlten Kampfes über die Erde. Der Mensch ist mit sich im Unfrieden, und das spiegelt sich nun auch in der Gesellschaft wider. In Firmen, in der Wirtschaft, in der Politik. Skandale tauchen auf, denn die Wahrheit liegt auf dem Tisch. Die Menschen werden immer mehr darauf aufmerksam gemacht – die Menschen, die die Macht innehaben. Menschen, die von ihrem Ego geleitet werden, sollten in dieser Welt heute, zu dieser Zeit, keine Macht mehr haben.

Die Erde steht an einem Punkt, an dem sie sehr wankt. Die Heilung der Erde beginnt jedoch in jedem Einzelnen. Die Indigo-Kinder, wie ihr sie nennt, kommen zur Welt, um zu zeigen, dass der alte Weg nicht zu den gewünschten Resultaten führt. Euer Weg war der der Logik. Ihr habt versucht, diese Kinder dem bestehenden System anzupassen, weil es eben noch keine neuen Systeme gab. Weil ihr euch geniert habt, weil ihr unter euresgleichen nicht unangenehm auffallen wolltet. Doch ihr seht und bemerkt, dass diese Kinder aus den Fugen geraten. Sie leben sich und lassen sich nicht verbiegen. Schafft ihr es doch – mithilfe von Medikamenten, Erziehung oder anderen Konsequenzen, ziehen sie immer mehr in sich zurück, fühlen sich im Kern abgelehnt, verzweifelt, weil sie sich, und damit ihre Lebensaufgabe, nicht leben können.

Diese Kinder leben euch ein neues Potenzial vor, wenn ihr ihnen zuhört. Zeigt ihnen, wie die Welt derzeit funktioniert, aber macht eure Regeln und Gesetze nicht zu den ihrigen. Hört und schaut ihnen aufmerksam zu. Wir, die Geistige Welt, nennen diese Kinder nicht „Indigo-Kinder" und trennen sie damit von anderen. Nein, sie sind wie alle anderen Kinder, die jetzt auf eure Erde strömen: erwachtes, verkörpertes Bewusstsein, so wie auch ihr es einst gewesen seid. Lauscht auf ihre Weisheit. Vertraut ihnen, seid für sie da und staunt, was sie euch zu geben haben.

Alle Menschen, die jetzt noch ihrem Ego folgen, sich mit diesem identifizieren, werden aufgerüttelt. Sie spüren den Druck, der von innen und außen immer stärker auf sie wirkt. Viele landen jetzt im Burn-Out, in Depressionen, erleiden Verluste, verlieren ihre scheinbare Sicherheit. All das passiert zu ihrem höchsten Wohl, damit sie aufwachen, neue Wege erkunden, sich öffnen. Denn der Mensch öffnet sich bekanntlich erst für Neues, wenn das Alte zu schmerzhaft geworden ist.

Öffnet euch dem Neuen. Tut es den Kindern gleich: Lebt von Moment zu Moment. Staunt. Seid neugierig. Liebt bedingungslos, erfahrt euch und eure Grenzen und hinterfragt all das immer wieder aufs Neue!"

☆☆☆

Aus der Sicht eines Indigo-Kindes

Während ich diese Zeilen verfasse, bin ich dreißig Jahre. Heute erkenne ich, dass ich eine sogenannte „Indigo-Erwachsene" bin und mag an der Stelle noch einmal unterstreichen, dass mir Schubladenbegriffe nicht so gut gefallen, was wiederum die Merkmale der Indigos bestätigt. Bloß nicht in irgendeine Norm passen...

Als ich jedoch das erste Mal von „Hochsensibilität" und „Indigos" erfuhr, verschaffte es mir eine tiefe Ruhe – das Gefühl, angekommen sein. Ich fühlte mich das erste Mal in meinem Leben richtig verstanden und gesehen. Fühlte mich nicht mehr so anders und außerirdisch, wie gewohnt. Es half mir dabei, mich tief in dieses Leben fallenzulassen, erkannte, dass es kein urkomischer Zufall war, hier gelandet zu sein, wo ich mich doch mein Leben lang immer wieder bei dem Gedanken: „Wo in aller Welt hat man mich hier hingepflanzt?" erwischt hatte.

Alles im Leben hat einen Sinn, und irgendwann verstehen wir alle den Sinn unseres Lebens, spätestens nach unserem Ableben. Aber warum so lange warten?

Die meisten haben ihr Leben lang nie gelebt. Es gibt so viele Menschen, die ihrem Ego folgend durch die Welt wandeln. Doch die wahre Erfüllung und das wahre Leben beginnen erst, wenn du dir selbst zu folgen beginnst, angeleitet durch deine Intuition, die dir stets den Weg weist.

Für mich ergibt jetzt, in diesem Moment, zum Beispiel meine ganze Kindheit einen Sinn. Ich durfte erfahren, wie es sich anfühlt, wach in einem unbewussten Umfeld groß zu werden und dadurch selbst wieder einzuschlafen. Dadurch fällt es mir heute als Mama eines Indigo-Kindes noch leichter, meine Tochter zu verstehen und sie so zu begleiten, wie ich es mir einst für mich gewünscht hätte. Und dadurch darf ich dir jetzt von meiner Kindheitserfahrung erzählen, damit du eine ganz authentische Perspektive eines Indigo-Kindes kennenlernst, sofern du es nicht selbst bereits am eigenen Leib erfahren hast.

So fühlt es sich an, „irgendwie anders“ zu sein

Ich nehme dich jetzt mit auf eine kurze Reise durch meine Kindheit.

Stellenweise erinnere ich mich noch sehr gut daran, wie ich mich gefühlt und über spezielle Dinge und Themen gedacht habe. Ich verstehe und fühle meine Tochter so sehr, weil ich selbst als ein solches Kind geboren wurde. Meine Tochter und mich unterscheidet jedoch eins: Meine Kindheit begann bereits im Mutterleib sehr turbulent. Mein Urvertrauen wurde an mehreren Stellen erschüttert und auf eine harte Probe gestellt. Die Welt wirkte dadurch sehr bedrohlich auf mich. Ich war ein sehr ängstlicher Typ und introvertiert. An der Stelle möchte ich betonen, dass ich für jede einzelne Erfahrung dankbar bin und keinerlei Vorwurfsgedanken hege, im Gegenteil.

Meine Kindheit ist mittlerweile geheilt, und im Rückblick habe ich erkannt, dass alle Erfahrungen sowie alle Situationen unfassbar wertvoll für mich und meinen Weg waren. Wenn ich es als Metapher beschreiben würde, würde ich meine Kindheit als eine Schatzkarte darstellen. Jeder Punkt war wichtig, und ich wusste immer, dass da noch etwas im Leben auf mich wartet, aber es war auch stets von der Ungewissheit geprägt, ob dieses Besondere, dieser Schatz, am Ende wirklich auf mich warten würde.

Die Reise zum Schatz war von Ängsten und Unsicherheiten geprägt, sowie vielen Fragen, und am Ende führte sie mich zu einem unendlich großen Schatz: Den Schatz der Erkenntnisse. Alle Erfahrungen, die ich erleben durfte, haben am Ende einen Sinn ergeben, und so habe ich Stück für Stück mein Urvertrauen wieder zurückerlangt.

Es folgt nun keine gesamte Biografie meines Lebens, sondern die Essenzen, an die ich mich sehr gut erinnere und die mir heute unglaublich helfen, meine Tochter und ihren Weg zu verstehen und zu begleiten.

Ich erinnere mich zum Beispiel daran, dass ich mich stets ganz anders fühlte als alle anderen. Sowohl innerhalb meiner Familie, als auch unter Gleichaltrigen. In meiner Kindheit, und sogar bis heute, habe ich gehört und höre ich von meiner Familie den Satz: „Sarah war ja schon immer irgendwie anders..." Ich fühlte mich dadurch oft falsch in dieser Welt. Wie eine Außenseiterin kam ich mir vor, mit meinen Gedanken und Gefühlen. Alles deutete darauf hin, dass mein Umfeld eine vollkommen andere Sichtweise auf grundlegende Dinge hatte wie ich. Was sich für mich normal anfühlte, war häufig für andere ganz und gar nicht normal. Gleichzeitig fühlte ich tief in meinem Inneren, dass ich mit meinen Gedanken und Gefühlen richtig lag, aber aus irgendeinem, mir damals unerfindlichen Grund, die Menschen aus meinem Umfeld nicht offen dafür waren.

Meine Mutter war alleinerziehend mit mir und musste in Vollzeit arbeiten gehen, sodass sie auf eine Betreuung für mich angewiesen war. Es war schlimm für sie, mich abgeben zu müssen, und für mich war es schrecklich, von meiner Mutter getrennt zu sein. Ich erinnere mich gut daran, wie beinahe unerträglich es für mich war, in einem Umfeld zu sein, in dem eine

„harte Energie“ herrschte. In dem es unruhig zuging, laut war, hektisch und grob. Ein Engel auf Erden, der uns begleitete, war meine Ersatz-Oma, die im selben Haus wohnte wie wir damals. Sie betreute mich vom Babyalter an und war ein Segen und ein Geschenk für mich. An diese Zeit meiner Kindheit erinnere ich mich gerne. Auch wenn ich die Trennung von meiner Mutter nicht toll fand, war ich doch gerne mit meiner Ersatz-Oma zusammen und hatte keine Angst, die Zeit mit ihr zu verbringen, denn bei ihr hatte ich alles, was ich brauchte: Ein ruhiges Umfeld, viel Aufmerksamkeit, aber ebenso Ruhephasen nur für mich. Sie war voller Liebe, entspannt, ging auf mich ein und nahm mich genauso an, wie ich war – mit all meinen Emotionen. Außerdem war sie sehr kreativ und brachte mir viele neue Dinge bei.

Als ich alt genug war, folgte der Kindergarten – eine für mich grausame Zeit. Ich erinnere mich, dass ich ein sehr seltener Gast dort war und bin meiner Mutter bis heute dankbar, dass sie meinem Wunsch nachgegeben und mich letztlich aus dem Kindergarten genommen hat. Ich habe pauschal nichts gegen Kindergärten und mag nicht über diese Systeme werten, fühle aber, dass da etwas Neues auf uns wartet, ja, sogar warten muss, weil immer mehr Kinder auf die Welt kommen, die nicht mehr in das System passen und je nach ihrem Temperament dagegen rebellieren oder sich im Stillen verändern, wie ich es getan habe. An anderer Stelle in diesem Buch gehe ich intensiver auf die bestehenden Systeme ein.

Rückblickend betrachtet und im jetzigen Leben mit meiner Tochter, habe ich gelernt, wie unfassbar wichtig es ist, wie wir uns unter anderen Menschen fühlen, wenn Kinder schon sehr früh fremdbetreut werden müssen. Fühlen wir uns gesehen? Verstanden? Ernst genommen? All das war in meinem Kindergarten nicht der Fall. Es war im Grunde genommen genau das Gegenteil. Ich fühlte mich dort häufig unsichtbar und so, als würden selbst die Erzieherinnen über mich werten und urteilen, weil ich oft abwesend und dazu noch „irgendwie anders“ war. Ich spürte, wie sie über mich dachten, da ich seit meiner Geburt hellfühlig bin.

Ich nahm als Kind häufig die Rolle der Beobachterin ein, war sehr ruhig, in mich gekehrt und zurückhaltend, aber ich verstand alles und noch viel mehr, was darüber hinausging.

Dann begann die Schulzeit. Für mich schon mit der Vorschule, da mir die Kindergartenzeit fehlte und die Fachkräfte dazu geraten hatten.

In der Vorschule fühlte ich mich sehr wohl. Ich hatte eine Freundin und durfte endlich anfangen, etwas zu lernen, was Sinn für mich ergab und worauf ich mich sehr freute. Doch die Freude hielt nicht lange an. An einem Tag sollte jeder sein Lieblingsspielzeug mitbringen und im Sitzkreis zeigen und vorstellen. Ich brachte mein Lieblingsbuch mit und las daraus vor. Die Vorschullehrerin war verblüfft und geschockt. Ich hatte mir das Lesen mithilfe meiner Ersatz-Oma selbst beigebracht und fand gar nichts Besonderes dabei. Ich hatte unglaublichen Wissensdurst und meine Lieblingsspielsachen waren stets Bücher gewesen.

So folgte ein Gespräch mit meiner Mutter, in der ihr geraten wurde, mich in die erste Klasse versetzen zu lassen. Ich bereute augenblicklich, was ich getan hatte, und über viele Jahre hinweg prägte sich der Glaubenssatz ein: „Zeig bloß nicht, was du kannst. Sei bescheiden. Behalte dein Wissen für dich.“

Es bedeutete wieder Veränderung. Wieder mit anderen Menschen klarkommen und mich wieder an neue Rituale gewöhnen. Ich wusste aber auch, dass ich dieses Mal keine andere Chance hatte, wie es im Kindergarten der Fall gewesen war. Es gab eine Anwesenheitspflicht, und meine Mutter konnte nur begrenzt entscheiden.

In den ersten Schuljahren fand ich einige Freunde, aber dennoch fühlte ich mich im Kern immer allein, immer anders und kann noch nicht einmal jetzt im Rückblick ausmachen, weshalb es so war. Ich fühlte es einfach tief im Inneren, und seit jeher begleitet mich ein Gefühl von „bloß nicht auffallen/bloß nicht auffliegen". Es bereitete mir stets Mühe, mich anzupassen, und so hatte ich häufig das Gefühl, falsch zu sein, weil ich innerlich so anders tickte. So schaute ich mir viele Dinge ab und ahmte sie nach, was sich jedoch nie stimmig für mich anfühlte.

Im Nachhinein wurde mir bewusst, dass ich dies vor allem aufgrund meines damaligen mangelnden Selbst- und Urvertrauens tat, um im Außen Liebe, Annahme und Anerkennung zu finden, die wir in Wahrheit jedoch alle nur in uns selbst finden können. Doch das wusste ich als Siebenjährige eben noch nicht.

Ich hatte viele Fehlzeiten, weil ich mich in der Schule so unwohl fühlte und meine Mutter mich häufig gewähren ließ. Auch Bauchschmerzen waren meine immerwährenden Begleiter. Sie traten immer dann auf, wenn ich mich auf einem Weg befand, der sich für mich falsch anfühlte und mit dem ich mich unwohl fühlte.

Als ich älter wurde und höhere Klassen besuchte, wurden meine Fehlzeiten auch nicht besser. Ich hatte stets eine beste Freundin, aber fühlte mich dennoch häufig als Außenseiterin, die vieles nur beobachtete.

Damit ist klar: Die Schulzeit war für mich ein Horror, vor allem, weil ich mich so unfrei fühlte. Ich verstand einfach nicht, weshalb ich Dinge lernen sollte, die für mich überhaupt keinen Sinn ergaben, weil sie mich nicht interessierten und ich mir in den kühnsten Träumen nicht ausmalen konnte, wofür ich dieses und jenes jemals im wahren Leben benötigen würde. Ich liebte es, lesen und schreiben zu lernen, sowie andere notwendige Dinge, aber alles, was darüber hinausging, was nicht meiner Seele entsprach, fand ich einfach nur überflüssig, und es fühlte sich an, als würde ich meine Zeit damit verschwenden. Schon immer war es für mich ein Graus, Dinge zu tun, die ich nicht mit dem Herzen tat, was mir ein Gefühl der Ohnmacht und des Zwangs gab – und genau das widerstrebte mir.

Ich liebe es zu malen, aber war lustlos, im Kunstunterricht Dinge malen zu müssen, die ich nicht malen wollte. Ich liebe es, meinen Körper zu bewegen, aber ich lehnte es ab, genau die Sportarten und Spiele auszuüben, die der Sportlehrer vorgab. Aufgrund meiner introvertierten Art, die früher sehr starke Ausprägungen hatte, und aufgrund der tiefen Verunsicherungen durch die Erfahrungen in frühester Kindheit, war ich jedoch eine Art stille Rebellin.

Meine stille Rebellion sah so aus, dass ich die Lehrer nicht besonders ernst nahm, nur diejenigen, die authentisch und integer waren und die mich wahrhaft sahen und spürten, was in mir steckte. Sie bekamen meinen Respekt, und ich hörte ihnen liebend gerne zu. Alle anderen Lehrer nahm ich nicht ernst und tauchte in meine Traumwelten ab. Ich weiß nicht, wie viele Stunden ich im Schulunterricht insgesamt damit verbrachte habe, auf meinem Seelenpferd über die Stoppelfelder zu galoppieren. Ich konnte es meistens nicht verhindern, dass mein Körper im Unterricht anwesend war, aber mein Geist war frei und auf inneren Reisen.

In der achten Klasse blieb ich sitzen, weil ich leider zu viele Lehrer nicht ernst nehmen konnte... Da bekam ich ein riesiges Problem, da mich dies von meiner damaligen besten Freundin trennte. Wir blieben zwar beide sitzen, aber kamen in unterschiedliche Klassen.

Ich begann, das System zu durchschauen und schrieb in fast allen Fächern nur noch Einsen und Zweien, einfach, weil ich gut im Auswendiglernen und Begreifen war, wenn ich wollte und einen Sinn darin sah. In diesem Fall war mein neu gefundener Sinn der, nicht noch einmal sitzenzubleiben. Danach vergaß ich das Erlernte wieder, weil es mir einfach nicht für mein weiteres Leben dienlich war. Kurzum: Ich verwendete genauso viel oder wenig Zeit für die Schule, wie es notwendig war, um irgendwie durchzukommen, denn die Ehrenrunde fand ich fürchterlich. Noch ein Jahr länger dort festsitzen!

Tiere waren meine Leidenschaft und verschafften mir einen wundervollen Ausgleich zur Schule. Sie waren damals meine wichtigsten Begleiter. Ich hatte einen unglaublichen Wissensdurst, was Tiere betraf und bin meiner Mutter bis heute sehr dankbar, dass sie mich darin so unterstützt hat und uns die vielen Tierfreunde möglich machte, trotz aller Lebensumstände, die eigentlich dagegen sprachen.

Im Alter von fünfzehn Jahren öffnete sich für mich ein Fenster, das mir neue Hoffnung schenkte. Bis zu diesem Zeitpunkt hatte ich mich und meinen Seelenauftrag hier längst vergessen. Zu schmerzhaft war die Welt, zu unfrei, zu gezwungen und zu angsterzeugend. Heute weiß ich, dass ich mich so unglaublich zu den Tieren hingezogen fühlte und sie zu meinen besten Freunden wurden, weil ich mich bei ihnen immer bedingungslos geliebt, gesehen und angenommen fühlte. Sie gaben mir Sicherheit und das Gefühl von Verbundenheit – das, was ich in der Welt schmerzlich vermisste. Ich hatte oft das Gefühl, einfach nicht richtig zu sein. Da war immer ein Drängen in mir, etwas, was rauswollte, aber nicht raus konnte. Ich habe viele Dinge schon in meiner Kindheit anders empfunden und verstand zum Beispiel nicht, warum die Menschen sich gegenseitig anlogen, warum sie unfair waren, warum sie andere verletzten, und hinterfragte generell sehr viel. Ich stellte mir und anderen zuhauf Fragen über das Leben, den Sinn des Lebens und was nach dem Tod passiert. Doch diese Fragen blieben vorerst unbeantwortet, bis sich das oben erwähnte Fenster öffnete.

Durch eine Fernseh-Dokumentation erfuhr ich zum ersten Mal etwas von der „Tierkommunikation". Ich belächelte das Gesehene damals, konnte es einfach nicht ernst nehmen.

Eine Frau in einem fremden Stall, die im Auftrag einer Pferdebesitzerin mit ihrem Pferd sprach. War das wirklich ernst gemeint? Aber ein Teil in mir fühlte sich angezogen, auch wenn ich es gut schaffte, diesen neugierigen Anteil zu verdrängen, wie ich es über Jahre gelernt und perfektioniert hatte. Doch alles, was für uns im Leben ansteht, findet uns.

Wenige Monate später erfuhr ich über ein Pferdeforum, in dem ich als absoluter Pferdefan natürlich Mitglied war, erneut von der Tierkommunikation, sowie von einem großen Tierkommunikationsforum. Das war mein Startschuss in eine völlig neue Welt – in *meine* Welt!

Ich zögerte nicht lange mit der Anmeldung, denn es war ja anonym. Ich war zwar noch immer sehr skeptisch, aber ich wollte mehr wissen. Viel mehr! Dort schrieben die Menschen nicht nur etwas über die Tierkommunikation, sondern auch über meine Sinnfragen zum Leben. Beitrag für Beitrag verschlang ich, stundenlang verbrachte ich in diesem Forum, da ich das Gefühl hatte, dass ein Großteil meiner Suche ein Ende gefunden hatte.

Ich werde nie vergessen, wie ich einen Beitrag über das Leben nach dem Tod las. Ich folgte den Worten begierig und saß am Ende, übersät von Gänsehaut und mit klopfendem Herzen, vor meinem Bildschirm. Diese mir fremden Menschen schrieben genau das, was ich schon immer gefühlt hatte, aber niemand in meinem Umfeld hatte bestätigen können. Ich war so unendlich dankbar und schöpfte neue Hoffnung, dass das Leben vielleicht doch nicht so verkehrt und gefährlich war, wie ich bis dato glaubte.

Dieses Forum, diese Menschen dort, brachten mich erstmalig wieder in Verbindung mit meiner tiefempfundenen Wahrheit und weckte in mir Hoffnung, Freude und Neugierde, und so stieg ich tiefer und tiefer in diese Themen ein und erlernte schließlich die Tierkommunikation mit unglaublicher Hingabe und Euphorie. Das wollte ich später einmal beruflich nutzen.

Nebenbei wuchs ich zu einer jungen Frau heran, und die Beziehung zu meiner Mutter wurde zunehmend schwieriger. An dieser Stelle ist es mir wichtig, in meiner Lebensgeschichte vorzugreifen, indem ich noch einmal sage, dass ich für alle Erfahrungen meines Lebens und das Sein meiner Eltern, genauso wie sie waren, dankbar bin. Ich habe hinter allem den Sinn und die großen Geschenke entdeckt und bin mir sehr sicher, dass ich diesen Weg als Seele bewusst gewählt habe, unter anderem vielleicht genau deshalb, damit du, liebe Leserin, lieber Leser, dieses Buch nun in Händen halten kannst. Ich bin meiner Mutter zutiefst dankbar für ihre bedingungslose Liebe und Unterstützung, und wir haben heute ein wunderbares Verhältnis.

Schon als Kind war ich sehr willens- und durchsetzungsstark, und meine Mutter hatte es dadurch nicht immer leicht mit mir. Sie liebte und liebt mich unendlich. Aber aufgrund ihrer eigenen Lebenserfahrungen hatte sie ein sehr geringes Selbstwertgefühl, empfand das Leben als Kampf und fühlte sich oft ohnmächtig und überfordert mit all den Herausforderungen, die das Leben ihr stellte. Heute verstehe ich ihre Verhaltensweisen und Emotionen, damals als Jugendliche war ich jedoch einfach nur frustriert, wütend und teilweise meiner Mutter gegenüber innerlich aggressiv.

Meine Mutter gab mir schon immer sehr viel Freiraum, und so gab es keine Regeln, Rituale oder dergleichen, was rückblickend sehr wichtig für meine Entwicklung war.

Die „neuen" Seelen brauchen Freiheit und Unabhängigkeit, leben entgegen jeder Regel und folgen nur ihrer inneren Stimme. Doch genau das macht das Leben teilweise für eine solche Seele hier auf Erden schwer. Denn an allen Ecken und Enden suggeriert einem das Umfeld, dass man nicht richtig sei mit seinem Denken, seinen Emotionen und seinem Verhalten. Man hinterfragt dadurch mehr und mehr seine innere Stimme, die unser zuverlässigster Begleiter durch unser Leben ist. Doch ein wichtiges Puzzleteil „fehlte" mir – fehlen nicht im Sinne von „Es wäre besser anders gewesen", denn alles ist in göttlicher Ordnung und hat genauso sollen sein für meine Entwicklung und meinen Weg.

Dieses Puzzleteil, das mir damals fehlte, mir heute aber im Sein mit meiner Tochter hilft zu erkennen, was diese besonderen Kinder brauchen, um sich sicher und geborgen zu fühlen: das Gefühl der Überverantwortung, was mich oft wütend und aggressiv machte. Meine Mutter war sehr biegsam, nicht konsequent und log auch häufig in guter Absicht, um Streit und Konflikten mit mir aus dem Weg zu gehen. Es fiel ihr schwer, mir ein „Nein“ zu sagen und ihre Grenzen zu setzen. Heute verstehe ich, dass sie all dies tat, weil sie stets Angst davor hatte, meine Liebe zu verlieren. So gab sie mir lieber zu viel, als mich durch ein „Nein“ zu verärgern.

Aber genau das machte mich als Kind und Jugendliche fast wahnsinnig, denn dadurch hatte ich zu viel Entscheidungsfreiheit, zu viel Belastung und Verantwortung zu tragen. Ich hätte einen geregelten Rahmen gebraucht, um mich innerhalb dieser Grenzen entspannen und frei entfalten zu können.

Daher hatte ich als Kind und Jugendliche sehr viel Verantwortung zu tragen, was ich zwar gut konnte, mich zum damaligen Zeitpunkt aber überforderte und mir Stress bereitete. Auf der anderen Seite ließ meine Mutter mich stets eigene Erfahrungen machen, ohne sich einzumischen, und gab mir dabei immer das Gefühl, hinter mir zu stehen und mich zu unterstützen, sollte ich sie brauchen. Das hat mir sehr auf meinem Weg geholfen.

Da die Situation zu Hause immer schwieriger wurde und wir nicht auf einen gemeinsamen Nenner kamen, entschieden meine Mutter und ich uns dazu, als ich siebzehn Jahre war, getrennte Wohnungen zu beziehen. Ab da verbesserte sich unsere Beziehung von jetzt auf gleich. Sie unterstützte mich finanziell, war immer für mich da und überließ mich meinem eigenen Bereich.

Als die Schule endlich vorbei war, war ich überglücklich und sah es für mich als eine Chance für einen Neustart.

Mein größter Wunsch war ein Ausbildungsplatz als Tierarzthelferin. Eigentlich war es mein zweitgrößter, neben dem

Traum, eines Tages hauptberuflich als Tierkommunikatorin zu arbeiten. Doch dieser Traum schien mir schier unmöglich, allen voran durch die Prägung meines Vaters, der sehr in alten Strukturen dachte und eine sehr enge Bindung zu seiner Mutter hatte, die ein Kriegskind gewesen war. Das Mangelbewusstsein und die daraus resultierenden Ängste ließen ihn bis zu seinem Tod im Jahr 2016 nicht los und gingen auch an mir nicht spurlos vorüber. Ich hatte den tiefen Glauben, dass man als Selbstständige, besonders mit einem solch außergewöhnlichen Beruf, nicht überleben kann. Für meinen Verstand gab es nur den gängigen Weg: Guter Schulabschluss, Studium oder Ausbildung, eine gute Anstellung und dann die Karriereleiter hinaufzuklettern. Aber das erfüllte mein Herz nicht. Überhaupt nicht!

Auch hier erkenne ich im Rückblick, wie wertvoll alle Begebenheiten waren. Heute weiß ich, dass mein Vater mir all seine Ängste aus Liebe weitergegeben hat, weil er es ebenfalls nicht anders kannte und das Beste für mich wollte.

Die Erde erlebt auch im Kollektiv derzeit einen sehr großen Wandel, und es ist für mich immer faszinierend zu beobachten, welch großes Mangelbewusstsein besonders die Deutschen haben, obwohl wir in einem Land leben, in dem absolute Fülle und Überfluss herrschen, während in anderen Teilen der Erde Menschen verhungern. All dies hat seine Wurzeln in der Nachkriegszeit und darf jetzt Generation um Generation transformiert werden.

Mein Wunsch, Tierarzthelferin zu werden, erlosch nach der dritten großen Chance, die durch die merkwürdigsten Zufälle wieder versiegte, und ich fand mich damit ab, mich auch für andere Ausbildungsstellen zu öffnen. Wir können das Leben nur vorwärts leben und rückwärts verstehen.

Im Rückblick, während diese Zeilen entstehen, wird so viel Vertrauen zum Leben in mir wach, weil mir gezeigt worden ist, dass alle Wünsche, die sich nicht erfüllen, sich letztlich als Segen herausstellen, denn es hat bisher immer etwas Besseres auf mich gewartet.

Da ich nach der Schule keinen Ausbildungsplatz hatte, jobbte ich zunächst, während ich gleichzeitig bereits im kleinen Rahmen als Tierkommunikatorin arbeitete und für ein Jahr das Fachgymnasium besuchte. Allerdings nur, weil es gut im Lebenslauf aussah und ich mir eine Weile einredete, Tierärztin werden zu wollen. Das entsprang jedoch nie meiner Intuition und war für mich eine gut kreierte Selbstlüge, um besser mit den Umständen zurechtzukommen.

Das Schicksal führte mich schließlich in eine kleine Firma, die mich zur Bürokauffrau ausbildete, wo ich vier Jahre, zunächst als Auszubildende, dann als Angestellte und zuletzt als Teamleiterin im Kundensupport arbeitete. Ich lernte unfassbar viel in diesen wenigen Jahren, besonders über mich selbst. Diese Zeit war sehr wertvoll für mich, und dabei fällt mir eins auf: Wann immer ich auf meinem persönlichen Seelenweg war – egal, wie die Umstände gerade aussahen –, ging es mir gut. Es fühlte sich alles stimmig, und somit gut und richtig an. Und genauso war es dort – vier Jahre lang. Dann, auf einmal, veränderte sich etwas in mir: Es fühlte sich nicht mehr richtig an. Alles in mir drängte danach, mich nun komplett als Tierkommunikatorin selbstständig zu machen, doch das erlaubte mein Verstand so ganz und gar nicht. Er hatte die Führung übernommen! Und so begann mein Körper für meine Seele zu sprechen.

Im Jahr 2011 kam der große Wandel in meinem Leben, und zwar mit einem großem Knall!

Ich bin der Überzeugung, dass unser Körper über Symptome und Krankheiten mit uns zu sprechen beginnt, wenn wir dem Ruf unserer Seele nicht mehr folgen. Die Symptome werden hartnäckiger, bis hin zu chronisch, wenn wir uns vehement von unserem Ruf entfernen und einfach nicht zur Be-sinn-ung finden wollen – meistens, weil unsere Glaubenssätze und Prägungen zu stark geworden sind. Wir sind gefangen in der Angst.

Mein Körper fing Ende 2010 an, mit mir zu sprechen, als ich die innere Stimme über einen bereits längeren Zeitraum zwar vernahm, aber nie auf die Idee gekommen wäre, ihr zu folgen, weil es viel zu unsicher war und mein Verstand mindestens hundert Gegenargumente parat hielt. So traten zuerst einmal Bauchkrämpfe auf, die sehr unangenehm waren, mal mehr, mal weniger da waren, aber schließlich doch in Form eines permanenten Unwohlseins zu meinem ständigen Begleiter wurden. Ende 2010 hatte ich dann eine spontane Blinddarmoperation, die für mich aber kein großes Warnsignal darstellte. Blinddarm – ach, das ist doch nix Besonderes...

Wenn ich meine Worte so tippe und auf meine früheren Gedanken und Überzeugungen zurückblicke, muss ich wirklich über mich selbst lachen. Ich wollte es einfach nicht verstehen, beziehungsweise war so tief in der Angstspirale gefangen, dass ich mich wie gelähmt fühlte und gleichzeitig gezwungen war, den eingeschlagenen Weg im Büro weiterzugehen.

Im Februar 2011 schließlich klopfte meine Seele dann etwas deutlicher an in Form eines Darmverschlusses mit weiterer Not-OP. Jetzt wachte ich auf und wusste sofort, was das Leben mir mitteilen wollte. Ich war fast froh über die Auszeit im Krankenhaus, schmiedete Pläne, und als ich entlassen und wieder gesund war, ging ich fröhlich und motiviert wieder zurück ins

Büro, um mich am Abend und in der Nacht tiefergehend mit meiner Selbstständigkeit zu beschäftigen.

Doch das reichte offenbar nicht, wie ich schmerzlich im Juni 2011 erfahren musste. Schon wieder ein Darmverschluss! Schon wieder eine Not-OP! Und dieses Mal war es kurz vor knapp. Dieses Mal war es keine willkommene Auszeit für mich. Im Gegenteil: Ich war gefühlt am Ende und gab innerlich auf. Ich war auf alles gefasst und für alles bereit. Intuitiv wusste ich, dass ich es nicht überleben würde, wenn ich weiter gegen meinen Seelenweg handeln und wieder aus Existenzangst ins Büro gehen würde. Aber andererseits sah ich absolut keine Möglichkeit, mich mit meiner Selbstständigkeit zu finanzieren. Ich fühlte mich absolut ohnmächtig, und natürlich ließ die Heilung zu wünschen übrig. Fast hätte es noch eine Operation gebraucht, bis ich mich innerlich wieder aufraffte und mir selbst das Versprechen gab, alles dafür zu tun, um wieder meinem Herzen zu folgen. Von der Zeit an genas ich langsam.

Dieses Mal ging ich nicht wieder zurück ins Büro, und würde es nie wieder tun. Ich kündigte während der Zeit meiner Krankschreibung. Es war kein leichter Schritt, aber jede Zelle meines Körpers tanzte und jubelte danach. Es löste unfassbar viele Ängste aus, und gleichzeitig hätte es sich nicht richtiger anfühlen können.

Danach folgte eine Zeit voller Wunder. Ich wollte auch hier meinem Verstand folgen und entschied mich, wegen der Sicherheit, für eine Teilzeitstelle, um in der restlichen Zeit meiner Berufung nachgehen zu können. Diese Rechnung ging Gott sei Dank nicht auf, denn ich bekam einfach keine Stelle. Es war wie verhext, bis ich irgendwann am Ende eines Monats, über meine Buchhaltung gebeugt, feststellen durfte, dass ich auf keine feste

Anstellung mehr angewiesen war, um existieren zu können.

Seit diesem Zeitpunkt, genauer seit dem Jahr 2011, folge ich nur noch meinem Herzen, und auch wenn dadurch die Prüfungen im Leben nicht weniger wurden, waren sie doch lichtvoller und leichter, und das Leben machte endlich für mich Sinn.

Mittlerweile arbeite ich als Coach, Medium, Seelenbegleiterin, Seelenlehrerin, Podcast-Host und Autorin. Ich folge meinem Herzen und erkenne im Rückblick den roten Faden, der sich bisher durch mein Leben gezogen hat und weiter zieht. Durch meine Geschichte kann ich Menschen dabei helfen, ihr Herz wieder zu öffnen und zu heilen und sich selbst und ihren Weg wiederzufinden. Ich lehre die Seelensprache, schule die Intuition und bin Vermittlerin zwischen Himmel und Erde. Ich bin im Frieden mit mir, seitdem ich mich und mein Anderssein angenommen und verstanden habe, dass mich das nicht weniger wertvoll macht und es viele Geschenke beinhaltet – für mich und die Welt. Daher ist es mein großes Anliegen, für die neuen Hüter der Erde, die vielen „Irgendwie anders"-Kinder, dass sie von Anfang an von ihren engsten Vertrauten das Gefühl mit auf dem Weg bekommen, dass sie ganz genau so richtig sind, wie sie sind. Sich nicht verbiegen, anpassen und in Frage stellen müssen. Sondern, dass sie stets auf ihre innere Stimme, auf ihr eigenes Gefühl vertrauen und genau dadurch ein Geschenk für die Welt sind.

☆☆

„Der Generationswechsel, der jetzt vollzogen wurde, war sehr wichtig für die Welt. Die damaligen Indigos sind jetzt er-

wachsen und haben selbst Kinder. Viele haben gesagt und geglaubt, dass nach der Generation der Indigo-Kinder andere Kinder zur Welt kommen, die den Frieden bringen und schlichten. Diese sind auch gekommen, es sind die ruhigen, die in sich gekehrten, die den Frieden und die Harmonie lieben. Aber es ist ein großer Schwall der Indigo-Seelen zusätzlich auf die Welt gekommen – Indigos, die es noch heftiger in sich haben, wie ihr es in euren Worten ausdrücken würdet. Aber wisset, das war nicht der Plan. Der Plan war, dass eure Generation der Indigos mit den Systemen bricht. Doch die Menschheit tut sich generell schwer mit Veränderungen.

Wie geht es dir persönlich mit Veränderungen? Leicht oder schwer? Und so ist es auch im Kollektiv. Ehe man sich Gedanken um neue Systeme und Regeln macht, darf erst etwas passieren. So lautet häufig eure Devise, und das hat dazu geführt, dass die einzelnen Indigos gebrochen worden sind. Sie wussten von den emotionalen Schmerzen, mit denen sie zu rechnen hätten, da sie sich bewusst auf die Reise gemacht haben. Doch vielen von ihnen war die Aufgabe zu groß. Sie haben sich ab- oder eingekapselt, sind zunehmend ängstlicher geworden, haben sich ständig hinterfragt, sind der Masse gefolgt, aber mit einem unguten Gefühl im Bauch. Die Gesellschaft hat es, aufgrund der Angst vor Anpassung und Veränderung, geschafft, die einzelnen Indigos abzustempeln.

Deshalb durfte jetzt eine neue Welle Indigo-Kinder auf die Erde kommen. Nicht selten sind ihre Eltern ebenfalls Indigos – wissend, oder nicht wissend – völlig egal. Aber sie können den emotionalen Schmerz des Kindes besser nachvollziehen als die vorangegangene Generation, weil sie ihn einst als Kind selbst erfahren haben.

Die Menschen neigen dazu, die Dinge, die sie in der Kindheit traumatisiert haben, bei ihrem Kind bewusst anders zu machen, und so ist ihr Kampfgeist geweckt worden, für ihr Kind andere Wege zu gehen, wenn schon nicht für sich selbst.

Das mag zum Teil hart oder verworren klingen, aber es ist wertfrei, urteilsfrei. Die Welt will sich verändern, aber die einzelnen Menschen nicht. Darum ruckelt es hier und da immer mehr. Die Letzten werden die Ersten sein, und die Schwachen die Starken, und die, die einst Einzelkämpfer waren, finden Gemeinschaft. Wenn hier von Schwäche und Stärke die Rede ist, so meinen wir nicht, dass Gefahr droht. Es wird hier keine neue Macht geboren, die sich negativ auswirkt.

Das Wort „Macht" ist bei euch noch sehr negativ besetzt. Macht wollen nur die gierigen Menschen, meistens die, die keine guten Absichten hegen. Die im Zeichen ihres Egos handeln, aber nicht des Gemeinwohls. Das darf sich ändern. Es wird sich eine positive Macht durchsetzen. Eine Macht, die nicht in eigener Absicht handelt und die darauf abzielt, als Einziger gut da zu stehen. Hier geht es um eine Macht, die darauf abzielt, dass es allen Erdbewohnern und der Erde selbst gut geht. Doch dazu dürfen sich diese neuen Kinder, diese neuen Menschen, gestärkt fühlen, denn durch das oft schwache Selbstwertgefühl der vorangegangen Indigos haben sie sich nie in die Öffentlichkeit getraut, und sich auch nie getraut, sich mit ihrer Meinung zu positionieren.

Aus diesem Grund ist unter anderem dieses Buch hier entsanden. Weil wir euch aufklären wollen über die „Irgendwie anders"-Kinder. Diese Kinder sind nicht unnormal oder gesellschaftsuntauglich. Diese Kinder handeln im Zeichen des Guten. Sie haben in der Machtposition, in der sie viele oder wenige

Menschen erreichen, dich und die Welt im Sinn, und nicht sich selbst. Sie handeln selbstlos, aber dazu müssen sie erst einmal als Persönlichkeiten heranwachsen, die mit sich im Reinen sind.

Das war der Fehler in der vorangegangenen Generation, indem sie noch immer das „Ich bin irgendwie falsch hier auf der Welt" impliziert haben, weil sie noch so allein waren. Doch das ändert sich jetzt, und dieses Buch mag dich darüber aufklären."

☆☆☆

Perspektivwechsel: Das Indigo-Kind wird zur Indigo-Mama

Als ich 27 Jahre alt war, erblickte meine Tochter das Licht der Welt und veränderte dadurch die meinige von einer Sekunde auf die andere. Es war ein großer Umschwung in meinem Leben, und ich habe mich seither nie wieder so gefühlt wie zu der Zeit, bevor ich Mutter wurde.

Während ich diese Zeilen schreibe, ist meine Tochter drei Jahre alt. Es ist unfassbar, was ich in den wenigen Jahren durch sie und ihr Dasein dazulernen durfte, und ich weiß und fühle, dass ich noch viel mehr durch sie lernen darf. Nur durch sie darf dieses Buch entstehen. Durch Mila durfte ich den Blickwinkel wechseln und meine Mutter noch tiefer verstehen. Und so ist es eigentlich keine Überraschung, dass ich – gefühlt – eine „Mini-Me" zur Welt bringen durfte.

Jedoch unterscheiden wir uns in einem großen Punkt. Sie ist ebenso durchsetzungs- und willensstark, intuitiv, hat sehr viel Wissen, ist weit für ihr Alter, kurzum zeigt alle Indigo-Merkmale. Darüber hinaus ist sie jedoch ein extrovertierter Typ und damit eine der lauteren Rebellen, die ihr Herz auf der Zunge tragen und stets sagen und zeigen, was sie wahrhaft denken.

Wenn Mila im Raum ist, dann bemerkt man sie. Egal, ob sich nur zwei Personen darin befinden, oder zwanzig. Sie steht gerne im Mittelpunkt, ist eine Frohnatur und lässt ihren Emotionen freien Lauf. Das kann für die Eltern eines solchen Kindes je nach Stimmung des Kindes angenehm oder unangenehm sein, besonders, wenn das Elternteil introvertiert ist und eher nicht so gerne auffällt.

Ich bin so unendlich dankbar, Mama eines extrovertierten Indigo-Mädchens zu sein und kenne gleichzeitig all die Lernfelder, die unangenehmen Fragen und Unsicherheiten, die diese besonderen Kinder mit sich bringen.

An der Stelle mag ich daran erinnern, dass sie genau deshalb hierhergekommen sind. Indigos sind keine Menschen, die hier sind, um sich anzupassen, um sich zu verbiegen und sich irgendwie ins bestehende System einzugliedern. Tun sie das, werden sie unglücklich, verlieren sich und werden schlimmstenfalls krank oder verfallen im späteren Alter Süchten. Denn eine Sucht beinhaltet immer eine „Suche". Die Suche nach sich selbst, nach dem Sinn des Lebens.

Diese Kinder sind hier, um neue Wege aufzuzeigen, mit dem großen Ziel dahinter, dass wir alle wieder im Einklang mit uns selbst leben können. Wir helfen unseren Kindern am meisten, indem wir ihnen immer wieder das Gefühl geben, bedingungslos geliebt zu sein, und dass sie genau richtig sind, wie sie sind. Durch ihre Verhaltensweisen und ihre Ehrlichkeit werden wir immer wieder dazu angeregt, umzudenken und nicht den festgetrampelten – und dadurch zunächst komfortabler wirkenden – Pfaden zu folgen, sondern neue Wege ausfindig und mit Hilfe dieser Kinder gangbar zu machen.

Ich möchte schon hier, an dieser Stelle, ein großes Umdenken anregen und dich dazu inspirieren, es als riesengroßes Privileg anzusehen, dass diese Seele, dieses besondere Kind, ausgerechnet zu dir wollte. Das hat einen Sinn! Öffne dich der Demut und der Dankbarkeit und sei auch liebevoll mit dir selbst. Antworten auf viele „Was" und „Wie´s", die im Alltag so auftauchen, erfährst du hier.

Meine persönlichen Lernaufgaben begannen direkt mit Milas Geburt, die wunderschön und ein perfektes Lernfeld zum Thema „Hingabe“ für mich war. Eine Geburt erfordert große Hingabe. Sie beinhaltet die weibliche und die männliche Energie. Die weibliche Energie ist intuitiv, wahrnehmend, fühlend, raumgebend, loslassend und sich hingebend, während die männliche Energie aktiv ist, handelnd, in die Welt bringend. Beide Seiten sind gleich wichtig und daher, wie alles im Leben, nicht zu bewerten. Zum Problem wird es nur, wenn wir aus der Balance kommen und uns zu sehr unserer männlichen oder unserer weiblichen Energie widmen.

Mann und Frau verfügen gleichermaßen über beide Anteile, doch hat die männliche Energie in den letzten Jahrzehnten immer mehr überhandgenommen, in beiden Geschlechtern. Umso glücklicher bin ich derzeit, zu beobachten und zu fühlen, dass sich immer mehr Frauen wie auch Männer wieder der weiblichen Seite hingeben, die uns leitet und den Raum für alle Kreationen bietet, die das Leben für uns parat hält.

Während der Schwangerschaft und der Geburt habe ich mich sehr mit meiner Intuition verbunden und bin immer dem gefolgt, was sich für mich selbst stimmig anfühlte. Dazu möchte ich jeder werdenden Mama von Herzen raten, ebenso wie bei der Begleitung der Kinder. Höre stets auf dein Bauchgefühl. Du liegst damit immer richtig! Egal, was andere Menschen dir mit bestem Willen sagen. Geht das, was du tust, nicht mit dir in Resonanz, so hat es für dich und dein Kind kein Gewicht.

In einem Satz niedergeschrieben, klingt es so einfach und leicht umsetzbar, aber wie so oft sind Theorie und Praxis zwei Paar Schuhe. Was wir in der Theorie wissen, möchte in unserem Leben umgesetzt werden, und das bedarf der Wiederholung und Übung. Wir haben uns immer weiter weg entwickelt von der Stimme, die uns zuverlässig durch unser Leben führt, und genau an diese innere Stimme erinnert dich dein Kind.

Es war somit auch eines der größten, wertvollsten Geschenke meiner Tochter an mich, und auch wenn ich zuvor bereits begonnen hatte, nur noch meiner Intuition zu folgen, so ist es eine Meisterprüfung, wenn man dies in der Verantwortung für ein Lebewesen tun darf.

Mein behandelnder Frauenarzt war zum Beispiel sehr von Angst geprägt, genauso wie seine Frau, mit der er gemeinsam die Praxis führt. Beide redeten bei jedem Vorsorgetermin auf mich ein, mein Kind bloß in einem Krankenhaus zu gebären – aufgrund meiner Bauchoperationen und weil es mein erstes Kind war. Meine innere Stimme sagte mir jedoch ständig, aus meinem tiefen Bewusstsein heraus, dass ich meine Tochter nur in einem Geburtshaus zur Welt bringen wollte, denn damit fühlte ich mich wohl und wurde innerlich ruhig.

Doch diese Stimmen gingen nicht spurlos an mir vorbei. Nach jedem Termin war ich kurz verunsichert. Ängste und Gedanken tauchten auf, die mich unsicher machten. Rückblickend bin ich dem Leben sehr dankbar, dass ich zum Zeitpunkt meiner Schwangerschaft den Zugang zu meiner Intuition so tief gestärkt hatte, dass ich ihr mehr traute als dem Fachpersonal, das zwar viel Praxis- und Theoriewissen hatte, aber eben nicht in meinem Körper steckte und nicht den gleichen Seelenweg teilte wie ich und mein Kind. Nur du fühlst, was für dich stimmt! Nur du fühlst, was für dein Kind stimmt!

Wenn dieses Buch auch nur eine einzige Frau erreicht, die ich in ihrer Intuition bestärken darf, dann haben sich alle Stunden, Worte und die damit verbundene Arbeit ausgezahlt.

Meine innere Stimme leitete mich auch durch die Geburt von Mila, wenn ich mich auch am Ende für elf Minuten verlor, bevor sie zur Welt kam, weil ich in den Verstand abdriftete. Indem ich mir plötzlich Gedanken um das „Wie“ machte und unsicher wurde, weil mein Körper schon sämtliche Kräfte aufgebraucht hatte. Auch für diese Erfahrung bin ich rückblickend dankbar, weil es mich viel über die Hingabe gelehrt hat und was es mit uns macht, wenn wir uns im Ego verlieren.

Es muss kein Schmerz sein, ein Kind zu gebären, auch wenn viele etwas anderes behaupten. Es wird schmerzhaft, wenn wir Angst haben, wenn wir eng werden, uns verkrampfen und mit unserem Verstand durch die Geburt gehen. Öffnen wir uns hingegen, geben uns hin und lassen alles durch uns hindurchfließen, wird die Geburt zu einer wundervollen, verbindenden Erfahrung. Genau wie unterdrückte, nicht gefühlte Emotionen zu dauerhaftem Leid werden, werden Wehen, die uns Angst machen, zum Schmerz. Ist das nicht der Fall, fühlen sie sich an wie energetische Wellen, die sich durch den ganzen Körper bewegen und uns unserem Kind Welle für Welle näherbringen.

Mehr zur Hingabe und der weiblichen Energie durfte ich dann direkt wenige Stunden nach der Geburt meiner Tochter erfahren. Um halb fünf Uhr morgens waren wir zu Hause, und um halb sieben Uhr, nachdem mein Wecker geklingelt hatte, ging ich in den Stall um die Pferde zu versorgen. Das, was mir zum damaligen Zeitpunkt als das Normalste der Welt vorkam, ist es heute nicht mehr, und ich muss über mich selbst lachen und liebevoll mit dem Kopf schütteln.

Kurz nachdem ich wieder reinkam, klingelte es an der Tür, und ich öffnete der Hebamme, die mich irritiert ansah, weil ich selbst die Tür öffnete und nicht mein Mann. Als ich sie auch noch fröhlich anlächelte und sagte: „Oh, perfektes Timing! Ich bin gerade im Stall fertig“, entfuhr ihr ein: „Sag mal, spinnst du, Sarah? Du hast gerade erst ein Kind geboren!“, und wie Recht sie hatte! Es brauchte noch einige Tage, ja Wochen, bis ich verstand: Ab jetzt ist alles anders. Und ich kann und will es mir heute gar nicht mehr anders vorstellen. Perfektionistisch und selbstkritisch, wie ich veranlagt bin, wollte ich alles ideal unter einen Hut bekommen und plante mir somit auch keine Pause für meine Selbstständigkeit ein – wohlgemerkt in Verbindung mit dem Anspruch an mich, meine Tochter natürlich rund um die Uhr selbst zu betreuen und zu begleiten. Ich stellte mir vor, wie ich sie in ihren Schlafphasen neben mich in ihr Bett legte, um dann in aller Ruhe in dieser Zeit zu arbeiten.

Da hatte ich aber die Rechnung ohne mein Indigo-Mädchen gemacht! Dank ihr wurde ich richtig tief in meine weibliche Energie hineingeworfen und durfte mich das erste Mal in meinem Leben tief für die Hingabe, das Urvertrauen und das Geschehen und Loslassen öffnen. Das machte mir zunächst Angst, aber ich stellte mich der Aufgabe und ging in eine vertrauensvolle Pause meiner Arbeit, die mich auf positivste Weise leer machte. Es war eine Zeit der Wandlung, in der ich viel empfing und später umsetzte, als ich den Impuls erhielt, wieder in die männliche Energie zu gehen und etwas Neues in die Welt zu bringen.

Wie war es also wirklich mit meinem Indigo-Kind als Säugling? Vielleicht erkennst du ja dein Kind in meiner Beschreibung wieder.

Meine Tochter brauchte sehr viel Nähe, und ich stillte sie alle zwei Stunden, ganz nach ihrem Bedürfnis. Wenn sie tief schlief und ich sie ablegen wollte, um zum Beispiel zu arbeiten, wurde sie sofort wach und wollte wieder gestillt werden. Nach vielen Versuchen an vielen Tagen gab ich den Versuch auf, sie abzulegen. Heute erinnere ich mich an viele kreative Ideen meinerseits, um doch irgendwie arbeiten zu können, zum Beispiel band ich sie mithilfe eines Tragetuchs auf meinem Schoß fest, sodass sie nicht herunterfallen konnte, ich aber meine beiden Hände frei hatte zum Tippen. Das verschaffte mir wenige Minuten Arbeitszeit am Tag, bis ich irgendwann aufgab.

Dann, endlich, öffnete ich mich und gab mich hin. Ließ mich ganz auf das Mama-Sein ein, auf meine Tochter und ihre Bedürfnisse. Für mich war all das normal, weil ich es nicht anders kannte und auch hier einfach meiner Intuition folgte. Das viele Stillen, der fast dauerwährende Körperkontakt. Es gab keinen Gang, den ich ohne Mila auf dem Arm machen konnte. Am Ende war ich perfekt darin, so ziemlich alles Alltägliche mit nur einer freien Hand zu meistern.

Doch wann immer ich auf andere Mütter mit gleichaltrigen Babys stieß, war ich zutiefst verwirrt und stellte mich in Frage. Viele Babys schliefen ein, und, oh Wunder, man konnte sie hinlegen und sie schliefen weiter! Und mehr noch: Man konnte sie sogar ablegen, wenn sie wach waren, und während sie ihre Füßchen entdeckten oder sich mit Haushaltsgegenständen beschäftigen, hatten die Mütter einige Minuten Zeit, um den Haushalt zu schmeißen, ein Buch zu lesen oder in Ruhe eine Tasse Kaffee zu trinken. All das war mir absolut unbekannt.

Immer ploppten in den Momenten des Vergleichs kurze Gedanken meines Verstandes auf, die mir Fragen stellten, wie: „Mache ich etwas falsch?“, „Liegt es an mir?“, „Muss ich es einfach konsequenter versuchen?“, doch bei all diesen Gedanken wurde es eng in mir, und das ist die Art und Weise, mit der mein

Körper zu mir spricht, wenn etwas für mich und meinen Weg nicht stimmig ist. So verließ ich mich immer und immer wieder auf mein Bauchgefühl. Es war natürlich anstrengend und herausfordernd, und dennoch so unglaublich wertvoll.

Mit Demut kann ich sagen, dass Mila mich in ihren ersten Lebensmonaten tiefe Hingabe lehrte. Zum ersten Mal in meinem Leben hatte mein innerer Antreiber, der immer alles perfekt haben wollte, nicht mehr die Führung. Jahrelang, bis zur Geburt meiner Tochter, hatte ich meiner männlichen Energie mehr Raum gegeben, was mir schon vor meiner Schwangerschaft bewusst geworden war, und so hatte ich mich bewusst schon damals mehr meiner weiblichen Energie gewidmet, fiel jedoch immer wieder in das alte Muster zurück. Früher waren Entspannung und Ruhe für meinen Körper, wenn er es brauchte, nicht ohne schlechtes Gewissen möglich.

Doch dann hielt ich dieses wundervolle Geschöpf in meinem Armen, das ich bedingungslos und aus tiefstem Herzen liebte: mein Kind. Und für dieses ließ ich mich in die tiefe Hingabe fallen. Am meisten machte es mich dann und wann verrückt, den ganzen Tag und die ganze Nacht beschäftigt und wie fremdgesteuert zu sein, und gleichzeitig – gefühlt – nichts zu tun zu haben. Mir war häufig langweilig, und mir fiel die Decke auf den Kopf. Vielleicht kennst du das? Ich habe es mittlerweile von sehr vielen Mamas erfahren, auch wenn wenige sich trauen, es zuzugeben. Schließlich suggeriert einem die Werbung und sozusagen die ganze Welt, dass man als frischgebackene Mama zutiefst erfüllt sein sollte.

Bei mir entstand dieses Gefühl, weil sich mein innerer Antreiber immer noch regelmäßig meldete, die männliche Energie also anklopfte und mich in mein gewohntes Muster zurücktreiben wollte: Machen, machen, machen. Doch hier war nichts zu machen, außer mich meiner Tochter hinzugeben, mir selbst, meinem Leben. Und für dieses Geschenk bin ich heute zutiefst dankbar. Ich hätte keine bessere Lehrerin als Mila finden können, denn nun, aus drei Jahren Praxis, kann ich sagen: Die weibliche Energie und die Hingabe verschaffen einem ein ungeahntes, wundervolles Lebensgefühl.

Vor allem hat es mir sehr viel Urvertrauen geschenkt. Erst wenn wir ganz still werden, uns hingeben, ins Nichts fallen lassen, kann ein Raum entstehen, der uns tief nährt und uns durch unser Leben leitet. Völlig leicht und in Liebe. Die Hingabe führt uns an Orte, zu Menschen und Möglichkeiten, von denen unser Verstand nicht einmal weiß, dass sie überhaupt existieren, was natürlich nicht bedeutet, dass wir einfach nur „nichts" tun, sondern uns dem jetzigen Moment öffnen. Still werden, innehalten, im Hier und Jetzt aufgehen. Denn dann kommen wundervolle Inspirationen und Handlungsimpulse, die uns den für uns richtigen Weg weisen.

Heute, in der Rückschau, hätte ich mir gesagt, und sage es jeder anderen Mama: „Du bist so unendlich wertvoll! Wenn du einen Säugling in deinen Armen hältst, ihn nährst, für ihn da bist, dann ist es das Wertvollste, was du für diese Erde tun kannst. Du hast ihn geboren, du sicherst sein Überleben und schenkst ihm tiefe Liebe. Diese Zeit jetzt ist unendlich kostbar, deshalb genieße jeden Moment. Lass dich hineinfallen in deine neue Rolle. Lass dich nicht überrollen vom Leben, vom Alltag, von deinen Gedanken und Gefühlen. Nimm alles bewusst wahr. Lass die Gefühle zu, nimm sie in Liebe an, und dann lass sie weiterziehen und mache dir immer wieder bewusst, welche großartige Aufgabe du gerade innehast – großartig und unbezahlbar!"

Als Mila älter wurde, sitzen und krabbeln konnte, brauchte sie viel Aufmerksamkeit, Beschäftigung und Anreize. Ich weiß noch gut, wie ich mir selbst Mut zusprach und immer wieder einredete, dass – je älter sie würde, sie sich mehr mit sich selbst beschäftigen können würde. Diese Hoffnung begrub ich dann irgendwann. Ich schreibe das mit einem Schmunzeln, und auch hier wurde ich erneut vom Leben geprüft, denn ich hatte mir so gedacht, dass Mila für sich alleine spielen würde, während ich am Laptop saß. Weit gefehlt – das ist bis heute nie eingetreten, auch wenn sie sich mittlerweile mal mehr, mal weniger gut alleine beschäftigen kann.

Auch hier war es wieder meine Aufgabe, die Dinge so anzunehmen, wie sie sind. In Liebe und Dankbarkeit für all die Geschenke, die dieses kleine Wesen mit sich bringt. Ich habe mich immer mehr und bewusster auf ihre Welt eingelassen, bin mit ihr ins Hier und Jetzt eingetaucht und habe mit der Zeit dennoch gelernt, auch meinen Bedürfnissen genügend Raum zu geben – zum einen im Zusammensein mit ihr, aber auch für mich allein, indem ich mir immer wieder die Frage stellte: „Was würde meiner Seele gerade gut tun? Was würde mich jetzt nähren und freuen?"

Im Zusammensein mit Mila sind es dann Dinge, wie gemeinsames Tanzen, oder ich mache Yoga, während sie mitprobiert oder auf mir herumklettert, wir machen Ausflüge, backen Kekse oder sind gemeinsam bei unseren Pferden. Genauso räume ich ihr „Mila-Zeiten" ein, in denen ich all das mache, was ihr Freude bereitet, und versuche, mich auch in diesen Rollenspielen so gut es geht hinzugeben. Auch hier haben sich die Dinge wie von selbst entwickelt – wenn auch ganz anders, als mein Kopf es geplant hatte oder sich hätte vorstellen können.

Als Mila älter als zwei Jahre alt war, spürte ich den starken Drang, jetzt etwas verändern zu müssen, da sich mein Gefühl verstärkte, mich immer mehr zu verlieren und nur noch zu funktionieren, als wahrhaft zu leben und zu genießen. Ich spürte deutlich, dass ich mehr Raum für mich und mein Alleinsein brauchte.

Und so tat sich ein Fenster auf, an das ich zuvor nie hatte denken wollen. Auf einmal fühlte es sich stimmig an, nach einem Krippenplatz für Mila zu suchen. Keine Tagesmutter, keine Fremdbetreuung, sondern nur eine Krippe. Das war meinem bisherigen Ansatz sehr fremd, und ich wunderte mich selbst, dass ich ein so stimmiges Gefühl dabei hatte. Die ganze Sache ging ich, rückblickend betrachtet, sehr naiv an, da ich mich auf nur eine Krippe festlegte und Mila kurz vor Anmeldeschluss noch anmeldete. Viele Mütter sagten mir, dass es quasi aussichtslos sei, einen Platz zu bekommen – und dann auch noch so kurzfristig, doch es klappte! Zuerst war es eine riesige Freude, die sich dann jedoch als große Lernaufgabe für mich entpuppte.

Diese Erfahrung gehört unbedingt in dieses Buch, weil ich der Überzeugung bin, dass ich sie, unter anderem, genau hierfür erleben durfte. Wichtig war mir von vornherein eine liebevolle, sanfte Eingewöhnung, und diesen Ansatz hatten auch die Erzieher dort. Es waren drei sehr liebevolle Menschen, die die Kinder behüteten, und daher konnte ich es mir auch vorstellen, Mila vormittags bei ihnen zu lassen, mit dem Wunsch, dass sie eine schöne Zeit hat und ich mehr Raum für mich bekomme, sodass wir beide ab mittags Zeit gemeinsam haben könnten.

Die ersten Tage verliefen gut, wenn Mila auch sehr an mir hing, was ganz untypisch für sie war. Normalerweise ist sie ein Kind, das schon von Weitem auf alles Neue zuläuft und es erkundet, und sich hin und wieder umdreht, um sich zu vergewissern, dass ich auch noch da bin.

Mila und ich hatten eine Eingewöhnungszeit von sage und schreibe zehn Wochen, und ich greife schon einmal vor, indem ich euch verrate, dass sie kein Krippenkind wurde. Diese zehn Wochen waren für mich eine Meisterklasse in Sachen Intuition. Die Zeit war fordernd, angespannt, hoffnungsvoll und ebenso lehrreich. Hier durfte ich am eigenen Leib erfahren, wie zerrissen man sich als Mama fühlen kann, wenn die Intuition eine ganz deutliche Sprache spricht, das Umfeld aber eine andere. Denn ich fühlte schneller, als mir lieb war, dass sich Mila dort nicht wohlfühlte, obwohl die Erzieher ganz herzliche Menschen waren. Sie wandte sich der Erzieherin zu, die am authentischsten war, doch auch bei ihr konnte Mila sich nicht bis aufs Letzte öffnen und sich ihr anschließen. Es war deutlich fühlbar für mich, was mein Verstand lange nicht hatte wahrhaben wollen: Der Raum war Mila zu eng, sie fühlte sich nicht genug gesehen, weil sie eine unter vielen war, ihr fehlten Kinderkontakte auf Augenhöhe, weil sie die Einzige war, die schon sprechen und sich gut mitteilen konnte, und daher fühlte sie sich oft unverstanden.

In dieser Zeit durfte ich mir viele, sehr lieb gemeinte Ratschläge und Hinweise anhören. Der Klassiker war: „Sie spürt, dass du sie nicht loslassen kannst." Bei diesem Satz stellte sich alles in mir auf, weil ich wusste und fühlte: Wenn sie gut betreut ist, kann ich sie sehr gut für diese Zeit loslassen und mich auftanken, für mich da sein. Sonst hätte ich den Krippenplatz gar nicht angenommen. Doch es war mir ebenso wichtig, dass Mila eine schöne Zeit hatte und die Zeit nicht einfach absaß und irgendwie Tag für Tag überstand.

Die Vorstellung war gruselig für mich, weil ich mich noch sehr gut erinnern konnte, wie sich so etwas anfühlt. Die Erzieher waren sehr bemüht und gaben mir und Mila allen Raum, wofür ich ihnen sehr dankbar war und noch immer bin. Wir probierten alles aus und gaben uns alle Mühe, damit Mila dort ankommen und sich wohlfühlen konnte.

Aber ich fühlte mich in einer Zwickmühle gefangen. Einerseits spürte ich, wie dringend ich Phasen zum Regenerieren brauchte, andererseits hatte es für mich die höchste Priorität, dass es meiner Tochter gut geht. Sie wollte immer gerne mit mir zusammen in die Krippe fahren, aber sie wollte mich partout nicht mehr gehen lassen, selbst als wir das schon einige Male geschafft hatten und sie mich bewusst und ohne Tränen hatte fahren lassen. Doch damit war es irgendwann vorbei. Ich war verzweifelt, und eine der Erzieherinnen meinte schließlich, wir hätten eine sehr starke Bindung und es sei in dem Alter normal, dass die Trennung nicht ohne Tränen vonstatten ginge. Ich spürte, dass sie mir helfen wollte, und doch sträubte sich alles in mir, und der Gedanke kam hoch:

„Dann sind alle Kinder in dem Alter noch nicht so weit, damit die Eltern arbeiten können, weil sie dies müssen!" All das ist mir bewusst, und doch fühle ich, dass wir neue Wege gehen dürfen. Dass auch hier jeder Einzelne aufgerufen ist, seiner Intuition zu folgen, denn diese weist uns den stimmigsten Weg.

In den zehn Wochen der Krippenzeit fühlte ich mich fast schon als Inventar, wenn nicht als zusätzliche Erzieherin, da ich alle Kinder kannte und sie mich. Ich beobachtete viel und spürte auch, dass manche Kinder gerne in die Krippe kamen, und es für andere ein notwendiges Übel war. Es gab auch Kinder, die bestimmte Phasen erlebten, indem sie manchmal ohne Weinen

Abschied von den Eltern nahmen, und dann wieder mehrere Tage hintereinander die Eltern nicht gehen lassen wollten. Auch hier zeigt sich, wie starr unsere Welt ist, wie unflexibel wir geworden sind, weil alle Systeme nun mal laufen müssen. Dass es der Mutter zwar das Herz zerreißt, ihr Kind zurücklassen zu müssen, aber sie dennoch zur Arbeit fahren muss und das Kind da „durch muss".

Durch meine Hellfühligkeit habe ich auch hier die Kinder sehr stark wahrgenommen und gefühlt, was es im Kern mit ihnen machte. Dass sich Glaubenssätze bildeten, wie: „Ich bin auf mich alleine gestellt." „Ich schreie/zeige sehr deutlich, dass ich nicht allein gelassen werden mag, aber werde trotzdem verlassen." Aus der Erwachsenenperspektive scheint das alles wenig spektakulär. Wir glauben oder wollen glauben, dass es den Kindern nichts ausmacht, sie so etwas schnell vergessen und eben lernen müssen, mit dem Leben zurechtzukommen. Und genau hier setze ich an und bitte dich: Hör auf deine Intuition! Lausche deinem Bauchgefühl. Wann immer das Herz einer Mama sich anfühlt, als würde es zerreißen, kann etwas nicht stimmig sein.

Egal, wie stark der Kopf, das Leben oder die Menschen im Umfeld dagegen anreden: Fühle und denke selbst und vertraue dir und deinem Gefühl!

Wir bleiben viel zu oft in unserer Komfortzone, weil wir keine anderen Wege sehen. Doch es gibt nicht nur Schwarz und Weiß. Dazwischen gibt es unzählig viele Graustufen, und wenn uns das bewusst wird und wir uns dafür öffnen, dann können wir sie auch sehen. Es gibt Kinder, die lieben es, in der Krippe zu sein, und für diese ist es genau der richtige Platz. Es gibt aber auch Kinder, wie Mila und andere, die sich dort nicht wohlfühlen. Diese Kinder lernen schon sehr früh, dass sie keine Schöpfer ihres

Lebens sind. Dass sie die Dinge einfach akzeptieren müssen, wie sie kommen, auch wenn sie darunter leiden. Eine Mama spürt alles, und wir sind dazu angehalten, uns selbst mehr zu vertrauen, auch wenn die Dinge umständlich und kompliziert erscheinen.

Unsere Eingewöhnung in die Krippe endete also. Ich beobachtete bereits seit ein paar Wochen, dass Mila sich zu Hause verändert hatte. Sie war extrem anhänglich, es gab kaum mehr Zeiten, in denen sie sich alleine beschäftigte, und selbst wenn ihre Oma kam, die sie sehr liebte und mit der sie gerne Zeit verbrachte, durfte ich nicht mehr weggehen. Sie weinte schon, wenn ich nur den Raum wechselte. Das kannte ich von meinem sonst so selbstbewussten Mädchen überhaupt nicht und machte mir sehr zu schaffen. Dann bekam sie einen sehr hartnäckigen Schnupfen über mehrere Wochen, der nicht gehen wollte. Auch hier sprach meine Intuition sehr deutlich, und ich wusste einfach, der Grund war die Krippe, die ihr zu schaffen machte. Sie wusste, wie der Hase läuft, und sie kannte auch den Plan, dass sie dort den Vormittag über bleiben sollte.

Wie immer erklärte ich ihr auch diese Situation, wollte ihr Vertrauen schenken, aber sie wollte einfach nicht dort bleiben. Sie fühlte sich nicht gesehen.

Ich erinnere mich noch gut an einen Moment in der Krippe: Sie saß mit allen anderen Kindern am Frühstückstisch, ich neben ihr und meinte, ich würde gleich losfahren und sie später abholen. Daraufhin wollte sie sofort zu weinen beginnen. Also sagte ich: „Ich fahre nicht, wenn du das nicht möchtest." Sie beruhigte sich, und ich fragte sie, weshalb sie denn nicht hier bleiben wolle. Ihre Antwort: „Dann bin ich ganz allein!", und es schwangen Gefühle von Sorge und Hilflosigkeit mit. Mein

Verstand sagte, dass ja sehr viele hier bei ihr wären, aber mein Herz: „Da hast du Recht!"

Niemand sieht sie so, wie ich sie sehe, und es ging mir als Kind ebenso, wenn ich bei Menschen untergebracht war, die mich oberflächlich gut versorgten, aber mich, meine Seele, nicht sahen. Dieser so tiefe, wahre Satz von ihr hat mich sehr berührt und zum Umdenken angeregt. Immer wieder lese und höre ich Sätze, wie: „Das Kind manipuliert dich!", „Wenn du jetzt nicht fährst, dann hat es dich in der Hand. Dann nutzt es das aus. Es weiß, dass es dich so kriegen kann!", und ich bin hier ganz ehrlich zu dir, liebe Leserin, lieber Leser. Bei diesen Worten zieht sich mein Herz ganz eng zusammen. Vielleicht hattest du schon einmal ähnliche Gedanken im Kopf? Auch mir ging es an der einen oder anderen Stelle so, und ich habe erkannt, dass uns dies von der Gesellschaft oft suggeriert wird, weil sie es selbst in der Kindheit so erfahren haben und es selbst nicht besser hatten.

Wir mögen es nicht, wenn unsere Kinder Emotionen ausleben, die wir damals unterdrücken mussten oder zu unterdrücken lernten, weil die Reaktionen entsprechend waren. So gibt es zum Beispiel unzählige Frauen und Männer, die es nicht ertragen können, wenn ihr Kind schreit und unter allen Umständen das Geschrei so schnell wie möglich abstellen wollen. Und das nur, weil sie selbst als Kind nicht mitfühlend genug in ihren Emotionen begleitet worden sind. Sätze, wie: „Jetzt stell dich nicht so an!", „Jetzt ist aber auch mal gut!", „Deswegen weint man doch nicht!", und so weiter waren ihnen wohlbekannt. Das heißt, viele uns haben in der Kindheit gelernt, dass wir bei gewissen Emotionen mehr und bei anderen weniger geliebt werden. Für das eine wurden wir gelobt, und für das andere getadelt. Doch alle Emotionen sind wichtig, wollen fließen und gesehen werden.

Kinder denken nicht manipulativ, sie sind authentisch und noch tief mit sich verbunden. Sie lassen unverblümt das heraus, was sie denken und fühlen. Sie lernen nichts Negatives, wenn wir auf ihr Gefühl hören und ihnen Beistand leisten, wohl aber, wenn wir sie nicht ernst nehmen und im Stich lassen. In einer Beziehung kann man nicht gewinnen oder verlieren. Wer so denkt, hat schon verloren. Es geht um Liebe, Verständnis und Vertrauen. Und ich schreibe das nicht, um irgendjemanden zu verurteilen oder ihm das Gefühl zu geben, etwas nicht richtig gemacht zu haben. Ich schreibe dies alles, um dich zu erinnern, dich zu bestätigen, dass dein Gefühl goldrichtig ist und du ihm immer vertrauen kannst. Dabei muss mein Weg nicht deiner sein, und umgekehrt. Die Intuition leitet uns alle zuverlässig durch unser Leben. Auch gibt es für mich keine Fehler, kein Richtig oder Falsch. Wir sammeln Erfahrungen und lernen im besten Fall aus ihnen.

Wie ging es also weiter? Scheinbar brauchte ich noch den Super-GAU, denn meine Intuition sprach zuverlässig und unablässig zu mir: Deine Tochter gehört nicht in die Krippe. Aber der Verstand wollte etwas anderes, er wollte, dass die Worte der anderen stimmten, dass die Eingewöhnung nur eben länger dauerte oder es wirklich an mir lag, die in der Tiefe nicht loslassen konnte.

Und so unternahmen wir einen letzten Versuch, den wir wohl alle brauchten, vor allem ich selbst, um mich wieder tief daran erinnern zu lassen, dass ich immer auf mein Bauchgefühl hören darf. Auf eine entsprechende Empfehlung hin, brachte mein Mann unsere Tochter zur Krippe und ließ sie nach vorheriger Ankündigung und Abschied allein, obwohl sie schrie. Von dem sogenannten Trennungsschmerz hatte ich bis zu diesem

Zeitpunkt sehr viel gehört, weil er angeblich normal sei. Doch ehrlich gesagt glaube ich, dass die Kinder uns damit deutlich ihre Bedürfnisse und Emotionen zeigen. Natürlich finden sie sich nach einer Weile damit ab und hören auf zu weinen, aber dass sie das eben nicht vergessen, das zeigte das Verhalten unserer Tochter in den darauf folgenden Tagen sehr gut. Mein Mann wartete draußen auf das Zeichen der Erzieher, dass sie sich beruhigt hatte, und fuhr dann zur Arbeit, in dem Wissen, dass ich zur Not abrufbereit zu Hause war. Am nächsten Tag wollte sie partout nicht mehr mit ihrem Papa zur Krippe fahren, wenn überhaupt, dann nur mit mir.

Mein Herz zieht sich zusammen, während ich diese Zeilen schreibe. Ich war in einer Phase meines Lebens, in der ich mich noch tiefer mit dem Thema „Intuition“ befasste und somit im Zwiespalt, und ich wollte so sehr, dass es klappt, und tat das, was mir andere rieten, und überhörte mein Herz. Also fuhr ich sie hin, verabschiedete mich und ließ sie ebenfalls weinend zurück, bis ich das Zeichen erhielt, dass sie sich beruhigt hatte.

Dies hatte zur Folge, dass ich drei Mal zu Hause in Tränen ausbrach, weil es sich einfach komplett falsch anfühlte, wohlwissend, dass so viele Menschen es als normal betrachten. Dass Mütter dankbar dafür sind, wenn die Väter diesen unliebsamen Part übernehmen, weil ihnen genauso das Mama-Herz blutet, wie es meines tat. Es ist nicht immer leicht, neue Wege zu gehen, und es ist auch nicht immer leicht, auf das Herz zu vertrauen. Aber ich mag dich dazu ermutigen und dich auf die Grautöne aufmerksam machen, die es zwischen dem Schwarz und Weiß gibt.

Umso erleichterter war ich, dass ich ein fröhliches, selbstbewusstes Kind aus der Krippe abholen durfte. Sehr gut erinnere ich mich an das Gespräch am Abend mit meinem Mann. Er sprach mir Mut zu, es sei doch ein gutes Zeichen, und meine Antwort war: „Abwarten – pass auf, morgen will sie auch mit mir nicht mehr zur KiTa fahren." Und ich sollte Recht behalten, auch wenn es viele Anteile in mir nicht wollten.

Als Mila am nächsten Morgen hörte, dass wir gleich in die Krippe fahren würden, brach sie verzweifelt in Tränen aus und war kaum zu beruhigen. Ich entschied dieses Mal endlich nach meinem Bauchgefühl, sagte ihr, dass wir zu Hause bleiben würden und meldete uns für zwei Wochen ab. Intuitiv wusste ich, dass ich nach diesen zwei Wochen Pause entscheiden konnte, ob wir die Eingewöhnung abbrechen oder fortführen würden.

Was nach diesen zwei Wochen Pause passierte, war sehr eindrucksvoll für mich und gab mir ein tiefes Vertrauen zu meiner Intuition und in meine Tochter. Ich fühlte mich tief vom Leben bestätigt, dass ich meinem Bauchgefühl trauen könnte, entgegen dem, was fast alle anderen in meinem Umfeld gesagt hatten.

An diesem einen Montag wollte ich wieder mit Mila in die KiTa fahren. Ich bereitete sie schon mehrfach am Wochenende darauf vor, damit ich sie damit am Montagmorgen nicht überfallen musste. Es war spannend, ihre Reaktion zu beobachten. Sie sagte kein Wort, aber dafür kamen ihre Gedanken und Gefühle lautstark bei mir an, die sinngemäß aussagten: „Ich höre dich, aber ich will das nicht hören. Es findet noch nicht jetzt statt, also lohnt es sich noch nicht, dagegen anzugehen."

Dann war es so weit. Montagmorgen. Ich bereitete Mila direkt nach dem Aufwachen darauf vor. Sie sagte wieder nichts und schaute bewusst weg. Doch nach dem Frühstück, als es darum ging, uns anzuziehen und loszufahren, brach sie in bittere

Tränen aus. Ich spürte ihre Verzweiflung, Angst, Sorge und Frustration. Schon im Vorfeld hatte ich mit mir ausgemacht, dass ich bei einer solchen Reaktion endlich meiner Intuition folgen und die Eingewöhnung abbrechen würde.

Es dauerte eine ganze Weile, bis Mila mich hören konnte, weil sie so heftig weinte. Ich musste fast in Liebe brüllen, damit die Worte: „Wir fahren nicht in die KiTa!" zu ihr durchdringen konnten. Sie hörte sofort auf zu weinen, aber es schüttelte sie, und ich spürte ihre Anspannung. Ich sagte ihr dann ganz in Ruhe, als sie wieder ansprechbar war, dass ich mir gewünscht hätte, dass sie Spaß in der Krippe hat, sodass auch ich in Ruhe arbeiten und andere Dinge tun könnte, damit wir am Nachmittag ganz viel Spaß gemeinsam haben könnten. Wenn sie dort aber nicht glücklich sei, brauche sie nie wieder dorthin zu gehen.

Sie wirkte so unendlich erleichtert, und ich konnte beinahe die Steine purzeln hören, die ihr spürbar vom Herzen fielen. Ich rechnete mit starkem Widerstand gegenüber meinen folgenden Worten an Mila, denn wir mussten noch ein einziges Mal in die KiTa fahren, um sie abzumelden und ihre Sachen abzuholen. Ich rechnete mit Tränen und Widerworten, aber sie reagierte regelrecht vernünftig und tief erleichtert mit einem „Ja, ist klar, Mama! Komm ziehen wir uns an!" Dann rannte sie los in den Flur, um sich selbst die Schuhe anzuziehen.

Wir fuhren hin, stiegen aus, und ich musste, im Flur der KiTa angekommen, noch einmal zurück zum Auto, weil ich etwas vergessen hatte. Mila schrie aufgebracht: „Nein, Mama! Komm, lass uns rein. Wir müssen meine Sachen noch abholen!", und wieder flogen mir ihre Gedanken zu: „Nicht, dass wir hier nochmal her müssen." Wir gingen rein, und ich führte ein offenes und ehrliches Gespräch mit dem Erzieher, wobei Mila sich hinter meinen Beinen versteckte, aber jedem Wort aufmerksam lauschte. Nachdem Mila gehört hatte, dass ich ihm dasselbe sagte, wie Mila zuvor in unserer Küche, war sie mutig genug, sich hinter mir hervorzutrauen und dem Erzieher fröhlich zu sagen: „Wir holen jetzt nur meine Sachen ab, und dann fahren wir sofort wieder nach Hause!"

Doch was danach passierte, war beinahe noch erstaunlicher. Mir selbst fielen Steine vom Herzen, und da erst spürte ich, wie anstrengend es für mich gewesen war, monatelang gegen meine Intuition zu handeln. Ich fühlte mich mir selbst und Mila noch viel näher, war glücklich und entspannt, hatte mir doch mein Verstand genau das Gegenteil geweissagt. Und – noch viel wichtiger: Milas hartnäckige Erkältung war binnen zwei Tagen Geschichte. Und ich hatte mein normales Mädchen wieder, das ich ohne Tränen und Widerstand bei ihrer Oma und ihrem Papa lassen konnte, und das wieder ausgelassen war und auch für sich allein spielen konnte. Was für eine Erfahrung!

Ich greife an dieser Stelle ein wenig vor und mache hier noch einmal deutlich: Das war unsere Geschichte und meine Intuition! Nichts gegen solche Einrichtungen, wenn sie sich für dich und dein Kind stimmig anfühlen. Ich sehe das Problem nur darin, dass wir alle oft genug die leise Stimme in uns überhören, die mit der Zeit immer lauter wird und sogar Zeichen folgen lässt, und wir dem dennoch nicht nachgeben. Die Gründe dafür sind vielschichtig, doch hinter ihnen liegt immer eine Angst. Wir sind zu stark geprägt und gehen die Wege, die alle gegangen sind, hinterfragen eher uns und unser Bauchgefühl als die Pfade, die sich ja ach so bewährt haben. Doch genau darum geht es im Leben eines Indigo-Kinds: neue Wege zu beschreiten.

Wir sind zu oft im Schwarz-Weiß-Denken gefangen und vergessen die vielen Graustufen. Aus Angst und mangelndem Vertrauen dem Leben gegenüber, schauen wir auf nur die eine Tür, deren Spalt sich langsam vor unseren Augen verschließt. Und dann starren wir wie hypnotisiert auf die geschlossene Tür, verzweifelt und in der Hoffnung auf ein Wunder. Vielleicht geht sie ja doch noch einmal auf! Und halten fest an dieser einen Tür. Doch was wir dabei übersehen, sind die unzähligen offenen Türen hinter uns. Wir brauchen doch nur im Vertrauen diese eine geschlossene Tür loslassen, uns umdrehen und die neuen Wege wahrnehmen, die wir beschreiten könnten.

In unserem Beispiel mit der KiTa, mitten aus dem Leben gegriffen, war es eine ganz andere Lösung, die sich zeigte. Mila wird seither öfter von ihrer Oma und ihrem Papa betreut, und ich habe mir in dieser Zeit mein Leben so eingerichtet, dass es mich nährt und mir Energie schenkt. Heute genieße ich die viele Zeit mit meiner Tochter sehr, sodass ich es mir kaum anders vorstellen kann. Die Intuition führte mich in die Krippe, und ich weiß, dass diese Erfahrung für uns alle sehr wichtig war, aber sie führte mich auch wieder schnell hinaus, auch wenn mein Kopf hiermit seine Schwierigkeiten hatte.

Letzten Endes hilft uns immer das Vertrauen auf unser Bauchgefühl, und, wie so oft, müssen wir das Leben vorwärts leben, aber können es erst rückwärts verstehen. Das Leben fügt sich genauso, wie es sein soll, wenn wir loslassen, den Impulsen folgen und unserem Kopf und logischem Denken nicht mehr Raum geben als unserem Bauchgefühl. Unser Verstand ist ein wunderbares Werkzeug und lebenswichtiges Geschenk, doch Entscheidungen sollten wir aus unserem Herzen treffen.

„Die Elternrolle ist in dieser besonderen Zeit, in der viele Strukturen aufbrechen und sich die Umstände in Wirtschaft und Politik zuspitzen, sehr herausfordernd. Und doch, und besonders deshalb, weil es gerade so wichtig ist, hatten viele von euch einen starken Kinderwunsch, oder die Kinder kamen so zu euch, ohne dass ihr es bewusst geplant habt. So oder so, sei dir sicher, du hast es tief im Herzen gewusst, und lange, bevor du geboren wurdest, hast du dich für diese wichtige Rolle in deinem Leben entschieden.

Viele von euch Eltern machen sich selbst und ihre Rolle klein, kleiner, als sie ist, und kleiner, als sie für euer Werteempfinden sein sollte. Ihr denkt, es sei nichts Besonderes, weil es so viele Eltern gibt, weil auch ihr irgendwie groß geworden seid, doch bitte bedenkt dabei, dass jedes Kind, das jetzt geboren wird, eine enorm wichtige Rolle für eine anstehende, positive Veränderung spielen wird.

Schon du warst und bist so ein Kind, aber zu der Zeit, als du geboren wurdest, waren die Strukturen noch zu eng. Gerade deshalb ist besonders diese Generation von Eltern und Kindern so wichtig für den Wandel. Denn du weißt um die Leiden deines Kindes, du weißt, wie es sich anfühlt, jemand sein zu müssen, der du im Herzen gar nicht bist, um Liebe, Anerkennung und Wertschätzung zu erhalten. Aber wir sagen dir, dass diese Zeiten jetzt vorbei sind. Stell dir vor, was nur eine Generation von Kindern ausmachen wird, die in Liebe und mit offenem Herzen aufwachsen, weil sie keine Mauern mehr um ihr Herz bilden müssen. Wie würde eine neue Welt aussehen, wenn die Kinderherzen stets offen bleiben und sie zu ihrem, aber auch zum höchsten Wohl aller, über die Erde wandeln und agieren?

Dabei geht es überhaupt nicht darum, dass jemand einen heiligen Dienst oder Ähnliches leisten sollte, es braucht schlicht und einfach, dass das jeweilige Kind sich selbst leben darf. Dann pendelt sich alles wieder ein. Die Natur, und auch die Natur des Menschen, ist stets im Gleichgewicht, ist von einer höheren Ordnung durchzogen und geleitet. Doch diese ganz eigene Natur, das innere Sein, ist in den letzten Jahrhunderten in den Menschen tief eingeschlafen. Es erwacht jetzt wieder durch die Sehnsucht in jedem Einzelnen nach dem „einfach-sein-dürfen", so, wie man ist, nach innerer und äußerer Freiheit. Sich selbst leben dürfen, ohne Ängste und Pflichten, die man nicht möchte. Kennst du das Gefühl nicht auch?

Daher besteht die wichtigste Aufgabe für dich als Elternteil oder Begleiter eines Kindes darin, das Kind immer in seinem wahren Sein zu bestärken. Dafür zu sorgen, dass es sich nicht verliert, nicht verbiegt, sondern sich lebt und sein Herz offen bleibt. Dass es sich bedingungslos geliebt fühlt. Nicht mehr, und nicht weniger. Sei hierbei stets offen für deinen ganz eigenen Prozess, denn die Kinder spüren, wie wahrhaftig du bist. Du dienst ihnen nicht, wenn du etwas vorgibst, was du (noch) nicht fühlen kannst. Sei ihnen gegenüber stets wahrhaftig, zeige dich authentisch und sei genauso liebevoll mit dir selbst. Dein Kind ist gleichzeitig dein Lehrer."

☆☆☆

Was Indigo-Kinder brauchen

In der Reflexion über meine eigene Kindheit, die Begleitung meiner Tochter und die Beobachtung vieler Eltern-Kind-Paare sind mir einige Punkte aufgefallen, die jedes Kind braucht, ganz unabhängig von seinem individuellen Charakter. Wenn wir das beherzigen, schenken wir unseren Kindern einen nährenden Raum, in dem sie in Liebe wachsen und sich erfahren dürfen, um zu selbstbewussten, gesunden Erwachsenen heranzuwachsen, die den für sie bestimmten Weg gehen.

Authentizität

Kinder sind sehr intuitiv und fühlen genau, ob sie angelogen und manipuliert werden, oder wenn jemand etwas sagt, aber etwas anderes meint.

Bei meiner Tochter habe ich es schon so oft am eigenen Leib erfahren: Wenn ich etwas tue oder sage, aber nicht zu hundert Prozent mit meiner Energie dahinterstehe, dann haben meine Worte oder Handlungen keine Wirkung. Je nachdem, wie wohlwollend oder gut gestimmt sie gerade ist, habe ich Glück, wenn sie aus Höflichkeit dennoch auf eine nicht authentische Bitte reagiert.

Es kommt hier auch auf den individuellen Charakter und die Tagesstimmung des Kindes an. Hat das Kind einen sehr starken Willen und ist nicht gut gestimmt, wird es garantiert mit einer Kampfansage reagieren, wenn man eine Bitte formuliert oder dem Kind sagen möchte, was es tun oder lassen soll, hinter dem aber die Schwingung „Ich bin selbst unsicher…“ steckt.

Was es bedeutet, authentisch zu sein, haben mich vor allem die Pferde gelehrt. Etwas über Pferde lernen kann man am einfachsten mit gutmütigen, erfahrenen Pferden, die auch einmal Fehler verzeihen. Aber richtig etwas lernen über sich und das Leben kann man nur mit feinfühligen Pferden, die ganz frei auf die Energie des Menschen reagieren und nicht aus angelernten Konditionierungen. Über meinen besonderen Pferdelehrer habe ich ausführlich in meinem zweiten Buch „Begegne den Tieren, begegne dir selbst“ geschrieben, aber auch an dieser Stelle sei verraten: Wenn jemand mit ihm arbeiten wollte, dann hat er nur reagiert, wenn die Energie des Menschen das ausstrahlte, was er wünschte. Wildes Gestikulieren und Antreiben waren absolut wirkungslos, wenn dahinter eine zu schwache Energie steckte und die unsichtbare Botschaft: „Ich bekomme dich eh nicht bewegt...“

Ganz anders war seine Reaktion, wenn ein Mensch integer war, selbstsicher und sich energetisch klar ausdrückte. Kein Kind und kein Pferd meint es böse oder „nutzt es aus“, wenn es auf eine unklare Bitte nicht reagiert oder anders, als gewünscht. Ein Kind wie auch ein Pferd reagiert schlicht und einfach seiner Natur entsprechend. Sie sind noch so mit sich und ihren Hellsinnen verbunden, dass sie viel mehr wahrnehmen, als die gesprochenen Worte und Handlungen aussenden. Auf diese Weise entstehen Missverständnisse zwischen Eltern und Kind. Die Eltern verzweifeln, weil das Kind nicht „hört“, und die Kinder werden mit der Zeit frustriert und schalten auf Durchzug, weil sie sich unverstanden fühlen. Schließlich haben sie auf die Energie ihrer Eltern reagiert und damit in ihren Augen alles richtig gemacht, und ernten dennoch erboste Reaktionen und frustrierte Emotionen seitens ihrer Eltern. Damit führen die Kinder dich automatisch zurück zu dir selbst. Denn bei und in dir beginnt alles.

Wenn du etwas von deinem Kind möchtest, dann frage dich zunächst: Stehe ich wirklich dahinter? Falls ja, finde weitere Argumente, die dich und deine innere Sicherheit stärken. Falls nein, dann frage dich, ob es überhaupt Sinn macht, diese Bitte zu äußern. Auch wir haben unterschiedliche Tagesverfassungen. Das ist absolut menschlich. Du darfst auch einmal eine Entscheidung ändern, wenn du spürst, dass deine erste Absicht nicht authentisch ist.

Vielleicht hast du dich auch schon einmal bei dem Gedanken ertappt, dass man doch konsequent sein muss. Das heißt, wenn einmal etwas als tabu erklärt wird, dann ist es dauerhaft ein Tabu, weil es sonst zu schwammig für das Kind wäre, oder? Meine Erfahrung ist, dass die Kinder ganz genau den Unterschied spüren. So gibt es zum Beispiel bei uns zu Hause Grundsätze, die immer gelten. Wie das tägliche Zähneputzen, entsprechende Kleidung zur entsprechenden Jahreszeit usw. Dinge, die uns wichtig sind und die wir dadurch immer leicht mit einer Erklärung, wenn nötig, durchsetzen können, ohne dass es in einen Kampf ausartet. Hinter diesen Grundsätzen stehe ich mit einer entsprechenden Energie, sie sind für mich wichtig, und ich habe Erklärungen Mila und, vor allem, mir selbst gegenüber zur Hand, die dafür sorgen, dass meine Ausstrahlung absolut authentisch ist und sie sich die Zähne putzen oder die Winterstiefel anziehen lässt.

Es gibt aber auch Dinge, die täglich variieren können und viel von meinem Gefühl abhängen.

Manchmal kommt es vor, dass sie im Wohnzimmer essen möchte, anstatt am Küchentisch. Meine erste spontane Reaktion ist ein „Nein“. Doch bevor ich das kommuniziere, spüre ich noch einmal nach. Immer wenn ich ein kurzes Zögern oder eine

Unsicherheit spüre, weiß ich, dass ich keine Chance habe, sie in diesem Beispiel ohne Diskussion an den Küchentisch zu bekommen. Deshalb halte ich kurz inne und frage, wie wichtig es mir wirklich ist, oder ob es überhaupt mir persönlich wichtig ist, oder ob ich damit vielleicht unbewusst den Erwartungen anderer entspreche. Dieses Reflektieren dauert nur einige Sekunden. Entweder wird mir bei der inneren Frage: „Möchte ich das wirklich? Stehe ich voll und ganz dahinter?" klar, weshalb ich es wirklich möchte und habe dadurch eine klare, innere Ausstrahlung und kann die Gründe liebevoll und klar kommunizieren, oder ich spüre ein: „Hm, eigentlich mache ich es nur, weil XY das besser findet, aber von mir aus kann sie auch im Wohnzimmer essen, wenn sie das glücklich macht." Und in diesem Fall lasse ich sie gewähren, weil alles andere in einem Kampf enden würde.

An dieser Stelle ist es mir noch ganz wichtig zu erwähnen, dass in meinen Augen meine Tochter ein freies Wesen ist und selbst entscheiden darf, was sie möchte, und was nicht. Ich übernehme nur Entscheidungen für sie, wenn sie ihr Wohl gefährden würden, weil sie noch nicht das Bewusstsein hat, wenn sich daraus schwerwiegende Folgen ergeben würden. Sie darf aber sehr wohl eigene Erfahrungen sammeln, wenn es um verschmerzbare Folgen geht. Sie darf im Winter entscheiden, keine Handschuhe zu tragen, und dann selbst nach einiger Zeit merken, dass es unangenehm ist und sie daraus schlussfolgert, dass Handschuhe doch eine gute Wahl sind. Die habe ich dann natürlich mit im Gepäck. Indigo-Kinder prüfen und hinterfragen generell alles. Sie wollen alles am eigenen Leib erfahren. Vor allem dann, wenn ihre Begleiter nicht authentisch hinter ihren Aussagen stehen.

Sie wollen gesehen werden

Drei Worte, die für mich noch magischer sind wie „Ich liebe dich“, lauten: „Ich sehe dich.“

Jeder Mensch sehnt sich danach, geliebt und gesehen zu werden, ganz besonders die Indigo-Kinder wünschen es sich. Denn sie fühlen sich auf dieser Erde von Natur aus oft schon anders und reagieren mit innerer Unsicherheit darauf, sofern es niemanden in ihrem Umfeld gibt, der ihnen versichert, dass alles in Ordnung mit ihnen ist, was ihnen ein tiefes Gefühl von Sicherheit, Halt und innerem Frieden gibt. Ich habe oft den Eindruck, als könnten sich Kinder, die sich gesehen fühlen, für einen Augenblick tief entspannen. Sie müssen sich nicht beweisen, nicht um Aufmerksamkeit ringen. Sie werden erkannt. Doch wie auch „Ich liebe dich“ reichen die gesprochenen Worte nicht. Ein Indigo-Kind will sie fühlen, was für sie um ein Vielfaches wichtiger ist, als sie zu hören. Ein Kind fühlt sich gesehen, indem es in seinem tiefsten Wesen erkannt und dafür geliebt und geachtet wird – mit seiner ganzen Persönlichkeit, mit seinen Emotionen, seinem Denken und seinem Sein.

Verbindung zu ihrem Bauchgefühl

Indigo-Kinder sind von Natur aus sehr intuitiv. Sie haben oft ausgeprägte Hellsinne und eine Verbundenheit zu sich selbst, die so lange Bestand hat, bis sie merken, dass das scheinbar nicht normal ist, oder ihnen suggeriert wird, dass nur das existiert, was wir mit unseren physischen Sinnen greifen können.

Wir Begleiter dieser wundervollen Kinder dürfen sie in ihrem Bauchgefühl stärken und sie nicht davon abbringen. Es wird sie zuverlässig durch ihr ganzes Leben leiten. Kinder werden von ihrem Bauchgefühl abgebracht, indem ihre Eltern unbewusst und unachtsam sagen, dass das, was das Kind wahrnimmt, nicht stimmt. Doch häufig fühlen die Kinder mehr als wir, da sie noch tief mit sich und ihrer Natur verbunden sind. Kinder bekommen diese Dinge oft deshalb gesagt, weil die Erwachsenen es „gut" mit ihnen meinen, sie zum Beispiel vor Themen schützen wollen, die das Kind eventuell noch überfordern könnten. Es steht also eine sehr gute Absicht dahinter, doch diese verwirrt das Kind, und es beginnt, seine Intuition in Frage zu stellen, weil in dem Moment seine Innenwelt nicht mit der äußeren Realität übereinstimmt.

Ein solcher Fall könnte zum Beispiel so aussehen: Die Tante des Kindes macht gerade eine Trennung durch und steckt in einer Depression. Das Kind nimmt es intuitiv wahr und sagt, was es fühlt, etwa: „Tante Emma ist traurig." Die Wahrnehmung des Kindes ist richtig, doch häufig hört es dann gut gemeinte und zur Beruhigung gedachte Worte, wie: „Nein, keine Sorge. Tante Emma geht es gut."

In einem solchen Fall dürfen wir wieder unserem Bauchgefühl Folge leisten: Das Kind soll natürlich nicht überfordert, aber auch nicht angelogen werden. Man könnte in diesem Beispiel sagen: „Ja, das fühlst du richtig. Tante Emma ist derzeit traurig, aber du musst dir keine Sorgen machen. Sie hat viele Menschen, die für sie da sind, und schon bald geht es ihr besser." Es geht darum, die Verbindung der Kinder zu ihrem angeborenen Bauchgefühl bestehen zu lassen und sie darin zu bestärken.

Dieses Bauchgefühl, unsere innere Stimme, navigiert uns durch unser ganzes Leben. Doch eine Vielzahl an Menschen auf unserer Erde lebt ein Leben, das ihnen gar nicht entspricht, weil sie aus Ängsten und Prägungen begonnen haben, dem zu folgen, was ihnen als sicher und richtig suggeriert wird. Doch die Menschen werden geradewegs zu sich selbst und auf ihren Weg geführt, wenn sie ihrer inneren Stimme lauschen.

Auch wenn du das Gefühl hast, die Anbindung zu deinem Bauchgefühl verloren zu haben oder gerade begonnen hast, es wieder aktiv zu hören, dann ist es umso wichtiger, deinem Kind diese Verbindung zu lassen und von ihm zu lernen. Vertraue deinem Kind, seinem Bauchgefühl, und seiner Wahrnehmung.

Wahrheit

Indigo-Kinder möchten die Wahrheit hören. Sie mögen es nicht, wenn sie angelogen oder manipuliert werden, weil sie aufgrund ihrer ausprägten Hellsinne spüren, wenn jemand nicht die und, vor allem, die volle Wahrheit spricht. Sie bohren gerne oft mit einem „Warum?“ weiter und weiter. Einmal, damit ihr Verstand die Erde begreifen kann, auf die sie geboren worden sind, aber es dient auch dem inneren Gefühlsabgleich. Die Wahrheit zu sprechen dient auch dazu, die Kinder in ihrer Intuition zu bestärken. Es ist auch nichts Schlimmes dabei, einem Kind die volle Wahrheit zu sagen, sofern wir unseren gesunden Menschenverstand einsetzen und die Kinder nicht überfordern. Wir sind Meister darin, zu beschönigen, die Wahrheit nett zu verpacken oder unangenehme Dinge ganz außen vor zu lassen. Aber immer, wenn wir das tun, hindern wir unser Gegenüber daran, seinem Bauchgefühl zu vertrauen.

Bei unserer Tochter habe ich festgestellt: Wenn mir eine ihrer Fragen unangenehm war, weil ich glaubte, dass sie für die wahre Antwort geistig noch nicht reif sei, fing ich an, herumzudrucksen. Mit dem Ergebnis: Sie bohrte und bohrte, bis ich mich fragte: „Wieso bist du auch hier nicht ganz ehrlich?" Das heißt ja nicht, dem Kind die schonungslose Wahrheit um die Ohren zu hauen, sondern ihm in Liebe zu sagen: „Ich fühle mich nicht wohl, dir das zu sagen, weil ich glaube, dass du das noch nicht ganz verstehen kannst. Wenn du älter bist und reif genug, sprechen wir sehr gerne weiter darüber." Ist diese Antwort von Herzen ehrlich, dann hört das Kind augenblicklich auf zu bohren. So habe ich es jedes Mal bei Mila erlebt.

Lügen wir unsere Kinder an, so führt das entweder dazu, dass sie diese Lügen uns als ihrem Vorbild vertrauensvoll abnehmen und damit ihr eigenes Bauchgefühl in Frage stellen, weil sie etwas anderes fühlen, als gesagt wurde, oder aber sie finden die Wahrheit heraus und vertrauen uns in Zukunft weniger. Wir verlieren unsere Glaubwürdigkeit, und damit auch unsere Kompetenz als „Führer". Zu dem Teil kommen wir später noch einmal. Dabei ist es völlig egal, wie groß oder wie klein diese Lügen ausfallen und aus welchem Grund du eine Lüge erzählst. So ist es auch mit Verboten, die für dich ganz klar und einleuchtend sind, aber für das Kind keinen Sinn ergeben. Wir neigen dann dazu, einfach nur „Nein" zu sagen, ohne große Erklärung. Doch genau das brauchen die Indigos. Denke dran: Sie hinterfragen alles! Sie geben sich erst dann zufrieden, wenn es für sie einen Sinn ergibt.

Ein Beispiel: Dein Kind möchte mit wichtigen Dokumenten von dir spielen, aber du hast Angst, dass sie kaputt gehen. Wenn du einem Indigo-Kind sagst, dass man mit so etwas nicht spielt und du ihm die Dokumente wegnehmen willst, wird es rebellieren, es sei denn, du hast als „Führer" schon zahlreiche Kompetenzen in den Augen deines Kindes gewonnen. Dann vertraut es dir irgendwann blind, weil es weiß: Auf dich ist Verlass, und du triffst jede Entscheidung aus einem sehr guten Grund.

Es ist vergleichbar mit einem Unternehmen, das einen neuen Steuerberater einstellt. Zuerst wird sich das Unternehmen vergewissern, dass der Steuerberater alles berücksichtigt, nichts vergisst und gute Ideen einbringt. Es wünscht sich Durchsichtigkeit, Offenheit, Beweise für sein Können. Wenn das Vertrauensverhältnis gestärkt ist, weil das Unternehmen sich von der Leistung des Steuerberaters überzeugt hat, werden ihm Entscheidungen überlassen, ohne sie zu hinterfragen.

In diesem Beispiel ist das Indigo-Kind das Unternehmen, und du als Begleiter des Kinders bist der Steuerberater. Das heißt: Triffst du immer wieder gute Entscheidungen, bist du fair, siehst du das Kind und bist voller Liebe, Klarheit und dir deiner Werte bewusst und treu, dann wird es immer weniger hinterfragen. Es hat gelernt: Ich kann dir vertrauen. Aber nehmen wir an, dass du dich erst noch „beweisen“ darfst und dein Kind hinterfragt und mit dir kämpft, dann reicht einem Indigo-Kind die Aussage „Damit spielt man nicht!“ nicht. Es wünscht eine Erklärung und Ehrlichkeit, was so aussehen könnte: „Ich kann verstehen, dass du die Dokumente spannend findest. Sie sind nur sehr wichtig für mich. Ich habe Angst, dass sie beim Spielen aus Versehen kaputtgehen, und das würde für mich sehr viel Aufwand bedeuten, sie wiederzubeschaffen. Ich lege sie jetzt dort drüben hin, und wir suchen etwas anderes Spannendes zum Spielen.“ Damit sind Indigos sehr oft zufrieden. Denn sie fühlen sich gesehen, nicht unfair behandelt, spüren die Ehrlichkeit und erkennen den Sinn. Außerdem fühlen sie sich durch die Offenheit des Erwachsenen ernst genommen, womit wir schon beim nächsten wichtigen Punkt sind.

Ernst genommen werden

Es gibt kaum etwas, was ein Indigo-Kind mehr verärgert und frustriert, als sich nicht ernst genommen zu fühlen. Wir dürfen uns erinnern, dass ihre Körper zwar klein sind und sie viele Dinge und Fertigkeiten für das Leben hier auf der Erde erst wieder erlernen dürfen, ihre Seelen aber uralt sind. Sie sind sich selbst viel näher, als wir uns sind. Diese Kinder kommen als unsere Lehrer, und wir dürfen uns viel von ihnen abschauen, auch wenn wir es zunächst sind, die ihre Körper wachsen lassen, ihnen allen Raum zum Wachstum bieten und ihnen die aktuelle Welt erklären. Ihr Kernwissen, die Verbundenheit zu sich selbst und Allem-was-ist, jedoch ist nach wie vor bei unseren Kindern vorhanden.

Es gab für mich ein Schlüsselergebnis, das ich wohl nie vergessen werde. Meine Tochter war gerade zwei Jahre alt, wir gingen die Treppe hinunter. Ich war ein paar Stufen vorausgegangen, drehte mich zu ihr um, und wir sahen uns auf gleicher Höhe mitten in die Augen. In diesem Moment wurde mir bewusst, dass sie mir in der Seelenreife weit überlegen ist. Dass sie unendliches Wissen in sich gespeichert hat und ich ihr helfen darf, sich in dieser Welt zurechtzufinden, sie unterstützen und ihr den Nährboden bieten darf, den sie braucht. Es war magisch, verbindend und ein kurzer Bewusstseinssprung.

Viele Erwachsene begeben sich automatisch, weil es uns so vorgelebt wurde, in die Haltung von „Ich weiß mehr als du. Ich habe das Sagen, weil ich älter bin. Ich nehme dich nicht ernst, weil du noch nicht viel wissen kannst.“ Sie halten die Kinder für naiv und denken sich: „Warte erstmal ab, was das Leben dich so lehrt...“

Doch mit diesem Buch, und speziell mit diesen Zeilen, möchte ich dich, mich, uns alle daran erinnern: Ja, ihre Körper sind klein, alle Fertigkeiten wollen gelernt und die Spielregeln auf der Erde verstanden werden, aber ihre Seelen sind unendlich groß, weise und wissend, und sie sind gekommen, um ihre Weisheit hier auf die Erde zu bringen.

Die Erde hat gelitten in all den Jahren, in denen der Mensch sich (angeblich) weiter entwickelt hat. Technologie, Finanzen, Politik wurden wichtig, die Umwelt und die Menschen selbst jedoch schienen immer unwichtiger zu werden. Es begann eine Zeit der Ellenbogen-Mentalität. Diese neuen, alten Seelen werden derzeit zuhauf geboren mit ihrem immensen Seelenwissen, um uns wieder an unsere wahre Natur zu erinnern. Sie helfen dabei, neue Systeme zu erschaffen, die auf Liebe, Respekt und Mitgefühl basieren. Sie helfen uns, die Erde zu retten und einen Wandel zu bewirken, der jetzt immer notwendiger wird, weshalb es wichtig ist, ihnen auf Augenhöhe zu begegnen.

Respekt und Augenhöhe

Wir kommen gleich noch zu einem der wichtigsten Punkte, nämlich dem, dass diese Kinder einen fähigen Begleiter benötigen, um Halt und Stabilität zu gewinnen.

Aber vorab möchte ich unbedingt den Punkt „Respekt und Augenhöhe“ hineinbringen. Immer wieder beobachte ich bei meinem eigenen Indigo-Kind und bei anderen Indigo-Kindern, dass sie andere Menschen nur respektieren und ernst nehmen, wenn sie sich selbst ernst genommen fühlen. Unserer Tochter ist allen Menschen gegenüber sehr offen, fröhlich und teilt sich unglaublich gerne mit. Spürt sie aber, dass ihr Gegenüber sie nicht besonders ernst nimmt oder sie gar nicht respektiert, indem man ihr zum Beispiel ins Wort fällt, sie komplett ignoriert oder nicht richtig auf sie eingeht, dann macht sie zu. Sie wendet sich ab, antwortet nicht mehr und ignoriert diesen Menschen. Womit sie die Person natürlich auch spiegelt. Auch darin sind unsere Indigo-Kinder kleine Meister, worauf wir in einem späteren Kapitel noch einmal zurückkommen. Und auch an dieser Stelle erinnere ich mich an meine eigene Kindheit.

Menschen, die mir über den Mund fuhren, mir Konsequenzen androhten (besonders in der Schule), nahm ich nicht mehr ernst. Ich mit meiner introvertierten Art ließ alle Worte und Sätze einfach an mir abprallen. Ich tat das Notwendige, aber ich schätzte und respektierte diese Menschen nicht mehr. Menschen, die mich hingegen wahrhaft sahen, mich respektierten und mir das Gefühl gaben, dass ich wertvoll bin, respektierte ich von Natur aus. Ich sah zu ihnen auf, schätzte das Beisammensein und legte mich für sie gerne ins Zeug. Dasselbe bekomme ich jetzt auch als Mama von Mila mit. Würde ich ihr Ansagen machen oder mich in negativer Weise über sie stellen, würde sie dichtmachen. So habe ich mir das schon sehr früh abgewöhnt – sie war eben eine gute Lehrerin.

Ich behandle sie so, wie ich auch mit einem Erwachsenen umgehen würde. Ich hole sie mit ins Boot, lasse sie an meinen Gedanken und Vorhaben teilhaben, und spüre immer wieder: Das liebt sie! Sie reagiert stets offen, fühlt sich ernst genommen und wichtig, was im Laufe der Zeit dazu geführt hat, dass sie liebend gerne mithilft, sowie andere unterstützt und dies aus freiem Herzen und nicht, weil sie sich auf irgendeiner Ebene dazu gezwungen fühlt oder glaubt, nur darüber die nötige Aufmerksamkeit und Liebe zu erhalten.

Bedingungslose Liebe

Bedingungslose Liebe ist etwas, wonach sich jedes Lebewesen auf der Welt sehnt. Geliebt zu werden – ohne Bedingungen erfüllen oder Erwartungen befriedigen zu müssen. Den meisten Kindern wird das Gefühl vermittelt „Ich liebe dich (mehr), wenn du brav, fleißig, gehorsam... bist, und ich liebe dich weniger, wenn du stur, faul, frech... bist." Das sagt kaum ein Elternteil in bewusster Absicht und in dieser Form, aber es wird dem Kind suggeriert, indem es für gewünschtes Verhalten Lob und Aufmerksamkeit erntet und für unerwünschtes Verhalten bestraft oder ignoriert wird.

Wir nennen das umgangssprachlich auch „Erziehung". Doch das Ziel, das wir aus Liebe anvisieren, nämlich in der Regel einen angepassten, höflichen Erwachsenen zu formen, der in die Gesellschaft passt, wird genau dadurch weit verfehlt. Das Kind IST bereits, wenn es zur Welt kommt. Es muss nicht angepasst oder genormt werden.

Aus eigener Erfahrung weiß ich, was mit einem Kinderherz passiert, wenn es sich abgelehnt fühlt. Es verschließt sich, und das Herz errichtet zum Schutz energetische Mauern, die Stück für Stück dafür sorgen, dass der Mensch abstumpft und emotionaler Schmerz nicht mehr ganz so scharf und stechend wahrgenommen wird. Doch die Erde braucht genau jetzt viele offene und geheilte Herzen. Ein offenes Herz liebt, hat Verständnis und Mitgefühl. Kannst du dir eine Welt lauter offener Herzen vorstellen? Es wäre eine absolut neue Welt.

Doch eine der meisten Volkskrankheiten ist das verschlossene Herz. Ich weiß noch genau, wie sich das anfühlt, und bin sehr froh und dankbar, dass ich meine energetischen Schutzmauern Stück für Stück abbauen konnte. In diesem Prozess befinden sich gerade sehr viele Menschen auf der Erde.

An dieser Stelle möchte ich dir eine kurze Anleitung geben, wie du verhinderst, dass sich das Herz deines Kindes verschließt. Auch wenn du es nicht vor den Erfahrungen mit anderen Menschen schützen kannst und sollst, liegt die Basis immer zu Hause, im Ursprung und in den Wurzeln. Das, was das Kind zu Hause mitbekommt, wird es sein Leben lang prägen. Daher unterschätze nie deinen Wert in dieser heiligen Position als Elternteil oder Begleiter eines Kindes.

Wir sind gerufen, die Herzen der Kinder offen zu halten. Herzen verschließen sich, wenn sie emotionale Stiche erhalten. Ein Kind kommt mit weit offenem Herzen auf die Erde. Es liebt bedingungslos und jeden. Deshalb haben Säuglinge in der Regel auch eine so magische Ausstrahlung und ziehen die Menschen in ihren Bann. Doch im Laufe des Heranwachsens kommt es zu Situationen, die ihr Herz verletzen. Dies können große, wie auch kleine Dinge sein. Es gibt hier keine Gewichtung. Ein weit offenes Kinderherz wird durch emotionalen wie auch physischen Schmerz verletzt.

Die physisch zugefügten Schmerzen, die vor einigen Jahrzehnten noch gang und gäbe waren, sind heute Gott sei Dank weniger erwähnenswert. Doch sind die meisten Menschen es noch gewohnt, emotionalen Schmerz weiterzugeben, weil wir es unbewusst tun und aus alten Mustern heraus agieren. Die meisten Menschen handeln nach bestem Wissen und Gewissen. Wir leben die Dinge weiter, die wir von den vorangegangenen Generationen erlernt haben. Sie sind für uns Normalität. Verstärkt wird das noch durch die Gesellschaft, die es genauso lebt und uns somit das Gefühl vermittelt, es auf diese Weise richtig zu machen, denn so machen es ja scheinbar alle. Doch genauso, wie Schläge in der Kindererziehung nichts zu suchen haben, hat auch emotionale Gewalt dort keinen Platz. Das Wort „Gewalt“ klingt krass, und aus Selbstschutz vor Scham und Schuldgefühlen wiegeln wir häufig ab und denken, dass das Kind gewisse Dinge eben lernen und aushalten oder sich gar ein dickeres Fell zulegen muss, um in dieser Welt bestehen zu können. Doch genau da liegt der Irrglaube! Wir brauchen offene Herzen, Mitgefühl, Verständnis füreinander und das Bewusstsein: Im Kern sind wir alle eins! Das, was du anderen zufügst, fügst du in Wahrheit dir selbst zu. Wir dürfen kollektiv erwachen, und die Kinder sind nun einmal unsere Zukunft.

Ein Kind verschließt sein Herz, wenn es sich abgelehnt, unverstanden und nicht geliebt fühlt, so, wie es ist, und ungerecht behandelt wird. Es schützt sich damit vor weiteren emotionalen Verletzungen.

Kannst du dich vielleicht selbst an eine Situation in deiner Kindheit erinnern, in der du einen Stich im Herzen verspürt hast? Ein Moment, in dem dein Kinderherz weit offen stand, und du dann plötzlich einen emotionalen Schmerz verspürtest? Es braucht gar nicht etwas hoch Traumatisches oder Großes in den Augen des Erwachsenen gewesen zu sein. Wie oft denken wir „Jetzt stell dich mal nicht so an!“ Es ist für uns nichts Großartiges mehr, weil die meisten Erwachsenen schon eine Menge Mauern um ihr Herz errichtet haben. Doch für ein weit offenes Kinderherz kann auch eine scheinbare Kleinigkeit großen Schmerz auslösen, mit dem es lernen darf, umzugehen, und vor allem darf es lernen und wissen: Nichts, was ihm passiert, ist gegen es persönlich gemeint. Das Kind ist genau richtig so, wie es ist! Was wir tun können, um das Kind davor zu bewahren,

Mauern um sein Herz aufzubauen, ist, uns selbst zu reflektieren, wenn uns etwas emotional triggert, und uns selbst zu heilen. Wie wir das genau tun können, schreibe ich in einem späteren Kapitel, in dem es darum geht, wie Kinder uns spiegeln. Ebenso wichtig ist es jedoch, die Kinder emotional zu begleiten und sie nicht im Stich zu lassen oder sie gar in ihrem Schmerz zu ignorieren.

Begleitung ihrer Emotionen

Wir dürfen die Kinder in ihren Emotionen bestärken und liebevoll begleiten. Kinder sind ursprünglich sehr mit sich selbst verbunden. Sie fühlen sich, wenn sie zur Erde kommen, vollkommen, und liegen damit goldrichtig. Sie beginnen ihre Gefühle und sich selbst jedoch in Frage zu stellen, wenn ihre Begleiter gut gemeinte Dinge sagen, wie: „Da brauchst du keine Angst haben." oder „Deshalb musst du doch nicht wütend werden." Das kann ein Kind nicht verstehen. Die Emotionen sind ja schließlich schon da, und ein „Das brauchst du nicht. So solltest du jetzt nicht fühlen", schenkt den Kindern keine Anleitung, wie sie mit ihren Gefühlen umgehen können, sondern suggeriert ihnen das Gefühl, dass sie hier falsch liegen. Da ist eine Emotion vorhanden, die aber scheinbar falsch ist, und so lernen sie bereits sehr früh, was für die meisten Erwachsenen gang und gäbe ist, nämlich ihre Emotionen zu unterdrücken. Sie lehnen sie ab, wollen sie nicht fühlen und schlucken sie hinunter, womit sie aber nicht weg sind.

Gefühle sind Energie, und wie das englische Wort „emotion" schon „motion" = „Bewegung" beinhaltet, wollen Gefühle fließen. Wenn wir uns unseren Gefühlen in Annahme zuwenden, sie bestehen lassen und sie fühlen, dann verschwinden alle Emotionen genauso schnell, wie sie gekommen sind. Doch verdrängen wir sie, indem wir sie runterschlucken, uns ablenken und krampfhaft an etwas anderes denken, lagert sich die Energie in unserem System ab.

Du kennst es sicher auch: Du bist wahnsinnig wütend oder traurig, befindest dich aber in einem Umfeld, in dem es nun sehr unpassend wäre, diesem Gefühl freien Lauf zu lassen. So unterdrückst du es und gehst weiter durch deinen Alltag. In der Regel schickt das Leben dann viele gut gemeinte Gelegenheiten, sogenannte Trigger, um das Gefühl in dir wieder aufflammen zu lassen. Doch der Zeitpunkt ist noch immer ungünstig, und du drängst das Gefühl erneut weg. Dann, am Abend, wenn du nach Hause gekommen bist, piekst dich noch dein Partner, oder du siehst einen traurigen Film, und jetzt kommt es zur Explosion – die Emotion bricht sich ihre Bahn. Wegen eines kleinen Satzes deines Partners flippst du aus – für den Verstand völlig unverständlich – oder brichst in Krokodilstränen aus. Das Gefühl will endlich raus!

Das Verrückte an unserer Gesellschaft ist, dass wir in unserer Kindheit gelernt haben, dass man uns bei gewissen Gefühlen mag, für andere ausgeschimpft oder ignoriert wurden, oder uns sogar dafür schämen sollten. So kann es passieren, dass wir über Monate oder sogar Jahre hinweg immer wieder gewisse Gefühle unterdrückt haben. Sie lagern sich ab und drücken sich nicht selten in Form von Symptomen und Krankheiten aus, wenn wir sie, ohne sie zum Ausdruck zu bringen, unbeachtet in unserem Energiekörper belassen.

Die neue Welt braucht offene Herzen, und damit die Herzen offen bleiben, müssen schon die Kinder lernen, dass sie vollkommen in Ordnung sind, genau so, wie sie sind, und dass alle Gefühle, die sie erleben, völlig normal und gleichwertig sind. Das heißt nicht, dass sie diese unkontrolliert herauslassen sollen, wenn es sich um Aggression oder Wut handelt, die gegen andere gerichtet werden kann. Es heißt, dass wir ihnen suggerieren, dass alles sein darf und sie mit allem, was sie sind und fühlen, richtig sind, und ihnen beibringen, wie sie mit unangenehmen Emotionen umgehen können. Wobei ich jedoch betonen möchte, dass gewisse, vom Kind erlebte negative Emotionen für uns als Erwachsene immer noch negativ besetzt sind, weil wir damals keine positive Reaktion auf diese Gefühle bekommen haben. Für ein Kind ist ein Gefühl ein Gefühl. Mal mehr, mal weniger heftig in der Ausprägung und frei von Bewertung.

Beobachte dich und spüre bei dir selbst nach: Was kannst du bei deinem Kind ertragen, und was fällt dir schwer? Hältst du es zum Beispiel kaum aus, wenn dein Kind Wutausbrüche durchlebt, dann frage dich, wie du selbst mit deiner Wut umgehst. Liebst du dich damit? Lehnst du dich damit ab? Oder unterdrückst du sie gar? Auch hier sind unsere Kinder wundervolle Spiegel.

Als ich noch Mauern um mein Herz hatte, konnte ich es kaum ertragen, wenn meine Tochter weinte oder in rasender Wut war. Je mehr ich meine eigenen seelischen Wunden heilte, die Mauern um mein Herz auflöste, desto leichter fiel es mir, meine Tochter zu begleiten. Plötzlich konnte ich Wutausbrüche und viele Tränen begleiten, ohne dass sich mein Herz zusammenzog, oder ich den Wunsch verspürte, die Situation sofort zu beenden. Damals glaubte ich, dass ich meiner Tochter helfen wollte. Doch jetzt weiß ich, ich wollte mir selbst damit helfen, weil ich es vor lauter Ablehnung nicht ertragen konnte, wenn sie die Gefühle spürte, die ich bis dahin bei mir selbst abgelehnt hatte, weil ich in meiner Kindheit schmerzhaft lernen durfte, dass ich mit solchen Gefühlen scheinbar weniger liebenswert bin.

Viel besser wäre es doch, unseren Kindern das Gefühl von Verständnis entgegenzubringen und gemeinsam nach Lösungen zu suchen. Hat das Kind zum Beispiel eine, in unseren Augen irrationale Angst, könnten wir sagen: „Ich verstehe, dass du Angst hast, und das ist in Ordnung. Was brauchst du, um dich sicherer zu fühlen?“ Oder wir könnten dem Kind Vorschläge machen, wie zum Beispiel: „Würde es dir helfen, wenn ich mit dir gehe?“

Ich gebe dir ein weiteres Beispiel, um verständlicher zu machen, was ich meine.

Ist das Kind wegen einer, in unseren Augen übertriebenen, Kleinigkeit total sauer, ist es hilfreich, sich in das Kind einzufühlen. Für uns mag es unbedeutend sein, das Kind aber zeigt ganz ungeschönt und in seiner freien Natur und Wahrnehmung, was es wahrhaft fühlt. Aus dieser Sicht fällt es leichter, sich auf das Kind einzulassen und zum Beispiel zu sagen: „Ich verstehe, dass du ganz doll wütend bist, dass du den Becher nicht benutzen kannst, weil er gerade in der Geschirrspülmaschine ist. Du wolltest ihn so gerne benutzen, und jetzt geht es nicht. Da kann man echt wütend werden! Der Becher ist aber nur für diesen Moment weg, und wir konzentrieren uns jetzt lieber darauf, wie wir dich wieder glücklich machen können.“ Und dann können wir dem Kind Alternativen vorgeschlagen.

Meine Beobachtung bei unserer Tochter ist immer wieder, dass sie sich, egal, in welchem Gefühlszustand sie sich befindet, viel schneller wieder beruhigt, wenn sie sich gesehen und verstanden fühlt. Würde ich dann auch wütend reagieren und ihr damit das Gefühl geben: „Jetzt stell dich wegen so etwas doch nicht so an!", würde noch der Schmerz hinzukommen, dass sie sich wegen ihrer Emotionen schlecht fühlt. Kinder wünschen sich in allen Bereichen, gesehen, verstanden, geführt und unterstützt zu werden – mit Liebe und dem Gefühl von Geborgenheit. Viele Eltern haben Sorge, dass ihre Kinder auf diese Weise nie lernen, sich zu beherrschen und so nicht gesellschaftstauglich sind. Aber auch das ist ein großer Trugschluss! Wenn ich mir die Menschen so ansehe, dann sehe ich viele, die in irgendeiner Weise unterdrückte Emotionen mit sich herumschleppen und ungeliebte Eigenschaften besitzen, weil sie einst gelernt haben, dass sie so weniger liebenswert sind. Das macht unzufrieden und unglücklich.

Wollen wir eine heilere Welt, in der Mitgefühl herrscht, dann brauchen wir offene Herzen und integre Menschen, die mit sich selbst im Reinen und sich ihrer selbst bewusst sind – ganz gleich, mit welchen Stärken oder Schwächen dieser Mensch ausgestattet ist. Jeder Mensch ist vollkommen so, wie er ist! Das dürfen wir endlich verstehen lernen.

Menschen, die mit sich selbst im Reinen und im Frieden sind, würden anderen Menschen nie Schmerzen zufügen.

Wir begleiten unsere Kinder in ihren Emotionen ganz einfach, indem wir für sie da sind, sie annehmen und lieben, und sie dann sanft ins Leben begleiten.

Erinnere dich an eine Situation, in der es dir so richtig schlecht ging. Zum Beispiel an einen Streit mit deinem Partner. Du hast dich richtig eklig verhalten, warst wahnsinnig sauer und hast gekeift und kein Blatt vor den Mund genommen. Was hättest du dir tief im Herzen in dieser Situation ersehnt? Hilft es dir, wenn dein Partner dich ignoriert, einfach geht und dich im emotionalen Schmerz alleine lässt? Oder wenn er dich beschimpft und dir damit suggeriert, dass er dich so, wie du dich jetzt verhältst, viel weniger leiden kann, und du vielleicht Angst hast, deshalb von ihm verlassen zu werden? Oder hätte es dein Herz erfreut, wäre er trotz der Keiferei bei dir geblieben, hätte dich vielleicht in den Arm genommen und einfach nur gesagt: „Ich verstehe dich! Ich liebe dich! Lass alles raus. Gleich ist alles wieder gut!"? Genau das wünschen sich und brauchen unsere Kinder auch! Dein Kind braucht dich als Fels in der Brandung.

Ich möchte dir noch ein Alltagsbeispiel aus meinem Mama-Leben geben, wie ich mit heftigen Emotionen von Mila umgehe: Sofort kommt mir eine Erinnerung hoch, die wir an Milas drittem Geburtstag erlebt haben.

Sie war gut drauf, voller Freude, aber ich spürte auch, dass es ihr ein wenig zu viel war. Wir waren an diesem Tag zu Hause mehr Menschen als sonst. Die vielen Geschenke und das leckere Essen überforderten sie ebenfalls. Und immer, wenn Mila überreizt ist, neigt sie dazu, in einen Gefühlssturm zu geraten.

Wir saßen alle beisammen im Wohnzimmer, und Mila probierte voller Freude einen neuen Polsterstuhl aus, den wir erst einen Tag zuvor bekommen hatten. Sie stieg irgendwann herunter, widmete sich für einige Zeit ihren Geschenken, und als sie auf ihren Stuhl zurückkehren wollte, saß dort meine Tante. Sie fragte meine Tante höflich, ob sie wieder dort sitzen dürfte. Diese lachte, schaute durch die Runde und sagte: „Nee, hier sitze ich jetzt!" Milas Entsetzen flog mich förmlich an. Sie fragte noch einmal und verstand einfach nicht, weshalb sie dort nicht wieder sitzen durfte. Meine Tante blieb dabei und meinte, ihr gefalle der Stuhl so gut. Da passierte es: Mila brach in heftige Tränen aus, und all ihre Anspannung entlud sich in dem Moment, als sie das Gefühl hatte, unfair behandelt zu werden. Sie steigerte sich immer mehr hinein, ihre Oma tröstete sie, und dann kam ihr Stiefopa und wollte ein Foto von Mila in diesem Zustand machen, um es ihr später einmal zu zeigen, wie sie so drauf sein konnte. In dem Moment wurde meine Grenze überschritten, und ich lief schnell zu Mila, nahm sie auf den Arm und verließ mit ihr das Wohnzimmer.

In solchen Momenten ist mir meine Intuition der beste Wegweiser, den wir alle besitzen. Ich schaukelte sie im Arm, drückte sie an mich und gab ihr zuerst nur das Gefühl von: „Ich verstehe dich! Lass alles raus!" Als dann die gröbsten Emotionen verflogen waren, sagte ich ihr, dass ich sie verstehen kann, es sei eh schon sehr viel heute, und dass sie nicht verstehen könne, warum sie nicht zurück auf den Stuhl konnte. Ich habe ihr auch gesagt, wie ich darüber denke, und ihr dann erklärt, warum meine Tante so gehandelt hat. Dass sie es gar nicht böse meinte und nicht groß darüber nachgedacht habe.

In solch einem Moment spüre ich immer, wie sich Erleichterung in Mila breit macht, einfach nur, weil ich mit ihr fühle und ihre Gefühle verstehen kann. Dann sagte ich ihr, dass ich sie ganz doll lieb habe und wir jetzt die Wahl hätten, weiterhin einen schönen Geburtstag zu erleben. Ich schlug ihr vor, gemeinsam das neue Malbuch auszuprobieren, und das taten wir dann auch, und der Gefühlssturm war vorüber.

Generell hilft es mir bei ihren Emotionen sehr, wenn ich sie verstehe und ihr dieses Gefühl vermittele. Zuerst konnte sie einfach nicht begreifen, weshalb ihr der Platz in ihren Augen weggenommen worden war und trotz zweimaligem lieben Bitten nur gelacht und ihr der Wunsch verweigert wurde. Und dann hatten auch noch die meisten anderen gelacht, und der Opa hatte auch noch belustigt ein Foto von ihr machen wollen. Natürlich hatte es niemand böse gemeint, aber genau das sind Alltagsmomente, bei denen viele Menschen nun denken würden: „Ja, mein Gott! Wegen einer solchen Lappalie..., damit müssen sie lernen umzugehen!" Aus Kinderaugen und für ein weit offenes Kinderherz ist das jedoch eine heftige Situation.

Die Kinder dürfen natürlich lernen, mit solchen Situationen umzugehen, aber das klappt nicht auf diese Weise, wenn man sie mit ihren Emotionen allein lässt, da sich sonst ein Teil des Kinderherzens emotional verschließt.

Der Weg ist ein anderer: den Kindern das Gefühl zu geben, dass sie mit allem, was sie fühlen und wie sie sind, richtig sind. Und dass es meistens nicht persönlich gemeint ist, wie sich ein anderer Mensch ihnen gegenüber verhält. Begleitet man die Kinder auf diese Weise durch solche und ähnliche Situationen, werden sie selbstbewusst. Ihr Selbstvertrauen stärkt sich, und sie lernen, damit umzugehen, ohne ihr Herz zu verschließen, sich zu schämen oder sich in Frage zu stellen. Egal, um welche Emotionen oder Auslöser es geht, die folgenden Punkte sind wichtig:

- Das Kind verstehen und mitfühlen, ohne mitzuleiden.
- Man kann das Gefühl des Kindes benennen, damit es sich noch mehr gesehen fühlt und versteht, was es gerade erlebt. Zum Beispiel: „Du bist gerade frustriert, weil..."
- Ein Fels in der Brandung sein.
- Ihm das Gefühl vermitteln, dass es geliebt wird und genau richtig ist.
- Wenn sich die Emotionen gelöst haben, erklären, was passiert ist und weshalb es nicht gegen das Kind gerichtet war.

- Neue Wege und Alternativen aufzeigen, wenn es darum geht, mit einer Situation klarzukommen.

Kompetente Führung

Das ist ein ganz wichtiger Punkt, der von vielen missverstanden wird und bei den meisten Indigo-Kindern fehlt. Indigo-Kinder sind nach meinem Gefühl, wie du bereits weißt, die Führer und Führerinnen der Neuen Zeit, wie es sie schon seit jeher gegeben hat, aber sie kommen mit anderen Idealen und Werten, die gut und heilsam für unsere Erde sein werden. Sie sind die neuen Hüter der Erde.

Nun mag es sich widersprechen, dass die (alten) Führer einen (neuen) Führer brauchen. Doch wodurch lernen wir alle am meisten? Durch ein Vorbild. Wenn Sie als Begleiter eines Indigo-Kindes nicht wissen, wie Führung funktioniert, dann werden Sie früher oder später Schwierigkeiten bekommen, so wie ich einst.

Lange Zeit hatte ich ein Problem mit dem Wort „Führer" und „Führen", weil ich es falsch interpretiert hatte. Es hörte sich für mich nach Dominanz an und hatte für mich den Eindruck, dass sich eine Person über die andere stellt. Doch mit der Zeit hat sich mein Gefühl dazu stark gewandelt, und ich werte das nicht mehr negativ. Im Rückblick auf meine Kindheit ist mir inzwischen klar geworden, wie überfordert ich teilweise war als Folge des Stresses dadurch, dass ich zu viele Freiheiten hatte. Ein Führer schenkt dem Kind Sicherheit, ein Gefühl der Geborgenheit. Das Kind kann die Verantwortung vertrauensvoll in die Hände des Führers übergeben, um sich zu entspannen, in Ruhe zu wachsen und seine Fähigkeiten auszubilden. In diesem sicheren und fest gesteckten Rahmen kann es sich ausprobieren und reifen, um dann alle seine Geschenke in die Welt zu tragen.

Wenn wir uns noch einmal die Natur betrachten, genauer gesagt eine Pferdeherde, dann werden wir erkennen, dass es keinen Sinn macht, ein Fohlen, das mit Führungsqualitäten geboren wird, sofort die ganze Herde leiten und beschützen zu lassen. Es wird seine Stärke und Größe fühlen, ebenso wie es die Seelen unserer Kinder tun. Auch das Pferd wird sich ausprobieren und dabei anecken. Die rangniedrigeren Pferde fügen sich ihrem Schicksal und weichen dem Fohlen aus, respektieren es und stufen es in der Rangordnung höher ein als sich selbst. Aber spätestens beim Leittier endet das Spiel, denn dieses wird das Fohlen zum Schutz und Wohl aller in seine Schranken weisen.

In dieser Position kann es sich entspannt ausprobieren, seinen Rahmen abstecken und somit im kleineren Kreis seine Führungsqualitäten erproben. Es hat keine wichtige Verantwortung inne, was fatal wäre für die ganze Herde, da es ihm noch an Lebenserfahrung fehlt. Auf diese Weise hat es genügend Spielraum, sich selbst zu leben und auszudrücken, aber es hat ebenso ein Vorbild, das Verantwortung übernimmt und die Herde sicher führt, was ihm Sicherheit und Führung gibt. Und es kann die Verantwortung dann übernehmen, sobald es die körperliche und geistige Reife dafür hat, denn Körper, Geist und Seele spielen auch hier zusammen.

Genauso verhält es sich mit unseren Indigo-Kindern. Sie suchen einen sicheren Rahmen, ein Vorbild, denn sie haben einen starken Willen und eine ordentliche Durchsetzungskraft, reagieren aber oft überfordert und dadurch nicht selten aggressiv, wenn sie zu viel Spielraum haben und niemanden, der sie führt und den sicheren Rahmen absteckt. Umso spannender ist es, dass Indigos oft bei Müttern aufwachsen, die lernen dürfen, Verantwortung zu übernehmen oder auf ihre Bedürfnisse und Grenzen achtzugeben – ihre eigenen und die ihres Kindes. So passiert es häufig, dass das Kind über dem Erwachsenen steht und die Führung übernimmt, wodurch am Ende Mutter und Kind unglücklich und unzufrieden werden. Es ist kein Zufall, dass sich häufig genau diese Konstellation findet. Wir alle sind auf Seelenebene verabredet, um gemeinsam Lebensaufgaben zu meistern und zu lernen, mit dem Ziel, zu uns selbst zurückzufinden und wieder ganz zu werden. Daher werde ich auf diese besondere Konstellation an anderer Stelle noch intensiver eingehen.

Hier, an dieser Stelle, möchte ich dir vor allem das Warum näherbringen und dich dazu noch einmal mit in mein Leben als Kind nehmen. Wie ich schon erzählt habe, bin mit meiner Mutter alleine groß geworden, die sehr viel zu stemmen hatte und außerdem damals noch ein geringes Selbstwertgefühl besaß. Ich fühlte mich stets für meine Mutter verantwortlich, und damit auch für mich selbst, und später für unsere vielen Haustiere, wobei ich immer das Gefühl hatte, mit dieser Verantwortung gut klar zu kommen. Dennoch überwältigte mich diese Aufgabe oft, machte mich wütend und unterschwellig aggressiv. An mancher Stelle meiner Kindheit hätte ich gerne laut hinausgeschrien: „Jetzt übernimm endlich einmal Verantwortung! Setze Grenzen!" Es gab sogar eine Zeit, in der ich mich nach Regeln und Grenzen sehnte, die aber nicht vorhanden waren.

Als Mama eines Indigo-Mädchens spüre und sehe ich Mila sehr klar, und mir sind zwei Dinge aufgefallen: Obwohl ich mein Leben lang glaubte, hervorragend mit Verantwortung umgehen zu können, spürte ich später als Mama, dass dies zwar stimmt, aber ich spürte ebenso, dass ich teilweise maßlos überfordert damit war – in meiner Kindheit und heute. Und dass ich oft ein Gefühl von „Es ist einfach zu viel Verantwortung…“ hatte.

Mir wurde klar, dass ich diese Qualität noch besser hätte nutzen können, wenn ich ein Vorbild gehabt hätte. Wie das Leittier in der Herde. Es fiel mir sehr schwer, eine gute Führerin für Mila zu sein, und ich lebte damit ein Ahnen-Thema nach. Wenn ich führte, also die letzte Entscheidung übernahm, hatte ich sofort die absurde Sorge, dass meine Tochter mich nun weniger lieben könnte. Da erkannte ich das Muster meiner Mutter. Umso heilvoller, dass ich es erkennen konnte, denn diese Erkenntnis ist der erste Schritt zur Heilung.

Diese Sorge ist wirklich absurd, und erst als sich meine Gedanken änderten, konnte ich diese Sorge und die in der Praxis umgesetzte Erfahrung fallen lassen, denn es gab einige Situationen, in denen Mila immer wieder versuchte, die Führung zu übernehmen, indem sie in gefährlichen Situationen oder in Situationen, die sie nicht komplett abschätzen konnte, bestimmte, was wann und wie zu geschehen hatte. In solchen Zeiten wurde sie immer ungnädiger, launischer und verzweifelter, wenn ich ihr zu viel Spielraum und Entscheidungskraft überlassen hatte. Immer, wenn ich dann die Führung übernahm und für uns beide eine Entscheidung traf, bäumte sie sich erst einmal auf, doch wenn sie spürte, dass meine Führung echt und authentisch war, entspannte sie sich zutiefst, wirkte plötzlich zufrieden und ausgeglichen. Sie konnte sich entspannen, weil sie wusste: Ich brauche mich gerade nicht zu kümmern. Da ist jemand, auf den kann ich mich verlassen! Auch hier ist es genau wie in einer Pferdeherde: Kommt einer und will die Führung übernehmen, die ein anderer innehat, gibt es ein kurzes Aufbäumen. Als wolle der aktuelle Führer klären, ob er es ernst meint, ob die Energie auch passt. Stimmt die Energie mit der Handlung überein, übergibt der andere die Führung und ist zumeist zufrieden damit, weil es gleichzeitig eine tiefe Entspannung bedeutet.

Die Führungsqualität war und ist noch immer häufig ein innerer Konflikt für mich! Es entspricht meinem ureigenem Wesen, doch weil mir ein Vorbild und damit eine Leitlinie fehlte, durfte ich es auf anderen Wegen lernen, und ich lerne noch heute täglich dazu. Wenn es dir schwerfällt zu führen, dann verurteile dich nicht. Erinnere dich daran, dass die Seele deines Kindes in dem Bewusstsein kam, dass du genau an diesem Punkt stehst. Es hilft dir, damit zu dir selbst zu finden. Ihr wachst aneinander, miteinander und gemeinsam.

Raum zur Entfaltung

Ebenso wie einen geschützten, geführten Rahmen, brauchen sie auch ganz viel Freiraum. Sie wünschen und benötigen Freiheit, um sich selbst entdecken und leben zu können. Für die Indigo-Kinder ist es wie Gift, wenn ihr Umfeld versucht, sie in eine bestimmte Richtung zu lenken. Egal, wie gut man es mit ihnen meint. Die einzige Richtung, in die wir unsere Indigo-Kinder lenken sollten, wenn überhaupt, ist in Richtung ihrer eigenen Intuition. Zurück zu der Stimme, die sie zuverlässig durch ihr ganzes Leben leiten wird.

In diesem Moment taucht ein Bild vor meinem inneren Auge auf. Stell dir einen wunderschönen Garten vor, der eingezäunt ist. Das Kind kann sich im Rahmen dieses Zaunes ausleben, es macht genau das, was sich stimmig anfühlt. Es macht

Erfahrungen und lernt dadurch, was funktioniert und was nicht. Auch lernt es, in diesem Garten mit allen Möglichkeiten das, was es besonders liebt, zu tun und was es von Natur aus gut kann. Du stehst als Vertrauter des Kindes am Gartentor. Du wirkst dabei wie ein Fels in der Brandung und strahlst Ruhe aus. Das Kind weiß jederzeit, dass es zu dir kommen kann, wenn es Rat oder Hilfe beim Entdecken des Gartens (des Lebens) benötigt, das Klettern auf Bäume (Herausforderungen) und das Säen von Samen (seine Möglichkeiten ausschöpfen). Du gehst dabei nicht mit dem Kind durch den Garten, zeigst auf gewisse Dinge und sagst: „Hier, Marie, jetzt pflanzt du genau dort Erdbeeren an. Und danach kletterst du auf den Baum da, und danach spielst du im Sandkasten." Du bist einfach da, beobachtest, bist in der Liebe und im Vertrauen, dass dein Kind sich in diesem Garten selbst finden wird. Bis eines Tages der Tag gekommen ist, an dem du das Tor freigeben kannst, weil du weißt, dass es in diesem sicher eingezäunten Garten seine Ressourcen, sein Selbstbewusstsein und seine Talente gefunden hat. Es hat alle Sicherheiten nun in sich selbst gefunden und darf all das Erlernte in der großen, weiten Welt ausprobieren und sich dort weiter erfahren.

Umso älter ein Kind wird, desto größer wird sein Seelengarten. Und egal, wie alt das Kind ist und später der Erwachsene, es weiß immer, wo seine Wurzeln sind, wo es Halt im Sturm finden kann. Wir dürfen ihnen Vertrauen schenken. Wir dürfen uns zurückhalten, wenn es darum geht, sich selbst und ihre Fähigkeiten, Talente und Vorlieben kennenzulernen. Wahre Liebe lässt frei! Du darfst dein Kind beobachten, ihm zuhören, es fühlen und es in allem unterstützen, was es ausprobieren mag. Aber zwinge dein Kind nicht, etwas zu tun, was es nicht will.

Ein Beispiel: Dein Kind möchte Gitarre spielen lernen, aber hört plötzlich damit auf. Dein Kind möchte danach Schlagzeug spielen lernen, aber verliert dann auch das Interesse daran. Danach möchte es vielleicht Klavier spielen lernen, und du ahnst schon, wie es enden wird, und bist in der Versuchung, ihm zu erklären, dass es nicht von einem zum anderen springen kann. Dass es schon bei einer Sache bleiben muss, um Erfolg zu haben. Wenn du so denkst, dann verstehe ich das. Alles im Leben bedarf Übung, Wiederholung und Geduld. Aber dein Kind muss sich ausprobieren und kann erst wissen, was ihm Freude bereitet, und was nicht, indem es die Sache ausprobiert. Lass es also auch Klavier spielen. Vielleicht liegt hier seine Passion! Natürlich kann es vorkommen, dass dein Kind das Klavierspielen liebt, aber dann aus anderen Gründen davon abkommt. Vielleicht, weil es an eine (gefühlte) Grenze gestoßen ist, oder weil andere Dinge wichtiger geworden sind. Hast du den Impuls aus deiner Intuition heraus, mit ihm zu sprechen, dann tu es! Aber lass dich auch hier stets von deinem Herzen lenken, nicht von deinem Kopf.

Stärkung des Selbstvertrauens

Ein gesundes Selbstvertrauen ist sehr wichtig für unsere Indigo-Kinder, um sich stets treu zu bleiben, ihren Weg nicht zu verlieren und sich selbst nicht in Frage zu stellen. All das können starke Hindernisse auf ihrem Weg sein. Ist das Selbstvertrauen stark, bringen Bodenwellen und Prüfungen des Lebens sie nicht aus dem Gleichgewicht. Sie werden kurz durchgerüttelt, aber gehen ihren Weg weiter. Ist das Selbstvertrauen hingegen schwach, so kann es passieren, dass sie sich selbst in Frage stellen, ins Zweifeln und Grübeln kommen. Wir stärken ihr Selbstvertrauen, indem wir ihnen auch hier das Gefühl geben, stets richtig zu sein. Vielleicht wurde dir dein eigenes Selbstvertrauen im Laufe deiner Kindheit teilweise genommen? Vielleicht fühlt sich das für dich im Augenblick sogar normal an, weil es dir vertraut ist.

Jedes Kind kommt als erwachtes Bewusstsein zur Welt. Es ist sich seiner selbst komplett bewusst und taucht Stück für Stück ein in diese Erdenerfahrung, erfährt seinen Körper und lernt alle Fertigkeiten, die ihm bei seinem Menschsein dienen. Kein Kind stellt sich von Natur aus selbst in Frage.

Unsere wohl größte Aufgabe in der Begleitung dieser besonderen Kinder ist es, ihnen immer wieder das Gefühl zu geben, dass sie ganz genau richtig sind, so, wie sie zur Welt gekommen sind. Das kann ich gar nicht genug betonen, weshalb du hier Wiederholungen finden wirst, die den Kern eurer Beziehung ausmachen.

Alle Anstrengungen und Erziehungsdiskussionen zwischen Eltern dürfen sofort aufhören. Du musst dir überhaupt keinen Stress machen, sondern einzig und allein deinem Bauchgefühl vertrauen, nach deiner inneren Stimme handeln und deinem Kind bedingungslose Liebe und Annahme zufließen lassen. Doch genau hier haben viele Eltern ein Problem, weil die Kinder unsere Spiegel sind und uns unsere Schattenseiten auf dem Silbertablett präsentieren. Was auf den ersten Blick anstrengend und belastend wirkt, ist auf den zweiten Blick ein riesiges Geschenk. Du erkennst am Ende, dass die erkannten, reflektierten und wieder integrierten Erfahrungen dich immer mehr zu deiner gefühlten Vollkommenheit führen. Wobei hier ganz groß betont sei, dass du jetzt, zu diesem Zeitpunkt, schon absolut vollkommen bist und es immer warst. Du wirst dazu noch ein Kapitel finden, in dem ich dir eine Anleitung mitgebe, wie du deine Schattenseiten enttarnen und sie in Liebe annehmen kannst. Denn dann passiert etwas Magisches: Es fällt dir plötzlich ganz leicht, dein Kind genauso anzunehmen, wie es ist. Auch wenn dich eine Eigenschaft von ihm oder ein Verhalten vorher schier wahnsinnig gemacht oder dich vor andere negative Emotionen gestellt hat.

Ruhe, Rückzug und Routinen

Unsere Welt ist sehr laut, reizüberflutend und für viele von uns vollkommen normal, wie sie ist. Wir sind schließlich all die Jahre hier herangewachsen, haben uns an die vielen Reize gewöhnt und durch die vielen und lauten Wahrnehmungen durch unsere physischen Sinne noch schneller den Zugang zu unseren Hellsinnen verloren. Unserer wahren Natur entspricht etwas anderes, und mit diesem Verständnis werden die Kinder der Neuen Zeit geboren, werden häufig als hochsensibel bezeichnet, und es heißt, sie hätten eine niedrige Reizschwelle. Was aber ist, wenn wir diesen Gedanken umkehren und uns vor Augen führen, dass diese Kinder ganz normal sensibel sind, aber unsere Welt zu laut und zu überflutend geworden ist?

Die Natur folgt einem wiederkehrenden Rhythmus, sie hat ihre Routine, und die brauchen die Erdenbewohner auch. In den letzten Jahrzehnten wurde es immer lauter um uns herum. Die Ablenkungsmöglichkeiten, die uns immer weiter von unserer inneren Stimme wegführten, wurden immer vielfältiger: Fernsehen, Essen, Kino, Ausgehen, und so weiter – all das betäubt unangenehme Gefühle für einen Moment. Doch das, was lange funktioniert hat, funktioniert jetzt nicht mehr. Gehst du weiter gegen deine Intuition an, die dich lenkt – manchmal auch in ungewisse Gefilde, gegen die sich dein Verstand durch Ängste und Bedenken vehement wehrt –, wird das Leben immer lauter und lauter anklopfen. So lange, bis du zuhörst. Das Leben klopft an durch Symptome des Körpers, Krankheiten, Unfälle, Schwierigkeiten im Leben, und so weiter. Es will dich damit nicht ärgern, sondern liebevoll wachrütteln.

Wenn du beginnst, deinem Bauchgefühl wieder zu vertrauen, dann wird es dich immer auf den für dich richtigen Weg führen, mit dem Ergebnis, dass sich dein Leben stimmig anfühlt und du immer mehr in dir zu ruhen beginnst, dir deiner selbst bewusst wirst.

Das heißt: Auch hier sind die Kinder der Neuen Zeit unsere Vorreiter, indem sie einen langsameren und ruhigeren Takt vorgeben, dem wir folgen dürfen. Wir dürfen uns unserem natürlichen Rhythmus wieder anpassen und uns nicht länger selbst betäuben durch schlechte Nahrung, Alkohol oder andere Süchte. Auch dürfen wir aufhören, unsere Kinder mit Medikamenten ruhigzustellen, damit sie sich stundenlang konzentrieren können. Diese Kinder sind nicht krank. Unsere Welt ist es! Doch sie ist in der Heilung, und du trägst einen wichtigeren Part dazu bei, als dir derzeit vielleicht bewusst ist. Du, als Begleiter eines Kindes der Neuen Zeit, und vielmehr noch Begleiter eines Führer-Kindes der Neuen Zeit, hast einen unglaublich wertvollen Einfluss! Du brauchst nichts weiter zu tun, wie schon mehrfach betont, als deinem Bauchgefühl zu folgen. Wie genau das geht, dazu später mehr.

Im Zusammenleben mit Mila und bei mir selbst habe ich gespürt, wie gut uns ein intuitiver Tagesrhythmus hilft. Gewisse Routinen geben Mila Sicherheit und Geborgenheit. Wenn sie zu viele Eindrücke gesammelt hat, die verarbeitet werden wollen, helfen ihr diese Routinen, wieder bei sich anzukommen. Häufig sind ihr gewisse Dinge zu unruhig, was bei Indigo-Kindern nicht selten dazu führt, dass sie auch körperlich Grenzen setzen, weil sie mit der Reizüberflutung noch nicht anders umgehen können. Das kann sich zum Beispiel darin äußern, dass sie andere Kinder schubsen, wenn es ihnen an Raum mangelt und ihnen alles zu viel wird. Wir unterstützen unsere Kinder am besten, indem wir ihnen immer das geben, was sie gerade benötigen. Es geht hier nicht darum, dass die Kinder lernen, gewisse Situationen auszuhalten, frei nach dem Motto: „Da muss es durch!" oder „Damit muss es lernen umzugehen!" Nein! Wir dürfen lernen, anders zu denken und zu handeln. Wir dürfen stets dem folgen, was sich gut und stimmig für uns anfühlt, und wenn das Kind signalisiert, dass es ihm zu viel wird, dann muss es da nicht durch und gemaßregelt oder erzogen werden, sondern wir geben ihm das, was es offensichtlich braucht: Ruhe.

Körperliche Nähe

Häufig benötigen diese Kinder mehr körperliche Nähe, doch Ausnahmen bestätigen die Regel. Meine Tochter war ein sogenanntes „High-Need-Baby", auch so ein wundervoller Schubladenbegriff, der für mich auf kleine Indigos hinweist. Das heißt, sie brauchte unter anderem extrem viel Körperkontakt und Aufmerksamkeit. Im Grunde genommen war es unmöglich, sie abzulegen, selbst zum Schlafen. Ich trug sie permanent mit mir herum, hatte sie auf dem Schoß, auf dem Arm oder in der Trage. Sie konnte ohne Körperkontakt einfach nicht weiterschlafen, und brauchte es, sehr oft gestillt zu werden.

Ich habe auch von Indigo-Kindern gehört, die genau das Gegenteil brauchen. Die es nicht mögen, übermäßig berührt zu werden, und es nicht aushalten, auf dem Arm getragen zu werden. Egal, was dein Kind äußert, höre auf sein Bedürfnis. Dein Kind weiß am besten, was es nährt. Aus eigener Erfahrung weiß ich, wie fremdbestimmt und unfrei man sich in einer solchen Situation fühlen kann, die einen zudem in einen tiefen inneren Konflikt führen kann. Man liebt sein Kind über alles und will das Allerbeste, und bekommt sofort Gewissensbisse, wenn man sich dabei ertappt, sich nach wochenlanger Dauerbetreuung danach zu sehnen, einfach mal alleine auf die Toilette zu gehen oder die Post hereinzuholen. Ich muss gerade mal wieder in der Rückschau schmunzeln.

Ich habe so stark gefühlt, wie sehr meine Tochter diese starke Nähe zu mir brauchte, ohne ein anderes Familienmitglied an sich heranzulassen, dass ich ihre Bedürfnisse eine lange Zeit über meine eigenen stellte. Aber nur, weil es sich für mich stimmig und richtig anfühlte. Mir haben dabei Gedanken geholfen, die auch heute noch hilfreich sind, wenn ich an meine Grenzen stoße:

„Diese Zeit ist einmalig und kommt nie wieder zurück."

„Die ersten drei Lebensjahre sind am prägendsten für das Kind und beeinflussen sein ganzes weiteres Leben."

„Ich nehme alles an, wie es jetzt ist, und lasse mich in den Moment fallen und führen."

„Was darf ich hier lernen/erfahren?"

„Wo liegen die Geschenke?"

„Ich bin für die Beziehung zu meiner Tochter verantwortlich. Nicht sie!"

„Ich genieße und erfahre alle Gefühle und Momente ganz bewusst."

„Ich leiste einen unglaublich wertvollen Dienst für meine Tochter und die ganze Welt, indem ich ihr diesen so wesentlichen Nährboden schenke."

„Ich sehe das Große Ganze. Was sind diese wenigen Jahre im Vergleich zu meinem ganzen Leben und Allem-was-ist?"

Das Leben kann so einfach sein, wenn wir achtsam sind, unserer inneren Stimme lauschen und ihr mutig folgen. Vielen von uns fehlt das Vertrauen zum Leben, weil wir einst erschüttert worden sind, Schicksalsschläge und Enttäuschungen erlebt haben. Doch ich bin felsenfest davon überzeugt: Das Leben ist immer *für* dich! Ich weiß, wie es sich anfühlt, das Urvertrauen in das Leben verloren zu haben, und kann dir aus Erfahrung bestätigen, dass es sich Stück für Stück wieder aufbaut, wenn wir der Intuition folgen, nach ihr handeln und am Ende sehen, dass es immer für etwas gut war. Vertrauen bedeutet, nicht zu wissen, was kommt, aber zu wissen, dass es gut sein wird.

Einen Sinn

Indigos neigen ja bekanntlich dazu, alles zu hinterfragen. Und genau das ist ein Teil ihrer wertvollen Aufgabe.

Unser aktuelles Schulsystem zum Beispiel lehrt Dinge, die meinem Gefühl nach stark zu hinterfragen sind, und das sehen viele Indigo-Kinder genauso. Immer mehr Kinder funktionieren unter gängigen Schulsystemen nicht mehr, sie rebellieren und fallen dadurch unangenehm auf oder passen sich dem System an, aber zeigen zu Hause deutlich, dass ihnen der Druck zu viel ist. Einige Lehrer weisen auf das Elternhaus und eine mangelnde Erziehung hin, doch nicht da liegt meistens das Problem oder die Ursache, sondern darin, dass diese Systeme in der Zukunft keinen Bestand mehr haben werden. Wenige auffällige Kinder kann man in andere Klassen stecken oder zum Arzt schicken. Doch es werden immer mehr Kinder, die die gleichen Auffälligkeiten zeigen. Zufall? Nein! Sie drängen in Massen auf die Welt, damit andere Wege gefunden werden.

Den Kindern wird unter anderem im gängigen Schulsystem suggeriert, dass der Autoritätsperson, in dem Fall dem Lehrer, absolut zu folgen ist. Seine Anweisungen sind Gesetz, widersetzt sich jemand, drohen Strafen und Konsequenzen. Den Kindern wird ebenfalls beigebracht, sich mit anderen zu vergleichen, was der Beginn allen Unglücks ist. Sie lernen Leistungsdruck kennen und fühlen sich schlecht, wenn sie in einem Fach schlechter dastehen als ihre Mitschüler.

Jeder Mensch kommt mit anderen Stärken und Lernaufgaben auf die Welt. Jeder kann Meister seines ganz eigenen Fachs werden. Doch den Kindern wird schon in jungen Jahren beigebracht, dass die Fähigkeit, gut auswendig zu lernen und etwas wiedergeben zu können, etwas über ihre Intelligenz aussagt. Auf diese Weise bilden sich Glaubenssätze, die ihr ganzes weiteres Leben prägen und ihre Freiheit behindern. Die Kinder möchten spüren, dass das, was sie tun, sinnvoll ist. Wir Menschen sind von Natur aus wissensdurstig und drängen danach, uns zu entwickeln und weiterzubilden. Druck unterbindet die Kreativität. Kommt die Motivation aber aus dem Inneren des Kindes, kann es immer wieder über sich selbst hinauswachsen.

Ich habe das auf meine Weise gelöst, indem ich am Ende nur noch das auswendig lernte, was Sinn machte, um gute Noten zu erhalten und nicht wieder versetzungsgefährdet zu sein. Doch in allen Fächern, die mich interessierten und mich weiterbrachten, lernte ich mit großem Interesse und vergaß das Erlernte auch nie wieder. Dazu habe ich ein witziges Beispiel:

Ich habe damals den Physik- und Chemieunterricht gehasst. Das waren absolut nicht meine Fächer. Doch das Wissen aus einer Unterrichtsstunde in Physik habe ich bis heute nicht vergessen und wende es Tag für Tag an – nämlich: Wenn man bei einer Schubkarre das Gewicht auf den Punkt verlagert, unter dem der Reifen montiert ist, und nicht in der Nähe der Griffe, fühlt sich die Karre leichter an. Da habe ich ganz begeistert zugehört! Und weißt du auch warum?

Schon damals standen zwei Pferde am Haus, deren Stall ich täglich ausmisten musste. Ich probierte das Gelernte aus der Physik-Stunde sofort am nächsten Tag aus, indem ich den größten Haufen über dem Reifen platzierte, und – siehe da, die Schubkarre ließ sich tatsächlich viel leichter schieben als zuvor. Was war ich froh und glücklich – und bis heute mache ich es noch genauso.

Es ist so lustig, weil ich es noch heute tagtäglich genauso mache. Das war doch mal praxisnaher Physikunterricht, und so funktioniert wahres, sinnvolles Lernen.

Zu Hause lernte ich freiwillig all die Dinge, die mich wirklich interessierten. Es fing an mit allem Wissen über Tiere, besonders Pferde, Hunde und Katzen. Später waren es Fragen, die das Leben betrafen, den Sinn des Lebens, Wiedergeburt, die Sprache des Lebens, die Seelensprache, und so weiter. Ich beschäftigte mich liebend gerne damit und bilde mich auch heute regelmäßig in all diesen Themen weiter, weil es meine Passion ist.

So hinterfragen Indigo-Kinder auch den Sinn einer Sache. Die „Warum"-Fragen kennen alle Eltern, doch bei den Indigos scheinen diese Fragen tiefer zu gehen, und die Kinder sind erst mit der Antwort zufrieden, wenn diese am Ende für sie einen Sinn ergibt und sie die Ehrlichkeit hinter der Aussage spüren. Auch wenn es zum Teil anstrengend werden kann, wenn diese besonderen Kinder alles Mögliche in Frage stellen, so erinnere dich auch hier wieder daran: Dein Kind ist einer der neuen Hüter dieser Erde!

Die Kinder gehen bis zum Kern, weil sie zum einen die bisherigen Strukturen in unserer Welt verstehen und in Zusammenhang bringen wollen, und zum anderen uns damit auf kleinere oder größere Dinge aufmerksam machen wollen, die letztlich bei genauerer Betrachtung gar keinen Sinn ergeben. Sehr viele von uns haben unbewusst gelernt, wie Marionetten zu funktionieren. Wir wählen den vorgegebenen Weg, der offensichtlich normal ist, denn wenn ich mich dagegen auflehne, dann erwarten mich negative Konsequenzen. So haben wir mit der Zeit immer mehr gelernt, die Dinge einfach so hinzunehmen und anzunehmen, wie sie nun einmal sind. Wir bezeichnen sie als „normal", weil die Großzahl unserer Mitmenschen es uns so vorlebt.

Ich lade auch dich ein, es deinem Kind gleichzutun: hinterfrage die Dinge! Ergeben sie einen tiefen Sinn? Wenn ja, wundervoll. Wenn nein, frage dich, ob es einen sinnvolleren Weg gibt und wie dieser aussehen könnte. Wir brauchen mutige Menschen, die sich trauen, ihrem Herzen und ihrer inneren Stimme zu folgen.

Noch einmal die kurze Erinnerung an dich: Es ist eine unglaublich wertvolle Aufgabe, diese Kinder in ihrem Sein zu bestärken und ihnen damit starke Wurzeln wachsen zu lassen.

„Eure Kinder brauchen genau das, wie alles andere, was wächst. Schaut auch hier wieder in die Natur. Alles, was wächst, braucht zunächst sehr viel Ruhe. Das Leben erwächst fast heimlich, fast unsichtbar im Dunklen. So, wie ein Same im Erdboden keimt, ein Küken im Ei und ein Säugetier im Mutterleib. Kommt das Leben dann zur Welt, wirkt es bezaubernd, faszinierend, aber ebenso zart und zerbrechlich, und weckt das Gefühl, von euch beschützt und behütet zu werden. Das hat die Natur so vorgesehen, und so steht ihr gerne auf für euer Kind, wenn es schreit, wenn es nach euch verlangt. Ihr opfert euch beinahe auf, gebt alles in dieser ersten Zeit, in der der Säugling noch so unfassbar viel Aufmerksamkeit und Nähe benötigt. Manch ein blühender Baum wird mit einem Gitter beschützt. Beschützt vor Gefahren, wie durch Rehe oder andere Tiere, die die zarte Pflanze leicht verletzen und zerstören könnten.

So wird die kleine Pflanze eingezäunt, bewacht, gegossen, mit Sonnenlicht genährt, und dann wird sie größer. Größer und stärker, bis das Gitter irgendwann entfernt werden kann. Noch immer droht Gefahr durch Wildbefall. Aber dieses Mal wird es nicht den Baum beschädigen, wird ihn nicht zum Sterben bringen. Vielleicht fehlen dann ein paar Blätter, die aber wieder nachwachsen, oder sogar ein Ast, aber die Wurzeln sind schon so tief in die Erde gewachsen und so tief verankert, dass sie keinen Schaden nehmen können. Der Baum steht sicher, ist aber auch noch labil und bedarf der Beobachtung. Der Baum wächst und wächst und trotzt äußeren Widerständen und Herausforderungen. Er überlebt Wolkenbrüche und Stürme, und von wilden Tieren angebissen zu werden. Die Wurzeln werden stärker und stärker,und die Baumkrone wächst. Irgendwann bedarf der Baum keiner äußeren Pflege mehr. Er lebt. Er steht für sich. Kein Sturm, kein Unwetter kann ihm etwas anhaben, unter einer einzigen Grundvoraussetzung: Am Anfang seines Lebens wurden die Weichen gestellt, sodass seine Wurzeln tief wachsen konnten.

Die Wurzeln stehen symbolisch für das Urvertrauen. Das Problem der früheren Generationen Indigo-Kinder war, dass ihnen häufig das Urvertrauen abhandengekommen ist. Wenn die Wurzeln nicht tief wachsen können, kann auch ein stark aussehender Baum ins Wanken geraten und im Sturm eines Unwetters umkippen. Der Unterschied zwischen dem Baum und dem Urvertrauen eines Menschen – vielleicht deines Urvertrauens, liebe Seele, die du diese Zeilen gerade liest – ist, dass die Wurzeln des Baumes in ihrer festen Form kaum noch sicher verankert werden können, wenn er nicht auf solidem Fundament gewachsen ist.

Beim Urvertrauen handelt es sich jedoch um feinstoffliche Wurzeln. Um sinnbildliche Wurzeln, die ihr nicht sehen, aber fühlen könnt. Das kann jeder! Wenn du gerade unsicher bist, so laden wir dich ein, selbst einmal hineinzuspüren. Jetzt!

Hast du das Gefühl, du stehst fest auf dem Boden? Unwetter im Außen, in Form von Konflikten, Worten, Streit, Beschuldigungen stören dich zwar, aber lassen dich nicht umkippen oder in irgendeiner Weise an dir zweifeln? Oder hast du das Gefühl, dass deine Emotionen stark wanken in Anbetracht dessen, was du in der Umwelt erfährst? Nehmen dich Streitereien, Konflikte, üble Worte lange mit? Sehnst du dich nach Harmonie und kratzt es auch einmal an deinem Selbstwertgefühl? Dann ist das ein Zeichen dafür, dass deine Wurzeln des Urvertrauens in der Kindheit nicht tief wachsen konnten.

Falls du dich in den Worten erkannt hast, mögen wir dich zugleich beruhigen, abholen und auffangen. Denn im Gegensatz zu den physischen Wurzeln eines Baumes, können deine feinstofflichen Wurzeln auch später noch wachsen. Durch innere Heilung und tiefe Erkenntnisse über den Sinn deines Lebens. Nichts geht verloren, und alles hat seinen Sinn. So auch, dass du vielleicht mit wenig Urvertrauen ausgestattet durch die Welt gehst. Und auch, indem du deinem Kind das Urvertrauen schenkst, kann es dir selbst zum Lehrer werden und dir dein Urvertrauen wiedergeben. Einfach, indem du es beobachtest.

Wie geht ein Kind mit Urvertrauen durch die Welt? Es ist mutig, voller Tatendrang, es folgt der Freude und denkt nicht über Gefahren nach, lässt sich nicht von seinen Ängsten oder Zweifeln ausbremsen. Es will leben! Pur, bedingungslos, ohne Wenn und Aber, ohne innere Konflikte. Bremse dein Kind nicht aus, sondern stärke und nähre dein eigenes Urvertrauen.

Das ist es, was die Welt jetzt braucht: starke Wurzeln bei Jung und Alt. Denn nur wem starke Wurzeln gewachsen sind, kann sich im Unwetter hingeben, sich tragen lassen, und braucht keine Kritik zu üben, hat das Herz offen, weil er oder sie sich nicht bedroht oder angesprochen fühlt. Er fühlt den Sturm, tanzt mit ihm, und es rüttelt nicht an seinen Wurzeln. Sturm bedeutet Reinigung, Loslassen.

Du kannst dein Urvertrauen aktiv ausbauen, indem du alle Emotionen fühlst, die sich da zeigen und sich ungut anfühlen. Die dich drücken, zwicken oder teilweise ohnmächtig machen. Fühle sie, heile sie, indem du immer wieder deinem Herzen folgst. Tue es deinem Kind gleich. Du hilfst deinem Kind, indem du sein Urvertrauen durch all die Punkte stärkst, die du hier in diesem Abschnitt gelesen hast, und indem du dein eigenes Urvertrauen wieder aktivierst."

Häufige Fragen und Unsicherheiten von Indigo-Eltern

Dieses Kapitel widme ich all den Themen, die mir immer wieder in Gesprächen mit anderen Eltern von Indigo-Kindern begegnen. Einige dieser Themen sind mir durchaus vertraut.

Ich habe Angst davor, einen aggressiven Erwachsenen heranzuziehen

Die extrovertierten, selbstbewussten Indigo-Kinder neigen dazu, klare Grenzen zu ziehen, zur Not auch mit körperlichem Einsatz. Vielen Eltern bereitet das Sorge, weil sie glauben, dass ihr Kind gewalttätig bleiben könnte, wenn sie nicht im klassischen Sinne erziehen – mit Strafen, Konsequenzen und erzwungenen Entschuldigungen. Aus eigener Erfahrung weiß ich, wie groß der gesellschaftliche Druck ist. Schlägt oder schubst das eigene Kind, wird von vielen Personen automatisch eine Entschuldigung erwartet, und sie reagieren empört, wenn diese nicht kommt.

Kinder dürfen erst noch lernen, ihre Impulse zu kontrollieren. Wir neigen häufig dazu, den Kindern Fähigkeiten zuzutrauen, die sie schlicht und einfach körperlich noch gar nicht besitzen. Das wäre so, als ob wir von einem frisch gepflanzten Apfelbaum erwarten, dass er im ersten Jahr schon Früchte trägt. Wir würden hier etwas erwarten, was die Natur noch gar nicht leisten kann, sondern mit der Zeit von alleine reift.

Unsere Kinder nehmen die Welt komplett anders wahr als wir Erwachsene. Das vergessen wir oft im Alltag und versuchen, unsere Kinder entsprechend zu erziehen und anzupassen, weil wir äußeren und inneren Druck wahrnehmen. Kinder erwerben erst im Alter von etwa fünf bis sieben Jahren die sogenannte Impulskontrolle, die sich aber auch schon im Alter von zwei bis drei zeigen kann, jedoch noch nicht zuverlässig funktioniert. Die Kombination von *hochsensibel* und dabei sehr *selbstbewusst* und *durchsetzungsstark* zu sein, kann dazu führen, dass, wenn es dem Kind zu viel wird, es sich körperlich zur Wehr setzt.

Ich habe bei vielen dieser Kinder beobachtet, dass sie sich körperlich Raum verschaffen, wenn sie sich ungerecht behandelt fühlen oder überreizt sind. Sie fühlen und handeln dementsprechend, ohne die Handlung vorher zu reflektieren. Reagieren ganz spontan, weil sie noch absolut im Hier und Jetzt leben und nicht über die Konsequenzen ihres Handelns nachdenken können. Hier dürfen beide – Eltern und Kinder – wie so oft, voneinander lernen: Die Erwachsenen: achtsamer zu sein und ganz bewusst im Hier und Jetzt zu leben. Und die Kinder: ihre Impulse zu kontrollieren und zu erkennen, dass Handlungen Konsequenzen nach sich ziehen. Hier meine ich allerdings natürliche Konsequenzen und keine künstlichen, wie etwa Strafen. Eine Konsequenz könnte zum Beispiel sein, dass ein Kind einen Freund körperlich angeht und dieser in der Folge nicht mehr mit ihm spielen will, weil er sich fürchtet, noch einmal geschubst oder gehauen zu werden.

Die Impulskontrolle kommt ganz natürlich mit der Zeit. Und ich möchte daher an dieser Stelle eine Entwarnung aussprechen und dich beruhigen, falls du auch so ein selbstbewusstes, offenes und sensibles Kind zu Hause hast. Die Kinder lernen durch Empathie und Erfahrung Stück für Stück, ihre Impulse zu kontrollieren. Selbst für Erwachsene ist es oft noch schwer, ihre Impulse zu kontrollieren, wenn die Gefühle in Aufruhr sind.

Da können auch schon mal Türen knallen oder Fäuste auf dem Tisch landen, was ganz konkret bedeutet, dass wir auch hier unsere Kinder empathisch begleiten dürfen. Die Erwachsenen achten darauf, dass kein Kind zu Schaden kommt. Das heißt, wir dürfen schnell sein und eingreifen, bevor ein Kind Gewalt erfährt, und sind wir einmal zu spät vor Ort, so geht es auch hier darum, beide Kinder verständnisvoll zu begleiten. Es ist also ein Irrglaube, dass wir Kinder, die andere hauen, bestrafen oder anderweitig zurechtweisen müssten, damit sie zu angepassten Menschen werden, die gewaltfrei leben. Genau das Gegenteil kann der Fall sein.

Wenn ein Kind sich missverstanden und ungerecht behandelt fühlt, und wir Erwachsenen es bedrängen, Strafen verhängen und es dazu zwingen, sich zu entschuldigen, verschließt es sein Herz. Es fühlt sich falsch, wenn es sich derartig verhält oder gehandelt hat. Unsere Aufgabe jedoch ist ja, unseren Kindern an jedem Tag das Gefühl zu geben, dass sie in Ordnung sind, ganz genau so, wie sie sind. Immer! Dadurch werden sie zu ausgeglichenen Erwachsenen, die mit sich im Reinen sind und empathisch mit anderen Menschen umgehen.

Auch hier möchte ich dir ein persönliches Erlebnis von uns schildern, wie Mila gelernt hat, ihre Impulse ein Stück weit besser zu kontrollieren. Es war ein sehr eindrucksvolles Erlebnis für Mila, weshalb sie es direkt verinnerlicht hat.

Wir waren zu Besuch bei ihrer besten Freundin, die genauso sensibel ist wie Mila. Die beiden harmonieren sehr gut, auch wenn, oder gerade, weil sie sich in vielen Dingen unterscheiden. Doch an diesem Tag hatte Mila schlechte Laune, wie es wohl jeder von uns kennt. Sie war angespannt und gereizt, und dann kam es zu einer Situation, in der sich Mila ungerecht behandelt und missverstanden fühlte, obwohl nichts Großes passiert war, wenn wir in unseren Maßstäben denken.

Ich saß im Nebenraum und spürte bereits im Vorfeld, was gleich passieren würde, konnte aber nicht mehr so schnell an Ort und Stelle sein, um es zu verhindern. Ich hörte ihre Freundin weinen und deren Mutter schimpfen. Mila hatte ihrem Ärger Luft gemacht und ihre Freundin an den Schultern durch den Raum geschoben, bis diese in den Schoß ihrer Mutter fiel. Diese schimpfte mit Mila und verlangte eine Entschuldigung von ihr. Mila lief jedoch weg, an mir vorbei, und verschwand in einem anderen Zimmer. Als sie an mir vorbeirannte, sah ich in ein wütendes Gesicht, aber fühlte mächtige Schamgefühle. Ich ging zu ihr, aber sie versuchte, vor mir wegzulaufen. Ich spürte ihre Gedanken und Angst, dass sie nun von mir auch Ärger bekommen würde, weil sie dachte, etwas ganz Schlimmes angestellt zu haben. Sie war gar nicht mehr aufzuhalten, und ich spürte die drückenden Emotionen in ihr.

Irgendwann rief ich ihr zu, dass ich nicht mit ihr schimpfe, sondern sie auf den Arm nehmen möchte. Sie hielt an, und ich nahm sie hoch. Mein Herz war weit offen für sie, und ich fühlte mit ihr, was ich ihr sagte und was sie bestätigte. Ich gab ihr damit das Gefühl, auch mit diesen Emotionen und mangelnder Impulskontrolle geliebt und völlig in Ordnung zu sein. Ich verstand und hielt sie. Dadurch entspannte Mila sich langsam und fühlte sich nicht mehr so schrecklich, dass sie vor allem flüchten wollte.

Das sind dann die Momente, in denen ich ihr alles erklären kann. Aber erst, wenn die tobenden Gefühle weitergezogen sind und sie wieder offen und aufnahmefähig ist.

Ich sagte ihr, dass ich sie verstehen könne, dass sie so wütend war und ihren Gefühlen dann einfach freien Lauf gelassen hätte. Dann erklärte ich ihr aber, wie ihre beste Freundin sich damit gefühlt hat. Dass es zuvor ein Missverständnis gab und ihre Freundin vielleicht Angst bekommt und gar nicht mehr mit ihr spielen mag, und sie ihre Freundin doch so lieb hat und ihr bestimmt nicht weh tun wollte. Mila überlegte kurz, wirkte nachdenklich. Dann strahlte sie über das ganze Gesicht und verkündete mir stolz: „Mama, jetzt will ich mich entschuldigen!" Ich ließ sie runter, und sie rannte fröhlich zu ihrer Freundin, entschuldigte sich bei ihr, was ernst gemeint war, beide umarmten sich und spielten wieder als Einheit zusammen.

Durch erzwungene, nicht ernst gemeinte Entschuldigungen lernen die Kinder nur, dass sie ihre Gefühle nicht zeigen dürfen und sich anderen Menschen anpassen sollten. Wir dürfen den Kindern vorleben, uns für etwas zu entschuldigen, und wir dürfen uns auch einmal bei unseren Kindern selbst entschuldigen, wenn wir ihnen Unrecht getan haben. Das zeigt keine Unterwürfigkeit, sondern wahre Größe.

Es steckte noch eine weitere Erkenntnis für mich in der Situation, denn seit diesem Tag gab es von ihr keine körperlichen Grenzüberschreitungen mehr gegenüber ihrer Freundin, wenn die Emotionen einmal tobten.

Dies passierte, weil alle authentisch waren und Mila daraus eine Erfahrung und eigene Rückschlüsse zog. Milas Emotionen tobten, sie ließ sie unkontrolliert laufen, ihre Freundin empfand Traurigkeit und fühlte sich unfair behandelt, und ihre Mutter fand es auch nicht lustig und zeigte das deutlich.

Wir dürfen einfach authentisch sein, auch mit unseren Emotionen. Nur so lernen Kinder Mitgefühl und Empathie. Verstehen mehr und mehr durch gemachte Erfahrungen, was ihre Reaktionen und Verhaltensweisen in anderen auslösen, und wachsen innerlich, wenn sie aus sich heraus entscheiden, ob sie sich entschuldigen wollen, oder nicht. Auch sie dürfen authentisch sein und selbst entscheiden, wie sie mit der Erfahrung umgehen wollen. Und das muss und kann nicht immer so perfekt laufen wie in unserem Beispiel.

Davor gab es vielerlei ähnliche Situationen, die nicht solch einen Ausgang hatten. Doch diese Situation war für Mila anders und einprägsam, weil die Emotionen so deutlich, die Handlungen so authentisch waren, und weil ihr ihre Freundin sehr wichtig ist.

☆☆

„Seid auch hier liebe- und verständnisvoll mit euren Kindern. Seht die Geschenke, die ihnen innewohnen, und nehmt ihre rasenden Impulse nicht zu ernst. Erkennt auch die positiven Seiten an ihrem Temperament und ihrem ganz eigenen Charakter. Begleitet alle Kinder liebe- und verständnisvoll. Macht keine Seite zu einer „Täter- und Opferseite“, sondern seht die Situation als Ganzes. Das Wort „Schuld“ ist noch ein großes Wort auf Erden, und wir sagen euch, dass so etwas wie Schuld nicht existiert, niemals existiert hat. Nur in euren Köpfen und auch in Form der Schuldgefühle, die aber künstlich durch Erfahrungen, Worte und Gedanken erzeugt wurden.

Es gibt eine Ursache und eine Wirkung. Wertfrei, und auch das lehren euch die Kinder. So bleibt gelassen, wenn ihr bemerkt, dass ein Kind einem anderen eventuell ein Unrecht antut. Die

Kinder reagieren extrem sensibel auf die Energie eines anderen Kindes und spiegeln auch das in ihren Handlungen wider. Du bekommst das zurück, was du ausstrahlst, das ist ein Naturgesetz, und die Kinder, die dem Ursprung noch so nah sind, handeln auch hier noch ganz frei nach diesen Naturgesetzen. Beachtet auch dies. Geht aus der Wertung heraus und agiert aus der Liebe. Seht beide Seiten, beide Kinder, und begleitet ihren jeweiligen emotionalen Schmerz, wenn es einen gibt. Denn manchmal ist es für die Kinder selbst weniger schlimm als für die beteiligten Erwachsenen. Das weiß und fühlt dein Herz."

Die Ernährung meines Kindes

Authentizität und Ehrlichkeit sind mitunter meine höchsten Werte, ganz „indigo-like". Darum bin ich auch hier ehrlich zu dir:

Dieses Kapitel hat mich zuerst fast wahnsinnig gemacht! Umso näher ich diesem Kapitel kam, desto unklarer war ich bezüglich der Ernährung unserer Tochter. Und da soll ich etwas über Ernährung von Kindern schreiben? Wie bloß?

Ich war kurz davor, dieses Kapitel aus dem Buch zu streichen, weil ich nur über Themen schreiben und reden mag, zu denen ich eigene Erfahrungen und innere Klarheit habe. Du siehst schon jetzt, dass ich das Kapitel nicht entfernt habe, und hier kommt die zweite Wahrheit: Dieses Kapitel schreibe ich gerade als letztes! Unter der Überschrift harrten monatelang drei große Fragezeichen. Nun bin ich so unendlich dankbar für meine lange Unklarheit diesem Thema gegenüber und kann dir an der Stelle noch authentischer mitteilen, welch wundervolle Lehrer unsere Kinder sind. Denn ich habe die Kraft der Klarheit noch einmal mehr erkannt sowie lieben gelernt, und den Schatten der Unklarheit angenommen. Aber fangen wir vorne an. Ich mag dich an meinen Gedanken und Beobachtungen teilhaben lassen, durch unsere ganz persönliche Reise in Sachen Ernährung, und dich natürlich auch mein Ergebnis wissen lassen.

In unserer Welt ist derzeit zu beobachten, dass sich ein allgemeiner Wandel vollzieht. Immer mehr Bio-Supermärkte entstehen, die Regale füllen sich mit mehr und mehr mit vegetarischen und veganen Produkten, es entstehen vegane Restaurants und Cafés und vieles mehr.

Ich persönlich glaube, dass die Ernährung uns sehr beeinflusst, denn das habe ich am eigenen Leib erfahren.

In meiner Kindheit waren Fertigprodukte, Süßigkeiten und zur Flüssigkeitsaufnahme sämtliche zuckerhaltige Sprudelgetränke für mich völlig normal. Was für mich fast ebenso normal war: Andauernde Bauchschmerzen waren meine ständigen Begleiter, die sich noch verstärkten, wenn ich Dinge tun sollte, die ich nicht tun wollte, oder vor denen ich Angst hatte. Sie fanden ihren Höhepunkt im Jahr 2011, als ich dreiundzwanzig Jahre alt war, bei meiner letzten Bauchoperation wegen eines Darmverschlusses. So heftig wurden sie danach nicht mehr, aber dennoch hatte ich häufig mit Bauchkrämpfen zu tun, auch in der Schwangerschaft mit Mila.

Als meine Tochter ungefähr ein halbes Jahr alt war, ging ich zu einer Heilpraktikerin, die Spezialistin im Gebiet „Darm" ist. Wir testeten aus, worauf ich reagierte, und kamen zum Ergebnis: Weizen, Hefe und Zucker. Dabei liebte ich Brötchen über alles. Kuchen, und sowieso alles, was süß ist.

Es folgte für mich eine längere Reise, um meinen Darm wieder gesund zu bekommen. Ich hatte bereits chronische Entzündungen, weil ich stets die Dinge aß, die mir schmeckten, nach denen ich beinahe süchtig war, die mir aber gleichzeitig schadeten.

Es folgten schwere Wochen, in denen ich mich im Verzicht auf diese Dinge übte, nach denen mein Körper regelrecht zu schreien schien. Und so war es auch. Nicht jedoch mein Körper brauchte diese Nahrungsmittel, sondern die „schlechten" Bakterien, die sich im Darm angesiedelt hatten und mir immer mehr schadeten. Nach einer langen Kur, die durch meine Heilpraktikerin begleitet wurde, ging es mir so unendlich viel besser, dass ich überhaupt kein Verlangen mehr nach diesen Lebensmitteln hatte, nach denen ich zuvor geradezu süchtig gewesen war. Es ging mir einfach nur gut! Keine Bauchschmerzen mehr, keine Müdigkeit, keine schlechte Laune, keine zeitweilig depressiven Verstimmungen mehr. Ich fühlte mich wie neugeboren!

Und das geht nun schon, während ich diese Zeilen schreibe, seit bald drei Jahren so. Seit meinem dreizehnten Lebensjahr ernähre ich mich vegetarisch, war mit dieser Einstellung damals schon eine absolute Exotin und hörte mehr als einmal von meiner Familie, dass es sich dabei um eine *Phase* handeln würde, die bis heute schon achtzehn Jahre anhält.

Durch meine Ernährungsumstellung habe ich viel über den Darm gelernt, zum Beispiel, wie sehr eine schlechte Bakterienbesiedlung unseren Geist und unsere Emotionen beeinflusst. Wie Zucker uns süchtig macht, wir immer mehr brauchen und gereizt und wie benebelt sind, wenn wir ihn konsumieren, und wie unser ganzer Körper erst einmal rebelliert und nach zuckerhaltiger Nahrung ruft, wenn wir versuchen, Zucker wegzulassen. Und wie sich der Körper entspannt, unser Geist auf gute Weise ruhig und leer wird und wir ganz bei uns sind, wenn wir den Zucker über lange Zeit weggelassen haben.

Über eine reine Ernährung, die heute modern „Clean Eating“ genannt wird, erlangen wir sehr viel mehr an innerer Freiheit. Wir fühlen uns voller Energie, positiver, sind mit uns verbunden und haben weniger Ängste. Diese Zusammenhänge finde ich sehr spannend, und dadurch habe ich eine ganz neue, klare Sichtweise zum Thema Ernährung bekommen, mit der ich aber in der Gesellschaft (noch) immer wieder anecke.

Beschreiten wir neue Wege, wird es oft erst einmal laut um uns, was daran liegt, dass andere dann ihre eigene Sichtweise auf die Dinge verändern und sich dazu eingestehen müssten, dass sie vielleicht auf einem Irrweg waren, und es ist natürlich immer bequemer, den gewohnten Weg zu gehen und zum Beispiel die Ernährung nicht umzustellen. Man fühlt sich beinahe gezwungen, sich an diese Ernährungsweise zu halten, damit man sich nicht ausgeschlossen fühlt, vor allem dann, wenn man ins Restaurant geht oder zum Geburtstag eingeladen ist.

Sind wir uns jedoch über ein Thema klar geworden, dann wird es leicht, sich neu zu entscheiden. Vor allem dann, wenn wir unser „Warum“ kennen. Für mich wurde es leicht, für mich schädliche Nahrungsmittel wegzulassen, weil ich immer wieder feststellte, dass es mir über Tage hinweg schlecht ging, wenn ich Ausnahmen machte. Dieses „sehr schlecht“ fühlen war aber fast mein Leben lang normal für mich: Nach dem Essen fühlte ich mich erst einmal schlapp, es zwickte hier und da im Bauch, und ich war irgendwie energielos. Doch als ich erst einmal gemerkt hatte, wie gut es mir ging, wenn die Ernährung gut für mich war, fiel es mir immer leichter, die Lebensmittel zu vermeiden, die mir nicht guttaten. Und noch leichter wurde es, als ich mir viele wundervolle Alternativen zusammengesucht hatte. Dann war Verzicht kein Thema mehr.

So viel zu meiner Vorgeschichte, damit du verstehst, warum dieses Thema so emotional aufgeladen war für mich und ich ganz viel Unklarheit bezüglich Milas Ernährung verspürte. Je älter Mila wurde, desto mehr kam sie bewusst auch mit anderen Ernährungsweisen in Kontakt. Ich wollte ihr nie etwas verbieten, und wollte schon gar nicht, dass sie sich ausgeschlossen oder „komisch" unter anderen Kindern fühlte.

Für mich hatte ich zu Beginn die Entscheidung getroffen, dass wir zu Hause nach meinem Verständnis gesund und lecker essen, und dazu gehören auch Nudeln, Pizza, Eis, Schokolade, Pfannkuchen und all das, was Kinder so lieben. Aber alles alternativ, ohne Zucker, ohne Weizen und ohne Chemie. Ja, das geht tatsächlich ganz wunderbar! Außerhalb unseres Zuhauses war es für mich in Ordnung, dass Mila auch Lebensmittel mit Zucker isst, damit sie sich sozial nicht ausgeschlossen fühlt. Für mich war ihr seelisches Wohlbefinden wichtiger, und ich war mir sicher, dass ihr Körper diese Ausnahmen gut verschmerzen könnte, da sie im Gegensatz zu mir keine Allergien und Unverträglichkeiten hat. Doch dann begann das Dilemma schleichend und bestimmte in meinem Kopf beinahe wochen-, wenn nicht monatelang, den Alltag.

Es fing so an, dass Mila sehr gereizt wurde, wenn sie Zuckerhaltiges gegessen hatte und einige Stunden vergangen waren. Sie fragte mich ständig nach Lebensmitteln mit Zucker, wie ferngesteuert: „Mama, gehen wir bald mal wieder ein Eis essen?", „Darf ich Schokolade?", „Ich will ein Brötchen!" (in vielen Sorten ist auch Zucker enthalten). Sie reagierte heftig, wenn sie nicht sofort etwas mit Zucker bekam, was gar nicht möglich war, da wir so etwas nicht im Haus haben. Morgens war der erste Satz: „Mama, darf ich heute Schokolade?", und abends weinte sie sich in den Schlaf und sagte: „Ich will Schokolade! Jetzt!"

Das machte mir wirklich Sorgen und bestätigte mein Gefühl, dass Zucker süchtig macht, was mittlerweile auch erwiesen ist. Zuvor, als sie nur selbstgemachte süße Sachen, wie Eis, Schokolade oder Ähnliches bekam, hatte sie nie in dieser Heftigkeit danach gefragt.

Zeitgleich überhäufte uns das Leben mit zuckerhaltigen Lebensmitteln geradezu. Jeden Tag kam Mila mit Zucker in Berührung, und sie begann, sich an Snacks satt zu essen und wollte zu Hause nichts Normales mehr essen. Es frustrierte mich wirklich sehr. Ich spürte, wie ich in Gedanken immer dogmatischer wurde, was ich nie sein wollte.

Aber auch hier machte mir das Leben große Geschenke, da es mir Schattenseiten aufzeigte, die ich Stück für Stück annehmen durfte. Der größte Schatten hieß „Unklarheit". Ich fühlte mich hin- und hergerissen, hinterfragte mich selbst, dachte, ich sähe das alles vielleicht zu eng, und begann, für kurze Zeit auch selbst wieder Zucker zu essen. Doch jedes Mal merkte ich, wie schlecht er meinem Körper und meiner Psyche tat, und wie ich dann selbst richtig Heißhunger auf Süßes bekam. Dennoch war es für mich keine Möglichkeit, Mila alles an zuckerhaltigen Nahrungsmitteln zu verbieten, da ich sie und uns nicht vom Leben ausschließen wollte.

Eines Tages öffnete ich mich für diese Unklarheit und sah die Geschenke darin, indem ich mich in dieser Zeit für neue Sichtweisen und Meinungen öffnen konnte, mich noch intensiver informierte über das Thema und letztendlich zu innerer Klarheit gelangte, die unseren Alltag sofort entspannte und auch bei Mila unmittelbar Auswirkungen zeigte: Sie griff plötzlich auch freiwillig zu gesunden Sachen, auch wenn eine ungesunde Alternative mit auf dem Tisch stand. Ich ließ das ganze

Thema für mich los! Ich entspannte mich, gab mich hin und gab Mila innerlich die Freiheit, genau das zu essen, was sie essen wollte. Auch wenn es den ganzen Tag Schokolade und Brötchen wären. So sieht unser Alltag jetzt natürlich nicht aus, aber ich brauchte diesen Gedanken, um mich wieder öffnen und neu strukturieren zu können.

Ich gab also in positiver Weise auf und gab ihr innerlich die Erlaubnis, alles zu essen, was sie wollte. Gleichzeitig fing ich auch an, ganz klar zu mir und meiner Meinung zum Thema „Ernährung" zu stehen: Zuckerfrei, weizenfrei, möglichst frei von Kuhmilch und clean! Dazu gab ich mir aber auch die Erlaubnis, Zucker zu essen, zum Beispiel im Sommer ein Eis mit meiner Tochter, sofern es sich an diesem Tag stimmig anfühlt. Ich spürte jeden Tag immer wieder in mich hinein, was meinem Körper heute guttun würde, und was nicht. Das entspannte ungemein. Ich wurde plötzlich innerlich ganz klar, und unser jetziger Weg sieht so aus, dass wir Mila alles essen lassen, was sie möchte. Gleichzeitig sensibilisieren wir sie für ihren Körper, um selbst zu beobachten, was ihr guttut, und was nicht.

Bei Kindern ist es genauso wie bei den Erwachsenen: Missionieren bringt rein gar nichts! Es geht nicht, jemand anderem seine eigene Meinung überzustülpen, und das ist gut so. Jeder darf und sollte seine ganz eigenen Entscheidungen treffen, Erfahrungen machen und dann für sich zu einem Ergebnis kommen.

Mila ist frei, was ihre Ernährung betrifft. Ich achte darauf, dass sie die Nährstoffe bekommt, die sie braucht, und sensibilisiere sie, auf ihren Körper zu achten, lebe meine Form der Ernährung vor und erkläre ihr, warum, wenn sie mich fragt. So wird sie auch hier ihren ganz eigenen Weg finden, der für sie persönlich stimmt.

Sehr viele Kinder heutzutage kommen mit einem scheinbar sehr sensiblen Darm zur Welt und vertragen viele Dinge nicht, die wir im Alltag oft konsumieren. Für mich ist auch hier nichts falsch an diesen Kindern. Ich spüre deutlich, wenn ich auf meine innere Stimme lausche, dass hier auch körperlich ein natürlicher, evolutionärer Wandel im Gange ist. Die Menschen greifen beinahe zwangsläufig auf eine natürlichere Ernährung zurück. Wenn ein Kind eine bekannte Unverträglichkeit hat, ist es viel leichter, dieses entsprechend zu ernähren und es ihm verständlich zu machen, weil man die Klarheit und das Wissen dahinter hat, dass gewisse Lebensmittel dem Kind schaden. So ist es meiner Meinung nach auch bei allen anderen Kindern, doch es ist noch normal in unserer Gesellschaft, dass überall der Zuckerwahn herrscht, und so bringt Zwingen oder dem Kind die eigene Meinung zu überstülpen nichts, denn ganz indigo-like würden diese Kinder ausbrechen und erst recht all das konsumieren wollen, wenn sie sich zu etwas gezwungen fühlen, was für sie keinen Sinn ergibt.

Mir als Mama hilft der Gedanke sehr, dass ich zwar mit allerhand Bauchschmerzen, aber dennoch irgendwie groß geworden bin. Deshalb kann ich mich bei Mila entspannen.

Was meine Kindheit angeht, so bin ich mir sehr sicher, dass ich schon mit diesen, mir heute bekannten Nahrungsmittelunverträglichkeiten geboren wurde. Meine Mutter wusste es damals nicht besser, und ich mache ihr keinerlei Vorwürfe deswegen. Sie hat genau das getan, was sie für das Richtige hielt. Daher ist Aufklärung so wichtig.

Wie soll man etwas tun, von dem man nicht weiß, dass es existiert? Wie soll man einen Zusammenhang zwischen ständiger Müdigkeit und Depression und Ernährung erkennen, wenn man noch nie davon gehört hat? Es wird in diesem Bereich so sein wie in vielen anderen: Die steigende Nachfrage verändert den Markt, wie wir es bereits in unseren Supermärkten erleben. Und ich freue mich schon jetzt auf die ersten, auch ländlich gelegeneren Clean-Eating-Cafés und Restaurants, und werde dort oft auftauchen und gerne zahlen, wenn es dann einmal so weit ist.

Ich als Kind hätte mir Aufklärung für meine Mutter und mich gewünscht. Hätte mir eine solche Heilpraktikerin gewünscht, wie ich sie im Erwachsenenalter gefunden habe. Wäre es damals bekannt gewesen, so wäre mir der Verzicht auf Zucker und dergleichen dennoch ordentlich schwer gefallen. Ich hätte es nicht glauben können (oder wollen), und wäre stets frustriert gewesen, anderen Kindern beim Verzehr von Kuchen und Co. zusehen zu müssen. Das heißt, ich hätte mir Freiheit gewünscht, um es selbst auszuprobieren, sowie Aufklärung, um die Zusammenhänge für mich zu überprüfen und meine eigenen Schlüsse und Resultate zu ziehen. Und ich bin mir ziemlich sicher, dass ich dann als Kind oder spätestens als Jugendliche freiwillig auf all das verzichtet hätte, was mir geschadet hat, einfach, weil ich damals dieselben Erfahrungen gemacht hätte wie heute. Denn dann öffnet man sich für die Alternativen, dann ist es plötzlich kein Verzicht mehr, es ist aus eigener Kraft entschieden und von niemandem aufgeschwatzt und aufgezwungen.

Vor einigen Wochen hatten Mila und ich eine Szene, die meine neue Herangehensweise gut beschreibt.

Auf ihren Wunsch waren wir gemeinsam in der Eisdiele, in der sie ein Eis genoss, und ich einen Kaffee. Schon während sie ihr Eis aß, fasste sie sich immer wieder an ihren Bauch, zog an ihrem T-Shirt und grinste mich mit einem: „Mama, ich hab schon Bauchschmerzen!" an. Ich sagte ihr, das sei interessant und sie möge das mal beobachten. Ob sie auch Bauchschmerzen beim nächsten Mal Eis essen hätte, und was passiert, wenn sie unser Eis zu Hause isst.

Im Auto sah ich ein paar Mal in den Rückspiegel, dass sie sich zusammenkrümmte, immer wieder an ihrem T-Shirt zerrte und gequält dreinschaute.

Ich fragte: „Mäuschen, hast du Bauchschmerzen?"

Ihre Reaktion war: „Ja... nein!", und ich spürte, dass dem doch so war, sie es aber nicht zugeben wollte, weil sie Angst hatte, dass ich dann nicht mehr mit ihr in die Eisdiele fahre.

Ich fragte: „Wirklich?" Sie: „Ja, wirklich!", und wieder spürte ich ihre Sorge dahinter. Dann bat ich sie, nicht zu schwindeln, sondern immer die Wahrheit zu sagen, und erklärte ihr auch warum. Weil ich nämlich fühlen würde, dass sie doch Bauchschmerzen hätte, aber Angst, es mir zu sagen, weil sie sich sorgte, dass sie dann kein Eis mehr haben dürfte.

„Mila, ich verspreche dir, dass wir, wenn du es möchtest, wieder in die Eisdiele gehen. Egal, ob du jetzt Bauchschmerzen vom Eis hast oder nicht... Hast du jetzt gerade Bauchschmerzen?" Sie zögerte kurz und sagte dann: „Ja!" Ich dankte ihr für ihre Ehrlichkeit, versprach ihr noch einmal, dass wir wieder Eis essen gehen würden, sie dann ja ihren Körper beobachten könne, wie er auf das Eis reagieren würde. Zu Hause kümmerten wir uns um ihre Bauchschmerzen.

Ich werde auch bei diesem Thema weiterhin meine Intuition nutzen, ihr nichts verbieten, aber sie für ihren Körper sensibilisieren. Ich werde ihr Aufklärung und gleichzeitig Freiheit schenken, wie ich es mir als Kind selbst gewünscht hätte.

„Gerade in Sachen Ernährung gibt es derzeit einen großen Wandel in der Gesellschaft. Wenn ihr schlechtes Öl in eure Autos gießt, dann erwartet ihr auch keine Höchstleistung, wartet innerlich vielleicht sogar auf einen baldigen Schaden mit folgendem Werkstattbesuch oder auf einen Totalschaden. Doch mit eurem Körper geht ihr häufig noch anders um, schenkt ihm keine große Aufmerksam- und Wichtigkeit, die er verdient hätte. Denn auch der Körper kann nur so lange funktionieren und gesund bleiben, wie ihr ihm gute Qualität zuführt. Intuitiv wissen das alle Menschen, doch viele wählen den bequemeren Weg, den sie sich im Umfeld abschauen. Es wirkt erst einmal leichter und bequemer und auch günstiger, Lebensmittel zu sich zu nehmen, die eurem Körper kaum das geben, was er braucht, und ihn zusätzlich auch noch auf Dauer belasten.

Dieses Bewusstsein erwacht jetzt immer mehr in jedem einzelnen Menschen. Das Umfeld ist, wie in so vielen Dingen, maßgebend. Es fällt einem Menschen leichter, sich gesund zu ernähren, wenn es sein enges Umfeld auch tut, und entsprechend schwerer fällt es ihm, wenn es andersherum der Fall ist.

Auch euren Kindern geht es so. Sie empfinden Unverständnis, wenn ihr ihnen Dinge verbietet, die andere um sie herum konsumieren. Aber ihr selbst könnt dieses Vorbild sein. Wartet nicht darauf, dass sich euer Umfeld ändert, sondern seid selbst die Veränderung, wenn ihr einen Sog in diese Richtung verspürt. Seid liebevoll mit euch und eurem Körper.

Häufig ist auch ein geringes Selbstwertgefühl dafür verantwortlich, dass ihr eurem Körper einen geringeren Wert beimesst. Sehr viele Menschen leiden sicht- oder nicht sichtbar unter einem geringen Selbstwertgefühl, weil sie selbst als Kind oft die Erfahrung gemacht haben, dass sie genauso, wie sie sind, nicht so geliebt worden sind, wie sie geliebt wurden, wenn sie sich angepasst und gelernt hatten, Masken aufzusetzen. Umso mehr Selbstwert ein Mensch besitzt, desto mehr wird er auch seinen Körper wertschätzen lernen und ihn pflegen. Ihm gute Qualität zukommen lassen. Hiermit ist kein Körperwahn gemeint, in den viele Menschen gefallen sind. In die Sucht nach gutem Aussehen, Abnehmen, extremem Sport und vielem mehr. Der Unterschied liegt hier im hintergründigen „Warum" eines jeden Menschen. Tut er es aus der Freude heraus? Seinem Körper zuliebe, weil er spürt, wie es ihn auf allen Ebenen seines Seins erfüllt? Oder tut er es aus einem Mangel heraus, um abzunehmen, um besser auszusehen, um auf diese Weise mehr zu gefallen?

Das, was manche Menschen so anziehend und strahlend macht, ist ihr Selbstwertgefühl, und jetzt gerade geht es auf der Erde um genau dieses Thema. Wenn du dich aus dem Herzen heraus liebst, genauso, wie du bist, dann wirst du dich automatisch mehr mit guter Ernährung auseinandersetzen, weil du verstehst, dass dein Körper gute Qualität benötigt, um dir lange dienen zu können. Der Kern ist also auch hier das Selbstwertgefühl. Wenn dieses steigt, indem du dich Stück für Stück immer mehr so annimmst, wie du bist, findet automatisch eine innere Transformation statt, die dann im Außen sichtbar wird. Zum Beispiel, indem du dich aus Freude heraus mit guter Ernährung auseinandersetzt.

Lasst den Kindern eurer Erde Freiraum! Sie entdecken sich selbst und lernen durch Abschauen und Vorbilder. Wenn eure Kinder auf der Welt sehen, dass es überall Dinge gibt, die bunt sind, süß und die andere Kinder mit Freude verzehren, dann wollen sie es natürlich auch und fühlen sich ausgeschlossen, wird es ihnen verwehrt. Gerade die Kinder der Neuen Zeit mögen es gar nicht, wenn in ihren eigenen Willen eingegriffen wird. Denn sie sind hungrig nach Selbsterfahrung. So ermöglicht ihnen diese Selbsterfahrung! Seid euch bewusst, dass die Körper der Kinder robust sind, und es eingeplant ist, dass sie auch solche Erfahrungen machen. Nur begleitet sie auch hier, erklärt ihnen auch hier die Spielregeln der Erde. Erklärt, wenn sie offen und bereit dafür sind, die Zusammenhänge zwischen Ernährung und dem Körpergefühl. Sie wollen verstehen, und sie wollen es am eigenen Leib erfahren.

So ermöglicht es ihnen, damit sie nicht später aus starren Vorschriften ausbrechen, was ein Indigo stets tun wird, weil er es selbst erfahren und selbst die Erkenntnis erlangen will. Der Schlüssel ist, wie gesagt, das eigene Selbstwertgefühl, und dieses erhält sich ein jedes Kind, wenn es immer und kompromisslos das Gefühl bekommt, dass es geliebt wird und genau richtig ist – mit all seinen Seiten –, wie es ist. Wenn die Liebe seiner Eltern keine Bedingungen kennt.

Wenn du dich bei diesen Zeilen ertappst und spürst, dass du nicht immer bedingungslos geliebt und aus Angst erzieherische Maßnahmen ergriffen hast, um deinem Kind zu helfen, vielleicht aus einem mangelnden Vertrauen heraus, dann sei auch hier nicht hart zu dir. Wir sehen dich! Wir verstehen und fühlen dich! Du wusstest es nicht besser und hast bis hier und heute alles aus bestem Wissen und Gewissen heraus getan. Jetzt weißt du es und kannst fortan bewusst andere Entscheidungen treffen, denn diese triffst du immer dann bewusst, wenn dir ein Muster bekannt geworden ist. Nur dann, erst dann, kannst du aus diesem Muster aussteigen und deine eigenen Kindheitswunden betrachten und heilen."

Wie gehe ich mit Wutausbrüchen in der Öffentlichkeit um?

Jeder kennt sie, und viele fürchten sie: die Wutausbrüche in aller Öffentlichkeit. Das Kind, das sich klassisch im Supermarkt auf den Boden wirft und nicht mehr zu beruhigen ist, während die Menschen drum herum mitleidige oder verständnislose Blicke auf die Situation werfen. Nicht selten in Begleitung einer Mama, die rot wird und ihre Gesichtsfarbe verändert, weil sie sich schämt oder selbst wütend wird und sich vielleicht von Grund auf mit all den Ansprüchen, die der Alltag so mit sich bringt, überfordert fühlt.

Was also tun? Erst einmal hilft es, wenn wir verstehen, was in einem Kind in solch einer Situation überhaupt vorgeht.

Wir als Erwachsene haben einen Supermarkt schon x-mal betreten, und für uns stellt die Vielzahl der Produkte, Farben und Gerüche keine Überforderung mehr dar, doch für unsere Kleinsten bedeutet es die absolute Reizüberflutung aller Sinne. Wenn dann noch hinzukommt, dass das Kind nach etwas Schönem und Buntem greift und es mitnehmen will, der Erwachsene das aber verbietet, gibt es oft kein Halten mehr. Die Emotionen des Kindes sprudeln einfach über. Unverständnis, Unglaube und dann auch noch das generelle „zu viel" drum herum, brechen einfach aus ihm heraus. Und so dürfen wir Erwachsenen erst einmal verstehen, dass die Kinder in solch heftigen Gefühlsmomenten einfach nicht mehr ansprechbar sind und jeder Erklärungsversuch oder gar ein „Jetzt reiß dich mal zusammen!" gar nicht ankommen kann.

Dabei ist es natürlich völlig gleich, an welchem Ort der Gefühlsausbruch stattfindet. Es ist auch egal, ob es sich dabei um

Wut, Enttäuschung, Traurigkeit oder ein anderes Gefühl handelt. Ich wählte nur als Beispiel den Wutausbruch, da dieser vielen Müttern, die einst als kleines Mädchen gelernt haben, immer schön brav zu sein, bekanntermaßen den meisten Stress verursacht.

Auch hier dürfen wir wieder als Vorbild fungieren. Einmal für unser Kind, aber auch für die Menschen, die uns umgeben. Und dabei gibt es drei Situationen, die sich wie folgt darstellen:

1. Du bist entspannt und in deiner Mitte, aber bei deinem Kind sprudeln die Emotionen über.
2. Du bist aufgrund deiner aktuellen Lebenssituation generell angespannt, und dein Kind wird ebenfalls vor eine Prüfung im Alltag gestellt.
3. Du trägst schon lange unterdrückte Emotionen energetisch mit dir herum. Etwas, was sich durch deinen Alltag zieht, und dein Kind spiegelt es dir. Zum Beispiel hast du einen Kloß im Hals, aber drückst das Gefühl der Traurigkeit weg, oder du kochst aus irgendeinem Grund innerlich, aber kannst deiner Wut nicht freien Lauf lassen.

Ehrlicherweise kann ich sagen, dass in den meisten Fällen die Punkte 2 und 3 infrage kommen. Die Kinder an sich sind rein, und ihre Emotionen sind es auch, und wenn sie von einem Gefühl überwältigt werden, dann fühlen sie es einfach, und dann darf auch schon das nächste Gefühl kommen.

Die Indigo-Kinder sind absolut feinsinnig und spüren sofort, wenn etwas in der Luft liegt. Sendet jemand im Raum unterdrücke Gefühle aus, müssen die Kinder auf die Spannung reagieren, und nicht selten leben sie diese dann für die beteiligte Person aus.

Ich habe zig Situationen mit meiner Tochter erlebt und dieses Phänomen immer wieder erfahren dürfen. Wann immer ich zum Beispiel wegen einer Situation im Alltag wütend wurde, aber die Wut nicht fühlte, weil ich damals noch das Gefühl hatte, funktionieren und vor meiner Tochter ruhig und ausgeglichen rüberkommen zu müssen, war der ganze Tag ein Chaos, weil Mila – gefühlt – einen Wutausbruch nach dem anderen durchlebte und mich triggerte, wo sie nur konnte.

Später erfuhr ich, dass sie gar nicht anders konnte. Sie fühlte meine unterdrückte Wut und machte sie einerseits sichtbar, andererseits wollte sie diese auch aus mir herauskitzeln. Als ich das von Mila lernen durfte, hat sich vieles in unserem Zusammenleben geändert und verbessert. Denn ich tat es ihr ab sofort gleich! Ich stand zu meinen Gefühlen und verstellte mich nicht. Natürlich ließ ich meine Wut nicht an ihr oder anderen aus, aber ich ließ der Emotion, indem ich sie bewusst fühlte, ihren freien Lauf, und dann konnte unser Alltag ganz normal weiter vonstattengehen. Ich war wieder im emotionalen Gleichgewicht, Mila hatte keine Wutanfälle und musste mich auch nicht triggern.

In unserer Gesellschaft haben wir gelernt, Masken aufzusetzen. Wir lächeln, obwohl wir traurig oder wütend sind. Das unseren Kindern vorzuleben ist beinahe fatal, weil sie es uns gleichtun. Auch durch unterdrückte, also nicht gelebte, gefühlte Emotionen verschließt sich ein Herz mit der Zeit.

Ich mache es mal wieder praktisch und lasse dich lebhaft an einer Alltagssituation von Mila und mir teilhaben.

Als mir die Sache mit den Emotionen noch nicht so bewusst war, passierte es mir aus alter Gewohnheit und vorgelebten

Mustern, dass ich schon am Vormittag Gefühle unterdrückte. Vielleicht kennst du das auch: Man wacht am Morgen auf, und es zeigt sich sofort eine unangenehme Emotion, obwohl es keinen sichtbaren Grund gibt. Die Situation wäre dieselbe gewesen, wenn ich am Morgen durch ein Ereignis getriggert worden wäre, aber in meinem Beispiel wachte ich schon mit einem Kloß im Hals auf. Ich überging mein Gefühl jedoch und ging strukturiert durch meinen Alltag. Doch obwohl alles gleich war, war Mila es nicht. Sie wirkte weinerlich, leicht reizbar und generell einfach unzufrieden. So schlängelte ich mich früher durch die Tage, bis der Knoten bei mir platzte und ich mich wieder in Balance fühlte. Doch meistens platzte der Knoten erst abends, wenn Mila schlief oder von jemand anderem betreut wurde.

Auch in meinem Kopf war noch abgespeichert, dass die Kinder bloß nicht mitbekommen sollen, wenn die Mama traurig ist oder dergleichen. Aber wie fatal! Auch an der Stelle liebe ich die „Warum"-Fragen, die uns unsere wachen Kinder so liebend gerne stellen. Ja, warum eigentlich? Warum verstecken wir unsere Gefühle vor den Kindern? Sie spüren sie ja ohnehin! Was leben wir ihnen damit vor? Dass man sich Masken aufsetzt und die Energie von Mama oder Papa nicht mit ihrem/seinem Verhalten zusammenpasst. Mama hat einen Kloß im Hals und traurige Augen, aber lächelt und spielt eine Rolle.

Ich wünschte, ich wäre schon früher darauf aufmerksam geworden, denn seither mache ich es anders, und das hat unser Leben so sehr bereichert und harmonischer gemacht. Die Kinder der Neuen Zeit lehren uns erst, wieder einen gesunden Umgang mit unseren Emotionen zu finden und zu leben.

Bleiben wir bei dem Beispiel der Traurigkeit. Wenn ich mich heute so fühle, dann bin ich meiner Tochter gegenüber authentisch. Ich vertusche und verheimliche nichts. Wenn ich weinen muss, dann weine ich, aber mir ist dabei immer sehr wichtig, dass sie sich nicht sorgt, also keine Verantwortung für meine Gefühle übernimmt, sondern an meinem Beispiel sieht, wie auch sie mit ihren Emotionen umgehen kann. Wenn ich weine, dann sage ich ihr: „Du brauchst dir keine Sorgen zu machen. Meine Traurigkeit ist einfach nur ein Gefühl, das gefühlt werden möchte." Ich sage ihr, dass ich es zulasse, mich um mich kümmere und dann das nächste Gefühl kommen darf, und so ist es dann auch, meistens in weniger als einer Minute. Außer es hat sich über Jahre und Jahrzehnte hinweg ein regelrechtes Emotionsfass gebildet. Doch da ich all meine unterdrückten Emotionen einst gefühlt habe, ziehen nun alle Emotionen in Windeseile an mir vorüber.

Ganz spannend fand ich, und finde ich es noch heute, Milas Verhalten dabei zu beobachten. Als ich meine Emotionen noch vor ihr unterdrückte und verbarg, tat ich es aus der Sorge heraus, dass es ihr Angst macht oder sie sich auf negative Weise für mich verantwortlich fühlen würde. Doch genau das Gegenteil ist der Fall. Unterdrückte ich meine Emotionen, lebte Mila sie für mich aus. Fühlte ich meine Emotionen, wirkte sie regelrecht gelöst und entspannt. Sie spielte ausgelassen neben mir und freute sich daran, dass ich danach wieder ganz frei, mit offenem Herzen und ohne Kloß im Hals ehrlich mit ihr spielen konnte, und wir erlebten einen schönen und entspannten Tag.

An der Stelle mag ich einen wichtigen Hinweis mit dir teilen:

Es ist wichtig, dass wir unseren Kindern einen gesunden Umgang vorleben. Das heißt, dass du deine Gefühle im Griff haben solltest und nicht sie dich. Es ist nicht in Ordnung, wenn du vor lauter Wut herumwütest und vielleicht sogar dein Kind anbrüllst und beschuldigst, oder vor lauter Trauer verzweifelt um dich wirfst, schreist und so weiter. Ein gesunder Umgang mit Emotionen geschieht im Fluss, im Einklang. Wut kannst du zum Beispiel kanalisieren, indem du sie aussprichst und die Energie für effektive Dinge, wie staubsaugen oder das Haus putzen, nutzt. Du kannst auch in ein Kissen hauen oder mit den Füßen stampfen. Wenn ich wütend bin, dann sage ich Mila stets, dass ich gerade total wütend bin, aber nicht auf sie, und dass ich die Wut kurz fühlen muss und es mir dann direkt besser geht. Dann sage ich manchmal einfach laut: „Ich bin so wütend!“, stampfe mit dem Fuß auf oder haue in ein Kissen, und meistens muss ich dann schon über mich lachen. Die Wut ist sofort verflogen, und ich lade Mila zu einer Kissenschlacht oder Ähnlichem ein.

Du merkst schon, dass es bisher kaum eine Anleitung dazu gab, wie du dein Kind in wilden Gefühlsausbrüchen begleitest, und das liegt daran, dass in achtzig Prozent der Fälle nicht dein Kind Begleitung braucht, sondern du selbst. Und das meine und schreibe ich in der absoluten Liebe, mit tiefem Gefühl und Verständnis für dich. Die Kinder wissen so viel mehr. Sie leben es uns vor.

Aber es gibt ja auch noch Punkt 1: Du bist völlig in deiner Mitte, aber dein Kind wird getriggert.

In solch einer Situation fällt es am leichtesten, die Kinder zu begleiten, denn wir strahlen Ruhe aus, haben Geduld und können Mitgefühl aufbringen. Wann immer ich in der Öffentlichkeit bin, also nicht alleine mit meinem Kind, hat es mir sehr geholfen, mir eine Blase um mich und Mila vorzustellen. Das heißt, ich blende alles und jeden um mich herum aus. Nur mein Kind ist mir wichtig, und es ist mir egal, was die anderen über mich oder mein Kind denken könnten. Egal, wo wir gerade sind, ich nehme uns beide erst einmal aus der Situation heraus. Gehe entweder in eine ruhige Ecke oder ganz aus dem Raum raus, Hauptsache weg von den vielen Menschen. Dann lasse ich sie einfach fühlen und gebe ihr dabei das Gefühl, verstanden und geliebt zu sein. Ich bin ihr Fels in der Brandung. Wenn sie sich beruhigt hat und ansprechbar ist, spreche ich kurz über die Situation und gehe dann wieder zum Ort des Geschehens zurück, oder aber ziehe mich ganz heraus, wenn ich spüre, dass es ihr grundsätzlich nicht gut geht.

Die heikelste und schwierigste Situation ist die von Punkt 2, in der du und auch dein Kind angespannt und ihr beide aus eurer Mitte heraus seid. Das heißt, dein Kind spiegelt dich nicht nur, sondern befindet sich gerade selbst in einer heftigen Gefühlsphase. Da hilft erst einmal tief durchatmen und ebenfalls das Aussprechen. Ich sage Mila in solchen Momenten, dass wir gerade aber ganz schön aufgebracht sind, und schlage dann vor, was der Moment hergibt. Einmal an die frische Luft gehen, gemeinsam in Kissen hauen, beide tief durchatmen, und jede hat für sich eine kurze Pause, oder dergleichen mehr. Hier verlasse ich mich ganz auf meine Intuition.

Und nun eine Zusammenfassung dieses Kapitels:

Verstehe dein Kind, begleite es, ohne es abzulehnen, und dasselbe gilt genauso für dich selbst.

☆☆

„Liebt die Wut eurer Kinder, denn sie macht sie lebendig. Liebt es, dass die Wut eurer Kinder euch an der einen oder anderen Stelle triggern wird, denn dadurch kommen eure Wunden

ans Tageslicht und können geheilt werden. Welch ein wundervolles Geschenk, wenn die Kinder eure Schmerzpunkte treffen und drücken, denn nur, wenn sie bei dir selbst aktiviert werden, kannst du sie fühlen, und allein das wollen eure Emotionen. Endlich raus, endlich gefühlt werden. Im Inneren, ohne zu toben, im Einklang mit dir. Einfach fühlen! Da sein lassen! Lieben!

Die Kinder sind Meister im Erspüren der unterdrückten Ener-gien und lassen sie doppelt so stark heraus für dich, um dir zu helfen, an deine Emotionen zu kommen. Denn lange hast du diese unterdrückt, weil du als Kind Strafen erhalten hast, in Form von Konsequenzen, oder allein durch die Worte oder Gefühle, die dir von den anderen entgegengesprungen sind. Umso weniger emotionalen Ballast du mit dir trägst, desto entspannter wird dein Kind sein, und Wutanfälle wird es in dem Maß nicht mehr geben. Prüfe es nach!

Sei liebevoll zu dir. Die alten Wunden wollen geheilt und die unterdrückten Gefühle deiner Kindheit endlich gefühlt werden. Befreie dich, befreie dein Kind!"

Was tun, wenn das nahe Umfeld deines Kindes eine andere Meinung hat?

Immer wieder haben Mütter mit mir das Gespräch gesucht, die eine feste Meinung über den Umgang mit ihrem Kind haben, aber nicht alle Familienmitglieder oder das weitere Umfeld derselben Ansicht sind, wie zum Beispiel beim Thema Kindergarten, Schule, andere Eltern, mit denen man zu tun hat, und so weiter. Und immer wieder tauchte in diesem Zusammenhang die Frage auf, wie man als Mutter oder Vater damit umgehen kann, weil es kaum zu ertragen ist, wenn jemand aus dem nahen

Umfeld mit dem eigenen Kind anders umgeht als man selbst.

Bevor wir hier weiter ins Detail gehen, mag ich dich liebevoll daran erinnern, dass dein Kind sich bewusst entschieden hat, unter genau diesen Umständen mit genau diesen Menschen in seinem Umfeld auf die Erde zu kommen. Das mag dir nun schwer vorstellbar erscheinen, je nachdem, wie du eingestellt oder wie „wach" du bist. Aber ich bin mir ganz sicher, dass ein Teil tief in dir damit in Resonanz gehen wird. Die Seele deines Kindes wollte und will hier auf der Erde eine bestimmte Erfahrung machen, und du ebenso.

Als Mutter hat man das Bedürfnis, sein Kind vor etwas zu bewahren oder zu beschützen. Das liegt zum einen in unserer Natur. Denke an den Baum als Metapher und seine Wurzeln, die erst noch wachsen dürfen. Aber darüber hinaus kommt auch irgendwann der Zeitpunkt, an dem wir das Gitter zum Schutz des Baums abnehmen können und sogar müssen, damit er weiter wachsen kann. Natürlich bei unseren Kindern, mit Mutter und Vater im Rücken, sofern es dem Seelenplan des Kindes entspricht. Auch hier ist das beste Mittel der Wahl: deine eigene Intuition! Wenn sich alles in dir zusammenzieht, weil jemand anderes etwas zu deinem Kind sagt oder etwas tut, was sich für dich gar nicht stimmig anfühlt, dann darfst du deinem Handlungsimpuls natürlich nachgeben und das tun, was sich für dich im entsprechenden Moment richtig anfühlt. Aber ich lade dich gleichzeitig dazu ein, näher hinzuschauen, zu reflektieren, was genau diese eine Situation mit dir gemacht hat. Unbewusst versuchen wir, unsere Kinder genau vor dem zu bewahren, was uns einst passiert ist. Das heißt, ein Heilungspotenzial wartet auf dich, wenn dich etwas emotional aufbringt. Ganz unabhängig davon, dass du dein Kind vor etwas beschützen möchtest.

Die Seele deines Kindes hat sich zum Beispiel ganz bewusst diesen Vater, dieses Geschwisterkind oder diese Großmutter ausgesucht. Beide wachsen aneinander, indem jeder intuitiv nach seinem Gefühl handelt. Stell dir vor, dass dein Partner sehr streng mit deinem Kind umgeht, viele Regeln aufstellt, auf ihre Einhaltung pocht und andernfalls mit Strafen und Konsequenzen droht. Du hingegen magst deinem Kind vielleicht keine großen Regeln vorgeben, es soll deiner Meinung nach möglichst frei entscheiden und groß werden.

Nun gibt es zwei Möglichkeiten, wie du darauf reagieren könntest: mit Annahme oder Widerstand.

Wenn du in Frieden annehmen kannst, dass dein Partner so handelt, wie er es tut, du es aber auf deine ganz eigene, intuitive Weise handhabst, ohne dich ihm anpassen zu wollen, zeigt es dir, dass da keine Resonanz ist. Es herrscht Stimmigkeit, und es liegt kein Heilungspotenzial für dich persönlich in dieser Situation, da du es neutral wahrnimmst. Wenn dem so ist, dann warten ganz sicher an anderen Punkten mit deinem Kind Heilungspotenziale, wie für alle Menschen auf dieser Erde, aber dazu kommen wir noch.

Erst einmal spielen wir Variante 2 meines Beispiels durch: den Widerstand.

Du beobachtest deinen Partner skeptisch, wie er mit eurem gemeinsamen Kind umgeht. Du merkst vielleicht, wie sich alles in dir zusammenzieht, und du sein Verhalten überhaupt nicht in Ordnung findest. Du nimmst einen inneren Konflikt wahr. Soll ich mich einmischen? Soll ich ihn einfach machen lassen? Allein diese innere Frage zeigt dir schon, dass du mit etwas nicht im Frieden bist. Das Beste, was du in einem solchen Fall tun kannst, egal, ob dieses Buch wie durch Zauberhand ein wahrhaft existentes Beispiel für dich getroffen hat, oder ob du an anderer Stelle einen inneren Konflikt wahrnimmst: Höre erst einmal auf dein Bauchgefühl. Folge deinem Impuls. Es wird auch seinen Grund haben, weshalb du das starke Bedürfnis hast, etwas in dieser Situation zu sagen oder zu tun. Dann bremse dich nicht, sondern tue das, was sich in genau dem Augenblick stimmig anfühlt. Bist du dann aber aus dieser Situation heraus und hast einen ruhigen Moment für dich, dann kannst du dir die folgenden Fragen stellen:

1. Was genau triggert mich in diesen Situationen? Welche Emotionen kommen in mir hoch?
2. Wie bezeichne ich das Verhalten meines Partners?
3. Erlaube ich es mir, selbst so zu sein? Unterdrücke ich einen Anteil von mir?
4. Wurde ich als Kind von einer mir nahestehenden Person genauso oder ähnlich behandelt? Falls ja: Wie ging es mir damit? Ist da noch ein alter Schmerz, der noch nicht geheilt wurde?

Du kannst diese Fragen am besten schriftlich beantworten. Sie wirken und lassen eventuelle Erkenntnisse hochsteigen. Im Kapitel über den Spiegel, den uns unsere Kinder vorhalten, gehen wir dann tiefer auf die Heilungsmöglichkeiten ein. Wenn du fühlst, dass du mit etwas im Unreinen bist und dieser Punkt in dir geheilt ist, wirst du etwas nahezu Magisches feststellen: Entweder verhält sich dein Partner urplötzlich deinem Kind gegenüber anders, oder aber an den Situationen im Außen verändert sich nichts, dafür aber in dir selbst. Du fühlst keinen Konflikt mehr, du bist ganz bei dir und spürst inneren Frieden.

Es kann auch sein, dass dieser innere Konflikt im Zusammenhang mit einem dir fremden oder flüchtig bekannten Menschen aufkommt. Dass es dich zum Beispiel ärgert und aufbringt, wenn jemand deine Ansicht darüber, wie du dein Kind begleitest, nicht teilt und es selbst ganz anders lebt. Im Grunde ist es immer so, dass Trigger die größten Geschenke für deinen Frieden mit dir selbst sind. Was für ein paradoxer Satz, oder? Aber lass mich erklären...

Alles, was ein anderer Mensch in dir auslöst, muss zuvor in dir selbst gewesen sein. Wenn auch schlummernd oder sehr tief schlummernd. Wann immer ein anderer Mensch deine Knöpfe drückt, werden diese unterdrückten Emotionen und Anteile von dir aufgeweckt, sozusagen angepiekst. Auf jeden Fall wirst du auf sie aufmerksam gemacht. Diese Emotionen und diese Anteile wurden dir aber nicht von der Person, die dich getriggert hat, übergeben – nach dem Motto: „Nur wegen XY fühle ich mich jetzt schlecht!" Nein, die Person XY hat etwas in dir geweckt, was schon vorher in dir war. Unterdrückte Emotionen und Anteile zu fühlen und sie zu integrieren sind der größte Schlüssel zu deiner inneren Freiheit. Wenn du etwas in dir geheilt hast, ist es unmöglich, dass dich jemand oder etwas triggern kann, weil keine Resonanzfläche mehr in dir vorhanden ist. Das sind gefühlte und erlebbare Gelassenheit und Frieden.

So ziemlich alle Menschen auf der Erde wünschen sich Frieden, und wie Mahatma Ghandi so schön gesagt hat: „Sei du die Veränderung, die du dir für diese Welt wünschst." Bist du im Frieden mit dir selbst, sind alle Menschen auf der Erde mit sich selbst im Einklang, und alle miteinander verbunden. Dann sind Krieg und Streit unmöglich.

Ich kann an der Stelle einfach nicht anders, als mit dir in die Tiefe zu schauen. Dennoch folgen jetzt noch ein paar oberflächliche Punkte, die du beachten kannst, wenn andere Meinungen um dich herum herrschen.

1. Finde Klarheit über deine persönliche Wahrheit

Wenn du, wie oben beschrieben, mit dir im Frieden und in Klarheit bist, so hast du eine ganz andere Ausstrahlung auf dein Umfeld. Wenn du dich tief mit dir verbunden fühlst und sich deine Sichtweise zu hundert Prozent stimmig für dich anfühlt, dann wird dich nichts im Außen mehr aufbringen können.

Auch an der Stelle mag ich dir wieder ein paar Impulsfragen mitgeben, die dir genau dabei helfen können:

- Wieso habe ich diese Ansicht?
- Vertrete ich sie wirklich zu hundert Prozent, oder habe ich dazu selbst noch offene Fragen?
- Was brauche ich, um die nötige Klarheit zu gewinnen?
- Aus welchen Gründen sind mir diese Ansicht und dieses Bauchgefühl so wichtig?

2. Missionieren funktioniert nie, aber Vorleben durchaus!

Vielleicht kennst du das auch: Du bist von einem neuen Thema völlig begeistert oder hast Erkenntnisse gewonnen, die für dich bahnbrechend sind, und meinst nun, dass es allen Menschen in deinem Umfeld genauso gehen müsste wie dir. Du verspürst plötzlich den Drang, jedem, der dir begegnet, davon zu erzählen, ihm dein Wissen zu vermitteln – und manchmal sogar mit Vehemenz, weil du spürst, dass dein Gegenüber gar nicht so offen und euphorisch auf das Thema reagiert wie du.

Und vielleicht hast du es schon einmal anders herum erlebt? Jemand anderer hat dir ganz begeistert von etwas Neuem berichtet, aber du hast einfach keine Resonanz dazu. Wie ist es dir in diesem Fall ergangen? Wurdest du mit der Zeit immer interessierter, wenn dein Gegenüber immer mehr Druck aufbaute, immer mehr erklärte und fast schon genervt wirkte, weil du den Mehrwert einfach nicht zu erkennen schienst? Oder wurde deine Interesselosigkeit vielleicht sogar zu einem Gefühl von Ablehnung?

Ich vermute eher das zweite. Und das hat einen guten Grund. Jeder Mensch ist individuell, jeder Mensch ist auf seiner ganz eigenen, persönlichen Reise unterwegs. Das, was dich begeistert, wird nicht jeden um dich herum begeistern. Oder noch nicht.

Besonders die Ernährung, die hier schon Thema war, ist ein Bereich, in dem manch einer gerne ins Missionieren gerät, und so ähnlich ging es mir auch vor rund achtzehn Jahren, als ich begann, mich nur noch vegetarisch zu ernähren. Inspiration darf von außen kommen, aber sie muss im Inneren Resonanz finden. Der Mensch entwickelt und verändert sich nur aus dem Inneren heraus, niemals weil ihm etwas aufgedrückt wird, oder weil ihn jemand in eine bestimmte Richtung ziehen möchte.

Als ich aus guten Gründen zum Vegetarier wurde, wollte ich am liebsten auch viele in meinem Umfeld überzeugen, es mir gleich zu tun. Doch das Ergebnis war nicht nur ernüchternd, sondern sogar frustrierend. Irgendwann, nach weiteren Versuchen des Missionierens in anderen Bereichen, entschied ich mich, es komplett sein zu lassen. Verschwendete Lebensenergie! Ich hörte aber dennoch nicht auf, meinem Gefühl zu folgen, ich veränderte meine Lebensweise und sprach mit denen darüber, die mich fragten. Immer wenn ich ehrliches Interesse fühle, öffne ich mich sehr gerne und gebe mein Wissen und meine Erfahrungen weiter, und genau das ist es, was am Ende auf fruchtbaren Boden fällt.

Genauso kannst du das auf den Weg mit deinem Kind übertragen. Wenn dein Partner, die Großeltern oder eine andere Betreuungsperson sich deinem Kind anders gegenüber verhält, als du es für richtig empfindest, bleib bei dir. Bleib dir selbst treu. Lebe es genauso vor, wie es sich für dich stimmig anfühlt, und vielleicht wird jemand aus deinem Umfeld auf dich zukommen, weil er das harmonische Miteinander mit dir und deinem Kind oder eure enge Bindung beobachtet, und dich aktiv fragen, was du in gewissen Situationen tust, oder aber sie schauen sich klammheimlich etwas von deinem Verhalten ab. Wenn du hingegen alle anderen versuchst zu überzeugen, dass dein Weg der einzig richtige ist, werden sie vermutlich dicht machen oder komplett überfordert sein.

Erinnere dich an das Kapitel über die Authentizität. Es ist unmöglich, dass jemand in deinem Umfeld deine Sichtweise übernimmt, wenn er es im Innersten nicht fühlt. Dein Kind wird fühlen, dass es nicht stimmig ist, und nicht darauf reagieren.

3. Mache dir immer wieder bewusst, dass dein Kind diese Erfahrung als Seele gewählt hat

Du kennst den Seelenplan deines Kindes nicht. Es ist gut möglich, dass es sich einen Vater ausgesucht hat, der wenig Zeit mit ihm verbringt, oder der cholerisch ist oder sehr streng. Vielleicht will dein Kind genau mit diesem Vater etwas Wichtiges für seinen Lebensweg lernen. Auch wenn diese Thesen sich ganz schrecklich für unseren Verstand anhören, die Seele will wachsen, Erfahrungen sammeln und heilen. Vielleicht bewirkt dein Kind auch eine Veränderung in seinem Umfeld, das bislang an alten Sichtweisen und Prägungen festgehalten hat und so dazu verleitet wird, den Blick für neue Perspektiven zu öffnen. Ich beobachte immer wieder, wie stark diese sensiblen Kinder sind. Wir meinen häufig, dass sie gewisse Dinge nicht gut aushalten können, weil sie eben so sensibel sind.

Aber ich bitte dich an der Stelle liebevoll, auf dein eigenes Leben zurückzublicken: Wann hast du am meisten gelernt? Dich entwickelt? Erkenntnisse erlangt? Durch die freudvollen Momente, oder durch schwere Stunden und Schicksalsschläge? Dies soll natürlich nicht bedeuten, dass du dein Kind bewusst in solche Situationen bringst. Ich mag dich nur in einer anderen Sichtweise bestärken, die es dir leichter machen wird, auf das zu hören, was sich tief in deinem Inneren stimmig anfühlt. Denn fühlt es sich für dich stimmig und richtig an, kannst du sicher sein, dass die Seele deines Kindes bewusst gewählt hat, es genauso mit dir zu erfahren.

Lass mich noch einmal aus der Perspektive des Kindes sprechen, das in einem tief schlafenden Umfeld ziemlich herausfordernd groß geworden ist:

Ich habe Stärke aus den Schicksalsschlägen gezogen und wichtige Lernerfahrungen gesammelt, die ich heute an Frauen weitergebe, die ihrem Herzen folgen wollen, aber noch mit Mustern und Blockaden zu kämpfen haben. Auch dieses Buch wäre niemals entstanden, hätte ich eine absolute Sonnenschein-Kindheit erlebt. Alle Erfahrungen in meinem Leben waren unglaublich wichtig für mein eigenes Wachstum und meine Entwicklung. Ich könnte sonst meinen Beruf, der sich wahrlich nach meiner Be-RUF-ung anfühlt, gar nicht ausüben, weil ich keinerlei Ressourcen dafür hätte.

Kurz zusammengefasst:

Schau, wo es dich piekst, und nutze dieses für deine Heilung. Sei dir dessen bewusst, dass du einfach immer nur das zu tun brauchst, was sich stimmig für dich anfühlt. Missioniere und belehre niemanden, sondern lebe es vor, wie es sich aus deinem Herzen heraus gut anfühlt. Wenn dich jemand um Rat bittet, so darfst du dich öffnen, deine Sichtweise und deine Beweggründe schildern. Die Menschen spüren, wenn jemand mit sich im Reinen ist. Er strahlt Ruhe aus, Wärme und Gelassenheit, die anziehend wirkt. Unsere Kinder helfen uns auf wunderbare Weise, genau da anzukommen – immer wieder bei uns selbst. Es geht niemals darum, unsere Kinder zu verändern. Du weißt spätestens jetzt: Sie sind großartig, genau so,wie sie sind! Wenn etwas stört, dich piekst und problematische Situationen auftauchen, so ist es für alle Beteiligten eine immense Chance für inneres Wachstum.

☆☆

„Lass jeder Seele ihren Weg, denn du weißt nicht, welchen sie gewählt hat. Auch dein Umfeld macht dich auf die Punkte aufmerksam, die noch in dir Heilung finden dürfen. Es würde dich nicht stören, wenn dein Umfeld eine andere Meinung als du hätte, wäre da nicht dein alter Kindheitsschmerz. Frage dich

daher: An welchen Stellen hättest du dir als Kind eine andere Behandlung für dich gewünscht? Und geht das, was jemand anderes in deinem Umfeld sagt, vielleicht genau gegen das, was du dir eigentlich für dich gewünscht hast?

Fühle den Schmerz, der da in dir sichtbar wird, denn nur so kann Heilung geschehen, und dein Umfeld wird sich dann wie von selbst mit verändern. Sie alle tun ihren Job, dein Kind tut seinen Job. Auch dein Kind hat es sich bewusst auf Seelenebene gewählt, mit diesen Menschen und ihrer Ansicht zusammenzufinden. Die Kinder kommen zu euch, um letzte Heilung in euch geschehen zu lassen. Gebt ihnen diesen Raum, und in dir selbst diesen Raum. Der Schlüssel ist, dass du immer wieder auf dich schaust, wenn die emotionalen Schmerzen hochkommen, die dann bewusst und offen von dir gefühlt werden wollen. Dann bist du frei. Erst dann."

Wie gehe ich mit den Systemen um (Kindergarten, Schule und Co.)?

Wie erwähnt, werden immer mehr Kinder geboren, die nicht mehr in das bestehende System passen, was bereits vor ein paar Jahrzehnten angefangen hat, doch die Eltern der vorangegangenen Generation waren noch zu sehr geprägt und versteift auf das, was als „normal" galt. Man machte sich noch nicht so viele Gedanken darüber, dass man etwas am bestehenden System ändern müsste. Die Gedanken gingen eher in die Richtung: „Wie ändert sich mein Kind? Was können wir tun, damit es in die Schule passt und zurechtkommt?"

An dieser Denkweise ändert sich seit einigen Jahren spürbar etwas, und das ist gut so, denn in der neuen Elterngeneration gibt es viele ehemalige „Irgendwie anders"-Kinder, die sich dadurch sehr gut in ihr eigenes Kind einfühlen können. Sie haben es einst am eigenen Leib erfahren, wie es ist, in einem System bestehen zu müssen, in dem man sich unwohl fühlt. Diese Eltern sind mehr daran interessiert, das passende Umfeld für ihr Kind zu finden oder sogar selbst zu erschaffen, wenn es dieses noch gar nicht oder nicht in der Region gibt, in der sie leben, anstatt ihr Kind verändern zu wollen.

Auch hier weiß dein Bauchgefühl am allerbesten, was für dein Kind stimmt, und was nicht. Verlass dich auf dieses Gefühl und versuche, dich auch hier für die Graustufen zu öffnen und nicht in ein Schwarz-weiß-Denken zu rutschen. Wenn dein Kind einen Kindergarten oder eine Schule besucht und Probleme auftreten, so muss das nicht sofort heißen, dass das Kind dieses System verlassen muss. Es kann eine Wachstumschance für dein Kind beinhalten. Würde es das Umfeld wechseln, würde es dieser Chance beraubt werden und an anderer Stelle mit derselben Lernaufgabe konfrontiert werden, wie es uns allen passiert, wenn wir versuchen, vor unseren Themen und unangenehmen Gefühlen davonzulaufen.

Es kann aber auch eine Wachstumschance für dich beinhalten, sofern es dich selbst stark mitnimmt. Hier ist wieder Selbstreflexion gefragt.

Oder aber es ist eine Wachstumschance für das ganze System. Vielleicht beobachtest du, dass etwas mit dem System an sich nicht stimmt, es mehrere Kinder gibt, die unter den bestehenden Strukturen zu leiden scheinen. Ist dem so und fühlst du einen Handlungsimpuls, so suche das Gespräch mit den Leitern der Schule, informiere dich, wie man das bestehende System verändern kann, tue dich mit ebenfalls betroffenen Eltern zusammen. Vielleicht ist es genau deine Aufgabe, über die Kinder der Neuen Zeit zu informieren und etwas aktiv zu verändern.

Wenn du mit diesen Zeilen nicht in Resonanz gehst, dann wird es nicht deine Aufgabe sein. Spürst du hingegen beim Lesen ein Kribbeln in deinem Körper, bekommst Gänsehaut oder spürst einen starken Ruf, dann mag ich dich von Herzen darin bestärken, diesem Ruf zu folgen. Alles wird dir zufallen, wenn du dich für diese Aufgabe öffnest, deinem Herzen und den Impulsen dazu folgst. Das Wichtigste ist hierbei die Aufklärung, das Verstehen der anderen Seite, nicht das „Dagegen-Sein", sondern ein „Dafür". Gemeinsam sind wir stark! Es geht nicht darum, etwas Bestehendes zu bekämpfen oder die anderen eines Besseren zu belehren. Es geht darum, dass wir uns gegenseitig aufwecken, in Liebe annehmen und gemeinsam einen neuen Weg beschreiten, Hand in Hand.

Für mich persönlich ist das bestehende Schulsystem veraltet und kaum mehr brauchbar für die heutige Zeit. Nachdem die grundlegenden Dinge, wie Lesen, Schreiben, Rechnen und gegebenenfalls die eine oder andere Fremdsprache in spielerischer Weise und kindgerecht mit Spaß und ohne Druck gelernt wurden, sollte es meiner Meinung nach den Kindern frei überlassen sein, was sie lernen möchten. Wir sollten ihnen die Möglichkeit geben, mehr über die Dinge zu lernen, die sie interessieren, die ihre Neugierde wecken. Daneben sollten Fächer erschaffen werden, in denen über die Fragen „Wer bin ich wirklich?", „Was ist der Sinn des Lebens?", „Wie finde ich meine Berufung?", in denen Meditation gelehrt wird, sowie die Verbindung zu ihrer Intuition, die Sprache des Herzens, sodass das Kind von Anfang an mit seinen Hellsinnen verbunden bleibt, die es ein Leben lang sicher leiten wird.

Kurzum: Die Kinder sollten mit Freude, Neugierde und Leichtigkeit SICH leben dürfen. Nicht lernen, wie man sich anpasst, sondern Selbstvertrauen gewinnen und ihren eigenen Weg beschreiten. Wenn du dich berufen fühlst, aber keine Ahnung hast, was zu tun ist, dann geh weiter! Informiere dich! Suche dir Menschen, die dich dabei unterstützen könnten. Wenn du einen Impuls hast, solltest du ihm unbedingt nachgehen. Wir unterschätzen unseren Einfluss. Vielleicht bist du genau deshalb hier auf der Erde. Fühlst du dich berufen und leitest du Schritte der Veränderung ein, fühle dich herzlich eingeladen, mir eine E-Mail zu senden. Die Einladung gilt natürlich auch für alle anderen, die den Impuls dazu verspüren. Es öffnet mir stets das Herz und bestärkt mich darin, meinen eigenen Herzensweg weiterzugehen, wenn ich erfahre und spüre, dass meine Werke auf fruchtbaren Boden fallen.

☆☆

„Es ist die Zeit der Veränderung angebrochen. Nicht erst seit gestern. Das spürt ihr. Wisst ihr tief im Herzen. Denn es ist kein Zufall, dass du gerade jetzt auf Erden lebst. Blicke zurück in der Zeitgeschichte, und du wirst feststellen, dass es immer wieder Schritte der Veränderung gab. Manchmal gingen sie schleichend voran, manchmal mit einem Hammerschlag. Jeder Einzelne von euch ist wichtig, und jede Sehnsucht in euch ist berechtigt. Sehnsüchte und Wünsche sind nicht bloß Träumereien, die das Leben erleichtern, aber in Wahrheit Illusionen sind, wie es viele Erdenkinder von euch einst gelernt haben. Wenn du dieses gelernt hast, so sei sicher, dass es von einem Menschen kam, der ebenfalls seelische Wunden trug und im Herzen verletzt war. Es

war sein Schutz zu sagen, dass Träume und Sehnsüchte eben nichts Reales seien, nur Fantasien.

Aber wir sagen dir: Das sind sie nicht! Träume und Sehnsüchte weisen dir den Weg. Achte auf sie. Achte auf deine Träume, am Tag, wie in der Nacht. Von welcher Welt träumst du? Und denkst du, dass du es einfach nur so träumst? Oder verstehst du den Anreiz dahinter?

Träume sind deine Erinnerungen, die dir deine Seele schickt. Die Erinnerungen daran, weshalb du hergekommen bist. Träumst du von Frieden in der Welt, so trage dazu bei, indem du Frieden in dir, in deiner Familie und deinem nahen Umfeld säst. Träumst du von einem anderen Schulsystem, in dem die Kinder mit anderen Augen betrachtet und in Respekt und Liebe in dem gelehrt werden, was ihnen entspricht, dann trage auch dazu bei. Der Weg ergibt sich wie von selbst, wenn du ihn innerlich freigibst.

Es ist an der Zeit, dass ihr endlich wieder erkennt, welche Schätze die Kinder in sich tragen. Sie müssen nicht zu irgendetwas geformt werden, sie SIND. Siehe und bedenke nur, wie ein Kind beschämt dreinblickt, wenn es das Gefühl bekommt, etwas falsch gemacht zu haben. Es nimmt alles irgendwann für wahr, was es um sich herum erfährt. Deine, eure größte Aufgabe ist es, dazu beizutragen, dass sich dein Kind immer richtig fühlt. Dass es auf seine Impulse vertrauen kann, und dass Lernen Spaß macht. Lernen macht immer dann Spaß, wenn es einen inneren Antreiber gibt. Interessiert das Kind ein Fach nicht, das es zu lernen gibt, wieso wird es dann schlecht darin bewertet? Wieso soll es etwas lernen, was es nicht interessiert und was es infolgedessen niemals im Leben anwenden wird?

Fördert die Kinder in dem, was ihnen natürliche Freude be-

reitet, was sie mit Begeisterung bei der Sache sein lässt. Den Weg, den findet ihr. Auch das gehört zum Spiel, gehört zum Teil eurer Erfahrung auf Erden. Ihr selbst kreiert die Welt, und jeder Einzelne hat eine unglaubliche, von vielen noch unterschätzte Wichtigkeit.

Steh auf und folge deinen Impulsen. Es gibt keinen Grund für Selbstzweifel, für die vielen inneren „Aber". Wenn du Impulse hast und Ideen, dann hast du sie deshalb, damit du sie mit der Welt teilen kannst, und nicht, um diese zu verstecken. Vertraue dir. Du kannst mehr erreichen, als du glaubst!"

Ich möchte mein Kind gut begleiten, aber fühle mich emotional manchmal nicht in der Lage dazu

Denke daran: Du bist ein Mensch! Und das ist absolut gut so. Du bist keine gefühlslose Maschine, die einfach immer gleich funktioniert, sondern ein Mensch mit allen Emotionen, positiv, wie negativ. Unsere größte Verantwortung ist es meiner Ansicht nach, unseren Kindern ein gutes Vorbild darin zu sein, wie wir mit unseren Emotionen umgehen. Bereits unseren Kleinkindern beizubringen, dass wirklich alle Emotionen willkommen und unsere Freunde sind. Denn wenn wir alle von ihnen zulassen und sie bewusst fühlen, lassen wir sie einfach durch unser System fließen, sodass Platz für das nächste Gefühl entsteht.

Stell es dir einmal anhand von Gefühlen vor, die wir als neutral einstufen. Wenn du ungeplanten Leerlauf hast und alles erledigt ist, entsteht vielleicht kurz Langeweile. Du erinnerst dich an ein Buch, das du schon lange lesen wolltest, und greifst danach. Somit folgt schon die nächste Emotion, zum Beispiel Spannung oder Neugierde. Du liest den Text und fühlst dich komplett verstanden, jetzt entsteht ein Gefühl der Freude und Verbundenheit in dir. Du verlierst dich im Buch, schaust irgendwann zur Uhr und stellst fest, dass du fast einen Termin verpasst hast. Jetzt kommt Stress auf! So könnte man nun den ganzen Tag weiter in Gefühle einordnen, die durch Gedanken und Geschehnisse hervorgeholt werden.

Solche Gefühle sind jedoch nicht problematisch für uns. Warum? Weil wir sie nicht bewerten. Wir finden sie entweder neutral, oder lieben sie. Deshalb lassen wir sie einfach durch unser System fließen. Doch wehe, es wird eine Emotion berührt, die du ablehnst, weil du als Kind höchstwahrscheinlich deshalb Ablehnung erfahren hast. Dann wird auch dieses Gefühl ausgelöst, entweder durch Gedanken, eine plötzliche Erinnerung oder ein Ereignis. Doch dieses Mal fließt es nicht einfach durch dich hindurch, sondern ein anderer Teil in dir schlägt Alarm.

Genau wie die Kinder dürfen wir den Umgang mit unseren Emotionen wieder erlernen. Es sollte nicht so sein, dass uns unsere Gefühle steuern und so zum Beispiel dazu führen, dass wir in blinder Wut handeln. Dann ist es oft schon zu spät und ein sicheres Zeichen dafür, dass du ein Emotionsfass angesammelt hast. Wenn du immer wieder in negativen Emotionen gefangen bist und dich dadurch müde und teilweise ohnmächtig fühlst, ist dies ein sicheres Zeichen dafür, dass du zu lange eine Botschaft deiner Seele überhört hast und es höchste Zeit dafür wird, genau dort bewusst hinzusehen.

Auch hier kann ich aus eigener Erfahrung sagen: Ich weiß genau, wie sich diese energetisch schweren Emotionsfässer anfühlen und welche Herausforderung der Mama-Alltag zusätzlich sein kann, wenn diese getriggert werden.

So ging ich, als meine Tochter etwa ein halbes Jahr alt war, durch eine Zeit, in der ich bewusst meinen Schattenseiten begegnete und sie Stück für Stück integrierte. Schattenseiten sind die unterdrückten und abgelehnten Eigenschaften und Emotionen, die uns begleiten. Erst wenn diese Emotionsfässer entladen sind, kann ein gesunder Umgang mit Emotionen authentisch und auf leichte Weise möglich sein. Und das ist ein wundervolles Gefühl.

Auch heute bemerke ich, dass meine alten Schattenthemen noch immer nicht ganz leicht durch mein System flutschen, wie zum Beispiel positive Gefühle der Dankbarkeit oder Freude, aber es wird mir sofort bewusst, wenn sie sich zeigen, und ich atme tief ein und aus, schließe meine Augen und sage mir innerlich zum Beispiel: „Ich darf auch mal wütend sein. Ich sehe dich, Wut, und ich nehme dich in Liebe an. Du darfst jetzt da sein!", und dann fühle ich. Lasse die Wut durch meinen Körper fließen, verwandle sie dadurch in Kraft, und wenige Minuten später geht es mir großartig. Die nächste Emotion ist schon da.

Das heißt, wenn du an einem Punkt bist und spürst, du fühlst dich manchmal einfach nicht in der Lage, dein Kind zu begleiten, so, wie du es dir von Herzen wünschst, dann ist es ganz deutlich an der Zeit, dass du bei dir schauen darfst. Nimm dir Zeit für dich, für deine Emotionen, für deine innere Heilung. Das größte Geschenk, das wir unseren Kindern machen können, ist, uns selbst zu heilen.

Vielleicht hast du schon einmal etwas von Ahnenthemen gehört oder sie bei dir oder anderen Menschen beobachtet. Es ist völlig natürlich, dass wir die ungelösten Muster, Gedankenschleifen und Emotionen unserer Mütter und Väter übernehmen und diese an unsere Kinder weitergeben, falls wir sie nicht lösen. Indem wir jedoch bei uns hinschauen und etwas erkennen, heilen und loslassen, löst sich automatisch das alte Thema für dich auf, und gleichzeitig passiert etwas bei deiner Mutter oder deinem Vater, und auch bei deinem Kind. Es ist immer wieder faszinierend, das zu beobachten!

Versuche, dir immer wieder Raum für dich zu nehmen, auch wenn es zu Beginn nur fünf Minuten sind oder eine halbe Stunde. Ganz gleich, Hauptsache, du beginnst damit! Und diese Zeit füllst du dann bitte nicht mit den Dingen, die liegen geblieben sind, wie zum Beispiel den Wäscheberg abzubauen oder den Abwasch zu erledigen. Nein, ich meine wirklich Raum für dich allein! Die nächste Herausforderung besteht nämlich dann darin, diesen Raum nicht mit Ablenkungen zu füllen, wie etwa Fernsehen oder ein spannendes Buch zu lesen, sondern einfach, um zu fühlen und in dich hineinzuhorchen. Wenn es dir leichter fällt, kannst du dazu auch einen Spaziergang in der Natur machen, oder Yoga, ein Bild malen oder etwas anderes tun, was du gerne machst. Aber nimm dir dabei immer wieder den Raum, wirklich zu fühlen und in dich hineinzuspüren.

Um leichter den Zugang zu deinen Emotionen zu finden, kannst du gedanklich noch einmal durch den erlebten Tag gehen und dich fragen, wie es dir mit den einzelnen Situationen ging, in denen nicht die angenehmsten Emotionen hochkamen. Jetzt nimm dir Raum, sie zu fühlen! Lerne sie als Freunde kennen und lehne sie nicht länger ab. Alles, was du ablehnst, wird stärker, und du gibst ihm automatisch mehr Energie. Erforsche, was die Emotion mit deinem Körper macht. Schlägt das Herz schneller? Wird es eng in der Brust? Hast du einen Kloß im Hals? Was fühlst du genau?

Und dann atme tief in diese Stelle hinein und sage dir, dass jetzt alles da sein darf. Fühle! Du wirst spüren, dass es zu Beginn ungewohnt ist, aber je mehr du dich öffnest, desto leichter wird es in dir, bis das körperliche Symptom völlig verschwunden ist. Fülle dich danach mit positiven Gedanken und Gefühlen, indem du zum Beispiel überlegst, wofür du dankbar bist. Die Geschenke, ob groß oder klein, die der Tag für dich schon beinhaltet hat. Das Lächeln deines Kindes, eine liebe Nachricht von der Freundin, oder ein unerwartetes Kompliment. Richte den Fokus auf das, was dein Herz erfreut.

Diesen Raum für dich solltest du dir tagtäglich nehmen. Ich habe es mir zum Ritual gemacht, ganz bewusst zu fühlen, während meine Tochter abends am Einschlafen ist. Da ist es ruhig, dunkel, ich schließe meine Augen und fühle, lasse alles durchfließen und fokussiere mich auf positive Dinge.

Sei geduldig und liebevoll mit dir! Es ist ein Prozess, wenn sich Emotionsfässer angesammelt haben. Übe dich in Selbstliebe, auch wenn du dich nicht immer unter Kontrolle hast. Wenn du vor deinem Kind einen Emotionsausbruch hast, so atme mehrfach tief durch, öffne dich für die Emotionen und für dich selbst, liebe dich auch damit. Dann lass alles da sein, und sobald du kannst, bestmöglich auch schon, bevor du etwas bewusst fühlst, erkläre deinem Kind, was gerade passiert. Dass du gerade Wut oder Traurigkeit oder Frust fühlst. Dass es aber nichts mit deinem Kind zu tun hat und du jetzt einfach alles fühlen musst, und es dir danach besser geht. Es ist egal, wie du es deinem Kind gegenüber ausdrückst, denn es soll natürlich authentisch sein. Wichtig ist, dass die Botschaft rüberkommt: „Du bist nicht schuld! Du bist wunderbar und genau richtig! Und du trägst auch keine Verantwortung dafür, dass es mir besser geht. Ich weiß wie, ich liebe mich und nehme mir deshalb jetzt den Raum, damit ich alles durchfühlen kann."

Meine Tochter Mila kennt das schon, und da die Emotionsfässer – soweit ich weiß – geleert sind, zeigen sich die Emotionsausbrüche nur sehr kurz. Wenn ich zum Beispiel unglaublich wütend bin, sage ich ihr das, in etwa so: „Mäuschen, nur, dass du dich nicht wunderst: Ich bin gerade total wütend! Aber nicht auf dich. Ich fühle die Wut mal eben, dann kann sie gehen, und dann geht es mir wieder gut." Es kommt meistens ein gelassenes „Okay!" von ihr. Manchmal ist die Wut so stark, dass sie zu fühlen nicht reicht. Dann stampfe ich mit dem Fuß auf, sage laut: „Mann, bin ich sauer!!!", oder boxe in ein Kissen. Dann merke ich bereits, wie sich die Wut in unglaubliche Kraft und Energie transformiert, die ich dann gerne nutze, um aufzuräumen, wilde Spiele mit Mila zu spielen, oder mit ihr zu tanzen. Binnen kurzer Zeit ist dann alles wieder gut, und ich gehe gut gelaunt weiter durch den Tag. Früher hätte ich die Wut mit mir herumgetragen, sie immer wieder runtergeschluckt, mich selbst dafür verurteilt, sowie die Ursache im Außen gesucht, weil ja dadurch „Mein Tag kaputt gemacht wurde".

So ein Blödsinn! Einfach fühlen, durchlassen und sich dann für neue Emotionen und Gedanken entscheiden. Du bist Schöpfer oder Schöpferin deiner Realität! Lass nicht länger zu, dass Umstände, Personen oder andere Dinge dich, deine Gedanken und Emotionen steuern.

☆☆

„Emotionen sind die Wahrnehmungen deiner Seele. Seelen denken nicht logisch. Seelen sind nicht rational und berechnend. Seelen wollen fühlen, erfahren, sich entwickeln, wachsen, wollen

ausgleichen, wollen Gleichgewicht. Wenn du Emotionen nicht so behandelst, wie es von dir als Seele gedacht ist, indem du sie nicht fühlst, dich ablenkst, das Gefühl im Keim erstickst, kommen unangenehme Begleiterscheinungen zu Tage, die aber nur Botschafter sind.

Fühlst du eine Emotion nicht, so erlebst du am selben Tag oder an einem der nächsten Tage eine Situation, die die gleiche Emotion wachkitzelt. Auch hier hast du dann die Gelegenheit, diese einfach zu fühlen, durch dein System gehen zu lassen, um Platz zu machen. Wenn du Emotionen genauso fühlst, wie sie kommen, ähnlich, wie du es mit dem Atem tust, denkst und wertest du nicht. Du atmest ein, und atmest aus, und nur das zählt für dich in diesem Moment. Du atmest. Wenn du aber plötzlich aufhören würdest, ein- oder auszuatmen, würde dein Körpersystem ins Straucheln geraten, mit der Botschaft dahinter: Atme! Lass fließen! Genauso zeigt dir das Leben: Fühle die Emotionen! Lass sie fließen! Nur hält dein Energiekörper viel mehr Blockaden stand, als es dein physischer Körper kann. Atmest du einfach nicht, obwohl dir dein Körper Symptome zeigt wie Schwindel, Schwarz-vor-Augen-Werden usw., dann kippst du innerhalb weniger Minuten um, und auch hier würde es dir am Ende nicht leicht fallen, einfach nicht ein- und auszuatmen, und es würde dir immer schwerer fallen, <u>nicht</u> mehr zu atmen.

Genauso macht es das Leben mit den Emotionen. Du kannst Emotionen tage-, monate-, ja, sogar jahrelang unterdrücken. Nur sind sie nicht weg, wie du glauben magst, nur weil du sie in einem Moment nicht mehr wahrnehmen kannst. Irgendwann werden die äußeren Umstände immer drängender, und die Emotionen wollen und können dann einfach nicht länger runtergeschluckt werden. Am Ende wird der physische Körper krank – als letzte Botschaft deiner Seele: Fühle!

Darum, lieber Mensch, erinnere dich, dass auch du Emotionen hast und fühlen darfst. Dazu bist du hier auf diesem Planeten, um zu fühlen. Lebe deinem Kind vor, wie du mit Emotionen umgehst, ohne dass sie dich belasten. Gehe spielend leicht mit deinen Emotionen um. Und ja, wir wissen, dass ihr über Jahrhunderte hinweg gelernt habt, wie man Gefühle unterdrückt, weil durch die Gefühle oft Handlungen entstanden sind, die zu ungünstigen Situationen geführt haben. Deshalb empfehlt ihr euch auch stets gegenseitig, mit einem kühlen Kopf zu handeln, und da ist etwas Wahres dran, denn die Emotionen sollen euch nicht kontrollieren. Die Emotionen bedürften keinerlei Kontrolle mehr, lasst ihr ihnen sofort freien Lauf. Genauso wenig, wie ihr über das Ein- und Ausatmen nachdenkt, genauso wenig werdet ihr in Zukunft über Emotionen nachdenken. Emotionen sind. Sie bleiben ganz kurz. Und dann kommt das nächste Gefühl.

Nur ein gewisser Bruchteil der neuen Generation braucht zu lernen, wie der gesunde Umgang mit Emotionen funktioniert, und eure Erde wird eine andere sein. Darf jede Emotion da sein, fließen und vorübergehen, wird niemand mehr aus überschäumenden Emotionen heraus Dinge tun, die ihm im Nachhinein leidtun. Es geht um Bewusstsein. Es geht um Wissen. Darum, dieses Wissen weiterzugeben und es vorzuleben.

Darum seht es als Geschenk, dass sich jetzt all die Emotionen zeigen, die ihr lange Zeit nicht bereit wart, zu fühlen. Eure Kinder bringen sie jetzt zu Tage. Welch großes Geschenk! Welche große Leichtigkeit sie damit über den Planeten bringen werden.

Fühle, liebe Seele. Fühle im Einklang mit dir. Jetzt, zu dieser wichtigen Zeit, drängen all die Emotionen ans Licht, die noch im Dunkeln schlummern."

Dein machtvollstes Werkzeug: deine Intuition!

All die Erfahrungen aus diesem Buch mögen dir nun sehr komplex erscheinen, und vielleicht hast du das Gefühl, in jeder Situation überlegen zu müssen, wie du jetzt handeln sollst, wenn es Konflikte oder andere Themen mit deinem Kind im Alltag gibt. An dieser Stelle mag ich dir sagen: Nimm an, was du bisher hier gelesen hast und noch lesen wirst, lass es sacken, speichere all das ab, was sich für dich im Herzen stimmig anfühlt, und dann nutze, wie auch immer die Situation sein mag, dein Zauberwerkzeug: deine Intuition!

Deine Intuition ist der Kompass durch dein Leben. Sie ist dein Bauchgefühl, deine Herzensstimme. Es gibt in Wahrheit kein Richtig und kein Falsch, es zählt nur, was für dich STIMMT. Was für mich stimmt, muss für dich nicht stimmen, und was für dich stimmt, muss für deinen Nächsten nicht stimmen. Wichtig ist, dass wir uns von unserem Herzen durchs Leben leiten lassen, und nicht von unserem Verstand. Der Verstand bildet ein wichtiges und unverzichtbares Werkzeug für unsere Erdenreise, doch er kann uns nie gewinnbringend sagen, welchen Weg wir einschlagen und wie wir handeln sollten. Das alleine weiß nur dein Herz!

Wir leben in einer Zeit, in der wir uns wieder unserer Intuition widmen sollten. Manche Menschen haben einen sehr guten Zugang zu ihrer Intuition, andere tun sich damit schwer. Alles darf sein, und egal, an welchem Punkt du stehst, es ist möglich, deine Intuition zu schärfen. Im besten Falle nutzt du sie dann nicht nur, um große Entscheidungen zu fällen, sondern routinemäßig, tagein, tagaus, sodass alles in deinem Leben sich für dich und den aktuellen Moment stimmig anfühlt. Das ist die große Kunst, die viele von uns verlernt haben. Das Wundervolle jedoch ist: Wenn du dich wieder tief mit deiner Intuition verbunden hast und dich von ihr vertrauensvoll durch dein Leben führen lässt, dann passieren nicht nur Wunder und spannende Synchronizitäten, sondern du fühlst dich auch wesentlich leichter, brauchst dir nicht ständig den Kopf zu zerbrechen und Dinge abzuwägen, um sinnvolle Entscheidungen zu treffen. Du fühlst einfach nur, wählst das, was stimmig ist, und bist damit auf dem für dich richtigen Weg. Nicht nur im Zusammensein mit deinem Kind, sondern in deinem kompletten Leben.

Vielleicht bist du nun auch überfordert und denkst: Das ist aber ganz schön schwer. Vielleicht hast du nur eine kleine oder gar keine Vorstellung davon, wie das überhaupt und jemals möglich sein sollte. Wenn du dich so oder ähnlich fühlst, mag ich deinen Verstand direkt beruhigen. Es ergeht den meisten Menschen noch so, ja, <u>noch</u>, weil ich fühle, dass unsere Erde im Wandel ist, und beobachte, dass bereits immer mehr Menschen sensibler und feinfühliger werden. Meistens geschieht Intuition noch spontan, wie auch die Telepathie, oder einfach das Gefühl, dass dein Gegenüber womöglich nicht ganz ehrlich ist.

Von klein auf wurden wir dazu erzogen, auf unseren Verstand zu vertrauen, logisch zu denken, Dinge zu planen und zu organisieren. Wir verließen uns immer mehr auf unseren Kopf, anstatt uns der leisen, inneren Stimme zuzuwenden. Intuition ist genauso wahrnehm- und fühlbar wie unsere Hellsinne.

Du erinnerst dich: Alle Menschen, das heißt, auch du, kommen mit offenen Hellsinnen zur Welt. Doch bei den meisten von uns sind sie verkümmert, weil uns niemand vorgelebt hat, sie einzusetzen, oder überhaupt wusste, dass sie existieren. Irgendwann hast du gelernt, dass du eine lebhafte Fantasie hast, die eben nicht mehr als Fantasie ist. Und so haben wir aufgehört, unsere Hellsinne aktiv zu nutzen. Eigentlich unglaublich, wie sehr wir uns beschnitten haben!

Heute möchte ich meine trainierten Hellsinne um keinen Preis mehr missen. Sie leiten mich zuverlässig durch mein Leben und erleichtern mir viele Situationen. Ich nutze sie sogar für meinen Beruf. Ja, ich bin sogar so sehr davon überzeugt, dass unsere Hellsinne wieder so salonfähig werden wie eine Fremdsprache zu erlernen, dass ich mit ganzem Herzblut meine Online-Soul-Academy gegründet habe, in der sich unter anderem zahlreiche, wundervolle Menschen gegenseitig darin unterstützen, ihre Hellsinne wieder zu aktivieren, zu trainieren und zu nutzen.

Und das Schöne ist: Wirklich jeder! kann seine Hellsinne wieder aktivieren. Dazu bedarf es erst einmal der Erinnerung, dass diese überhaupt existieren. Aber spätestens, nachdem du dieses Buch gelesen hast, kannst du das Thema abhaken. Dann geht es um die bewusste Entscheidung, sie wieder zu erwecken, oder sie schlafen zu lassen.

Du trägst einen riesengroßen Schatz in deinem Inneren. Gerne mag ich dir hier einige Tipps geben, wie du deine Intuition wieder wachrufen kannst, um dein Kind besser fühlen, verstehen und begleiten und generell leichter intuitive Entscheidungen in deinem Leben treffen zu können.

Aber vorab...

Was bedeutet Intuition?

Intuition ist dein stiller, innerer Kompass, der dich zuverlässig durch dein Leben führt. Jeder kennt sie, jeder hat sie, und jeder hat sie schon mehrfach im Leben genutzt, ob bewusst oder unbewusst.

Wenn ich mein bisheriges Leben anschaue, kann ich sagen, dass meine Intuition mich immer zuverlässig zu genau den richtigen Stellen, Menschen und Situationen geführt hat. Wann immer ich gegen meine Intuition handelte und auf meinen Kopf hörte, fand ich mich in Situationen wieder, die sich überhaupt nicht stimmig anfühlten. Sie bedurften unter Zeit- und nicht selten Kostenaufwand einer Korrektur. Es waren Lernerfahrungen, und ich habe das „berühmte" Lehrgeld bezahlt, wusste ich es doch von Anfang an eigentlich intuitiv besser.

Und auch in meinem bisherigen Mama-Sein hat mich meine Intuition nie im Stich gelassen, und ich weiß, dass sie das auch niemals tun wird. Nur wenn wir Intuition und Logik, alte Verhaltensmuster etc. verwechseln, kann sie uns in verzwickte Situationen bringen. Lassen wir uns von unserer Intuition leiten, so beschert sie uns natürlich nicht immer nur die rosigsten Zeiten und freudvollsten Momente. Aber sie führt uns immer dahin, wo es sich im Kern stimmig anfühlt, was sich im Nachhinein als großer Segen darstellt.

So führte mich meine Intuition vor einigen Jahren raus aus meiner Traumwohnung, rein in eine Wohngemeinschaft auf einen kleinen Pferdehof. Mein Kopf rebellierte aufs Äußerte, aber meine Intuition sagte mir bereits im Vorfeld, dass die Zeit in der Wohngemeinschaft zwar turbulent werden, es sich aber auszahlen würde. Und genauso kam es! Ich wohnte kein Jahr dort, aufgrund von Umständen, die vorher absolut nicht absehbar und natürlich nicht geplant waren. Doch genau in der Zeit lernte ich meinen heutigen Mann kennen, und es fügte sich, dass wir schnell zusammenzogen, unser Traumhaus kauften und schließlich unsere wundervolle Tochter bekamen. All das hätte sich so nicht vollziehen können, hätte ich in meiner Traumwohnung ausgeharrt, wie mein Kopf es mir geraten hatte.

Unser Verstand ist ein so wichtiges und wertvolles Werkzeug, aber eben auch nicht mehr als das. Mit Veränderungen hat er generell zu kämpfen, da er nicht absehen kann, was genau passieren wird. Der Verstand will es sicher und bequem. An Wachstum, Glück und Erfüllung ist er nicht interessiert. Bei dem Wohnungsbeispiel sagte mir der Kopf, dass ich es noch bitter bereuen würde, wohingegen mich meine Intuition ständig dazu drängte, umzuziehen. Als es dann in meiner neuen Bleibe turbulent wurde, kam der Verstand mit einem fiesen „Siehste!" um die Ecke. Es gab in mir Momente der Unsicherheit, doch meine Intuition blieb auch in dieser Phase ruhig und beständig und sagte mir fortwährend: „Sarah, es wird für etwas Wundervolles und Großes gut sein! Vertraue, und warte ab!", und genauso war es.

Und so ist es auch bei den Mamas, und dann wird es manchmal ganz schön magisch: Die Intuition aktiviert sich von jetzt auf gleich, und doch wird häufig der inneren Stimme misstraut. Sie ist schließlich vorher nicht bewusst genutzt worden, und Großeltern, Freunde wie auch Erziehungsratgeber sagen und schreiben schließlich etwas anderes, als das eigene Bauchgefühl vermittelt.

Daher mein ganz großer Appell an dich: Bitte, bitte, vertrau deiner Intuition! Ein Mama-Herz, das sich mit Stichen bemerkbar macht, darf niemals übergangen werden. Es ist nicht normal, wenn dein Herz sticht, weil der Kopf eine Entscheidung getroffen hat. Es hat auch überhaupt nichts mit Konsequenzen zu tun. Erzwungene Konsequenz hat nichts mit Authentizität zu tun und macht dich vor deinem Kind nur unglaubhaft. Ich kenne das aus eigener Erfahrung nur zu gut. Wir glauben, wenn wir eine Entscheidung erst einmal getroffen haben, dass wir dann auch unter allen Umständen dabei bleiben müssen. Doch das ist ein Trugschluss. Du darfst jederzeit noch einmal in dich hineinspüren, ob es sich noch stimmig anfühlt, oder nicht, und in allen Fällen gibt es, wie du weißt, viele Graustufen zwischen dem Denken in Schwarz und Weiß.

Auch hier ein Beispiel aus persönlicher Quelle:

Von Anfang an spürte ich intuitiv, dass ich meine Tochter möglichst lange stillen wollte. Solange es sich für uns beide gut anfühlte.

Eines Tages spürte ich, dass ich sie tagsüber nicht mehr stillen wollte, wohl aber noch abends und in der Nacht. So ging ich auch beim Abstillen über den Tag intuitiv vor und tat es auf meine Weise.

Es gibt zig Anleitungen im Internet, in Büchern und Co., die auch als Inspiration sehr hilfreich sind, aber niemals sollten wir den Fehler begehen, eine solche Anleitung vom Verstand her als gut zu empfinden und sie dann auf Biegen und Brechen durchzuziehen. Bei uns war es dann auch irgendwann so weit: Als Mila etwas über drei Jahre war, fühlte es sich für mich eines Tages nicht mehr gut an, sie nachts zu stillen, wenn sie wach wurde. Aber ich war im Schwarz-Weiß-Denken gefangen und dachte: „Ganz oder gar nicht". Ich erklärte es ihr am dafür vorgesehenen Tag, begleitete sie in all ihren Emotionen und zog dies zwei Nächte durch. Sie in der Nacht nicht mehr zu stillen, fühlte sich sehr gut an, aber sie gar nicht mehr zu stillen, nicht.

Am dritten Abend spürte ich dann die Mama-Herz-Stiche, als Mila nach der Milch fragte und ich, kopfgesteuert, bei meiner Entscheidung bleiben wollte. Wir hatten es schließlich schon zwei Nächte geschafft!

Wenn wir unserer Intuition nicht folgen, dann hilft das Leben mit äußeren Zeichen liebevoll nach. Denn auch in dieser Nacht schlief sie ohne Stillen ein, doch am nächsten Morgen bekam ich körperliche Probleme und erkundigte mich via Google nach natürlichen Hausmitteln zum Abstillen. Es war wie verhext, denn ich fand nichts, außer einer Seite mit Abstill-Tee. Dafür unendlich viele Beiträge und Artikel, in denen das Langzeitstillen ausdrücklich empfohlen wurde. Schließlich spürte ich in mich hinein und entschied mich um. Ich würde Mila noch weiterhin zum Einschlafen stillen, jedoch in der Nacht nicht mehr. Und das fühlte sich so erleichternd an. Ein riesiger Stein plumpste mir vom Herzen.

Mila war überglücklich, als ich ihr von meiner Entscheidung erzählte, und so hatten wir eine absolut stimmige Lösung für den aktuellen Zeitpunkt gefunden. Und ich weiß, dass ich zum genau richtigen Zeitpunkt persönlich fühlen werde, wann ich komplett abstillen werde.

Lange Rede kurzer Sinn: Wenn sich dein Mama-Herz zusammenzieht, es eng in dir wird, dann stimmt etwas nicht. Dann spüre nach, höre auf dein Bauchgefühl und handle mutig danach. Die Welt braucht deutlich mehr weibliche Energie, die in Frauen und Männern gleich stark und zu gleichen Teilen vorhanden ist. Du bist unglaublich weise und trägst stets deine innere Wahrheit in dir. Vertraue dir!

So kommst du deiner Intuition wieder näher

An der Stelle fragst du dich vermutlich zu recht: Wie fühle ich denn nun genau? Wie kann ich mir sicher sein?"

Es ist wie mit allen Dingen in unserem Leben. Je mehr du eine Sache übst, den Fokus auf sie richtest, ihr einen Platz in deinem Leben einräumst, desto besser wirst du. Am Anfang ist es Übung, Übung und Übung, und irgendwann geht es dir in Fleisch und Blut über, und du nutzt deine Intuition wieder so selbstverständlich wie deinen Verstand.

Ich mag dich hier und jetzt zu einem kleinen Test einladen. Er ist ein Barometer für deine Intuition:

Spüre einmal in dich hinein und beobachte, welche Gedanken und Gefühle derzeit in dir sind. Doch schenke ihnen keine große Aufmerksamkeit. Werde ihrer jetzt gewahr und lass sie vorbeiziehen. Du kannst dir auch ein helles Licht vorstellen, das von oben nach unten durch deinen Körper fließt und alle Gedanken und Gefühle in den Erdboden abfließen lässt.

Stell nun innerlich eine Behauptung auf, die der Wahrheit entspricht, also zum Beispiel: „Ich heiße (setze deinen Vornamen ein), es ist (Wochentag einsetzen), und ich lebe in (dein Wohnort einsetzen)."

Spüre kurz nach. Was passiert in deinem Körper? Wird es warm? Weit? Entspannst du dich? Ist es ruhig?

Dann lass noch einmal in deiner Vorstellung das Licht durch deinen Körper fließen und stell dann eine Behauptung auf, die falsch ist, also nicht stimmt. Nutze dafür den Beispielsatz von eben, aber setze dieses Mal nur falsche Antworten ein, die nicht der Realität entsprechen. Zum Beispiel: „Ich heiße Pippi

Langstrumpf, es ist Sankt Nimmerleinstag, und ich lebe in Taka Tuka Land.“

Dann spüre auch hier noch einmal ganz bewusst nach. Wie fühlst du dich jetzt? Wird es vielleicht eng? Kribbelig? Wird es schwer? Je öfter du das übst, desto deutlicher werden deine Körpersignale. Jetzt hast du deine ganz eigenen, persönlichen Messwerte für „Stimmt“ und „Stimmt nicht“!

Nutze sie bei allen Alltagsentscheidungen, egal, wie unbedeutend sie sein mögen. Angefangen bei: „Was ziehe ich heute an?“, aufgehört bei: „Rufe ich XY heute an?“, oder: „Was esse ich heute zum Abendessen?“.

Es macht große Freude, intuitiv durchs Leben zu gehen, weil es uns immer zu den richtigen Entscheidungen führt, die uns auf lange oder kurze Sicht guttun und uns reich beschenken.

Ist dein Herz weit offen, fließen Intuition und Seelensprache wie von selbst

Ich bin so glücklich, dass ich dich an diesem Wissen teilhaben lassen kann.

Erst vor kurzem wurde mir der Zusammenhang zwischen bestehenden Herzmauern und der Fähigkeit, seine Hellsinne, die Seelensprache und die Intuition zu nutzen, auf tiefer Ebene bewusst. Ist dein Herz weit offen, so bedarf es keiner Übung. Dann fließen die Seelensprache und die Intuition wie von selbst. Doch kaum ein Mensch, der jetzt auf der Erde lebt, hat ein bedingungslos offenes und geheiltes Herz.

Gerade jetzt findet der Umbruch vom Kopfmenschen zum Herzmenschen statt, und das Wissen um die Kraft der unterdrückten Emotionen wird immer bekannter. So ist es auch kein großes Wunder, dass gerade Mütter immer wieder übersinnliche Fähigkeiten in Bezug auf ihre Kinder entwickeln. Die Liebe unseren Kindern gegenüber ist bedingungslos. Hier errichten wir in der Regel keine schützenden Mauern, sondern machen weit auf, und spüren auf diese Weise immer, wie es unserem Kind geht, was es fühlt, was es denkt. Und nicht selten kommt es zu telepathischen Erlebnissen, wie ich sie beinahe täglich mit meiner Tochter erlebe. Und auch mit meiner Mutter.

Was sind Herzmauern?

Das sind Energien, die sich um unser Herz legen, um es vermeintlich vor weiterem emotionalem Schmerz zu schützen. Letztlich handelt es sich aber um Emotionen, die nicht angenommen und somit nicht wirklich gefühlt werden.

Wie bilden sie sich?

Unterdrückte Emotionen entstehen immer dann, wenn wir eine schmerzhafte Erfahrung machen und uns von den Gefühlen abwenden, indem wir uns ablenken, einfach nicht hinschauen und sie nicht durchfühlen. Wir haben die Hoffnung, dass die Zeit wie von selbst alle Wunden heilt. Doch das ist ein Trugschluss.

Wie wirken sie sich aus?

Ein dauerhaft oder vorübergehend verschlossenes Herz zeigt sich in mangelnder Lebensfreude, Depression, Sinnlosigkeit und Angst, aber auch dem Gefühl, von allem getrennt zu sein, keine Verbindung zu fühlen, in fehlendem Urvertrauen und im Mangelbewusstsein.

Wie kann ich diese Situation lösen?

Das Leben hilft uns, indem es uns immer wieder Situationen sowie Menschen oder Tiere schickt, die uns erneut auf denselben wunden Punkt in uns aufmerksam machen. Wir öffnen unser Herz und heilen dieses Stück für Stück, indem wir die volle Verantwortung für unsere Emotionen zu uns zurücknehmen. Den äußeren Umständen also keine Schuld mehr an unserem Zustand geben und uns mutig für den emotionalen Schmerz in uns öffnen.

☆☆

„Intuition ist die Sprache deiner Seele. So, wie zwei Menschen mit Worten und Gesten kommunizieren, so kommuniziert das Göttliche, das Universum, das All-Eins mit dir mittels deiner Intuition. Die Intuition flüsterst du dir selbst zu. Als Leitfaden. Denn du kamst mit einem Plan. Dein Ego-Verstand hört das nicht gerne, weil er glaubt, dadurch fremdbestimmt und unfrei zu sein, doch genau das geschieht dadurch nicht und ist nur sehr kurz gedacht.

Wisse, dass deine Seele nicht nur ein Leben wählte und dieses gewiss nicht das erste Erdenleben ist, das du erfährst, auch wenn du alles andere vergessen hast. Der Schleier des Vergessens muss eintreten und beginnt im Kleinkindalter zu wirken. Er musste bis dato bei euch wirken.

Bei den Kindern der Neuen Zeit wird es jedoch anders sein. Sie werden sich nicht mehr vergessen. Viele von ihnen und von euch haben sich auch nicht mehr vergessen oder sind im Laufe ihres Lebens erwacht. Das bedeutet, dass sie ihren Ursprung wieder erkannt haben. Dass sie verstanden und gefühlt haben, dass sie Bewusstsein sind und nicht dieser menschliche Körper, den sie in diesem Leben bewohnen.

Die Intuition ist wie eine innere Landkarte für dieses eine Erdenleben, aber der Verstand wehrt sich gerne dagegen. Er kontert mit Risiken, Ängsten und Verlust der Sicherheit. Der Verstand will dich, und das Ego sich selbst beschützen. Die Seele aber will frei sein! Auch wenn dein Ego dir vorgaukelt, dass du unfrei bist, wenn du einem inneren Plan folgst: Du hattest und hast hier auf Erden immer die freie Wahl, was du tust, wie du dich entscheidest. Doch entscheidet das Ego, das dich in aller Regel durch Ängste steuert, dann bist du auf lange Sicht unfrei, denn das Ego führt dich in weitere Verstrickungen. Die Seele hingegen will Freiheit, und diese Freiheit ist ihre tiefste Sehnsucht und ihr größtes Ziel. Freiheit bedeutet für die Seele, auf alle Zeit aus dem Schleier des Vergessens auszutreten, sich wieder mit allem und jedem verbunden zu fühlen, Liebe zu sein. Darum ist das Leitbild der Seele Liebe. Du kannst tagtäglich entscheiden: Wählst du die Angst, oder wählst du die Liebe?

Sei auch nicht zu hart mit dir, solltest du hier und da einmal die Angst gewählt haben. Es vergeht kaum ein Menschenleben, in dem das nicht geschieht. Das gehört zum Spiel des Lebens dazu. Betrachte es wie unterschiedliche Level, die du spielen kannst, ehe du das Spiel gewonnen hast. Meisterst du ein Level nicht, so hast du die Chance, es noch mehrere Male zu versuchen, ehe das Spiel verloren ist. Und ist das Spiel verloren, so kannst du es jederzeit von vorne beginnen. In einem neuen Körper, in einem neuen Menschenleben. Wann immer du dich für die Liebe entscheidest, gewinnst du das Level – und am Ende das Spiel. Der Gewinn des Spiels sind ewige Freiheit, pures Bewusstsein, Einheit.

Spürst du die innere Sehnsucht in dir, nach innerer und äußerer Freiheit? Nach bedingungsloser Liebe? Frieden? Das ist das Ziel deiner Seele. Mit Liebe meinen wir nicht, dass du blind einer Verliebtheit folgen solltest. Liebe heißt: innere Weite, innere Freiheit, das Gefühl, dass sich etwas stimmig und gut anfühlt, auch wenn es vorerst einige Unannehmlichkeiten in deinem Leben hervorrufen mag. Ziel ist es, der Intuition zu folgen, die dich letztlich in die Freiheit führt.

Auf diesem Weg warten Herausforderungen, aber auch Belohnungen in Form von Glückseligkeit, unbändiger Freude, Freiheitsgefühlen, Begegnungen mit Seelenverwandten, und vieles mehr.

Du siehst also, die Herausforderungen lohnen sich, und wir sind sicher, dass du die eine oder andere Erfahrung diesbezüglich schon gemacht hast, oder? Gab es schwere Entscheidungen in deinem Leben? Und wie geht es dir im Rückblick damit? Waren da nicht wundervolle Geschenke, von denen du nicht geahnt hast, dass sie auf dich warten würden?

Der Weg der Seele ist sicher. Der Weg des Egos unsicher. Dein Ego ist nicht schlecht, es sollte kein Feind sein, den es zu bekämpfen gilt. Das Ziel ist auch hier Einheit. So lange du einen Menschenkörper bewohnst, hast du ein Ego. Mach es zu deinem Freund. Hör ihn an, nimm ihn mit, aber lass dich bei wichtigen Entscheidungen nicht von ihm beeinflussen.

Deine Intuition ist die Stimme deiner Seele. Viele von euch haben verlernt, auf sie zu hören, weil es euch niemand gelehrt hat und weil ihr oft genug gehört habt, dass Sicherheit wichtig wäre und ihr vernünftige Entscheidungen treffen solltet.

Ja, die Herzen der Menschen waren sehr verschlossen und sind es zum Teil noch. Lass dich bitte nie wieder von Menschen beeinflussen, die Verletzungen in ihrem Herzen tragen, auch wenn sie dir nahe stehen. Sei liebevoll zu ihnen, wie du es auch mit deinem Ego bist. Sei dankbar, weil sie es nur gut mit dir meinen, aber dann lebe ihnen vor, wie unglaublich sicher und freudvoll es ist, den Weg des Herzens zu gehen. Sei du ihnen ein Vorbild, und heile damit auch die Wunden ihrer Herzen.

Du fragst dich nun sicher, wie du besser auf deine Intuition hören kannst, und wir sagen dir: Das kannst du schon immer, schon seit jeher!, auch wenn du es bis zum heutigen Tage nie bewusst genutzt hast.

Die Stimme der Intuition ist leise, aber beständig. Sie ereilt dich in ruhigen Momenten, in denen du am wenigsten mit ihr rechnest. Du kannst ihr aber auch bewusst und gewollt Raum geben, indem du den Lärm um dich herum wegnimmst.

Geh in die Natur, sorge für Stille und eine Wohlfühlatmosphäre in deinem Zuhause, und dann sei achtsam. Sei bewusst. Erinnere dich an deinen wahren Wesenskern. Wolle nichts, sei einfach still. Deine Intuition wird sich bemerkbar machen. Bei jedem ein wenig anders, aber spürbar. Und je mehr du das geübt und erfahren hast, desto vertrauter wird dir die Stimme deiner Seele, bis du sie auch im Chaos des Alltags vernehmen kannst, weil sie dir so vertraut geworden ist.“

☆☆☆

Die Welt ist dein Spiegel, und dein Kind ist einer der größten

Dein Kind spiegelt dich und macht dir damit ein riesiges Geschenk. Du musst kein Übermensch sein. Du bist hier auf dieser Welt, um dich zu entwickeln, und dein Kind darf wissen, dass du nicht perfekt bist. Sei offen und ehrlich, entschuldige dich auch einmal, wenn du dich ungerecht verhalten oder geirrt hast. Das ganze Leben ist ein Spiegelbild deiner selbst. Das heißt, alles, was du beobachtest, was du wahrnimmst und wertest, hat zu hundert Prozent auch etwas mit dir zu tun. Du wirst automatisch nur auf das aufmerksam, womit du in Resonanz gehst.

So viele Dinge ziehen tagtäglich an dir vorüber, die du bewusst gar nicht wahrnimmst. Du denkst nicht weiter darüber nach, weil sie eine neutrale Bedeutung für dich haben. Erinnere dich daran, dass du ein göttliches Wesen bist. Du bist erfüllt, du bist reine Liebe. Doch all dies ist überlagert, überdeckt von vielen Schichten, Prägungen, Glaubensmustern und seelischem Schmerz. Die Spiegel helfen dir zu erkennen, dass Anteile von dir noch Heilung erfahren wollen und dürfen. Dein Kind ist mitunter einer der größten Spiegel und Lehrer, weil du sehr eng mit ihm verbunden bist und sehr viel Zeit mit ihm verbringst.

Es gibt keine Stopp-Taste. Deinen Chef siehst du mehrere Stunden am Tag, hast dann aber deine Ruhe. Dein Partner ist auch mal unterwegs. Dein Kind aber begleitet dich sehr nah und lässt dich nicht los, wenn du Ruhe brauchen würdest. Zudem ist das Band der Liebe sehr stark, und du wünschst dir schließlich eine harmonische Beziehung. All diese Dinge führen dazu, dass du dich nach einer tiefen Verbindung zu deinem Kind sehnst, und in Wahrheit natürlich auch zu dir selbst.

Dein Kind hilft dir unbewusst dabei, deine eigenen Kindheitswunden zu erkennen und zu heilen. Es hilft dir, angestaute Emotionen fließen zu lassen und deine Lebensaufgaben zu erkennen.

Eine beliebte Aufgabe von Müttern eines Indigo-Kindes ist es zu lernen, Grenzen zu setzen und für ihre eigenen Bedürfnisse einzustehen. Alles steht unter dem Stern der Selbstliebe und Selbstannahme. Du darfst lernen, dich wieder zu lieben und anzunehmen, dein Licht und deine Liebe frei von Mauern und Begrenzungen wieder zu leben. Und genau dafür schickt dir das Leben die Spiegel.

Du erkennst die Spiegel daran, dass du getriggert, also emotional unangenehm berührt, wirst. Etwas passiert, ein Brief mit schlechten Nachrichten flattert herein, dein Partner sagt etwas zu dir, was dich tief verletzt, und schon steigen negative Gefühle unkontrolliert in dir hoch. Oft sind diese Emotionen wohl bekannt, weil sie sich immer wieder zeigen. Diese Trigger im Außen sind Geschenke! Gut verpackt, ich gebe es zu... Denn sie zeigen auf, wo deine emotionalen Blockaden sitzen, wo du als Kind eine energetische Herzmauer zu deinem Schutz aufgebaut hast, die noch heute, wann immer nötig, automatisch, und für dich unbewusst, aktiviert wird.

Ich möchte dir ein Beispiel aus meinem Alltag geben, wie meine Tochter mich auf meine Schattenseiten aufmerksam macht, und wie ich sie heile.

Ungefähr zwei Wochen vor Weihnachten war unsere Tochter verändert, leicht reizbar, oft wütend und frustriert, sprach mit allen im Befehlston, und man konnte ihr kaum etwas recht machen. Zuerst kommen einem in solchen Momenten natürlich

Gedanken wie „Vielleicht ist sie im Sprung, oder sie wächst?“, und häufig hat es natürlich auch mit der Entwicklung des Kindes zu tun, jedoch habe ich bisher bei jedem „Sprung“ die Erfahrung gemacht, dass es auch etwas mit mir zu tun hatte und sich Milas Verhalten wie durch Zauberhand veränderte, wenn mir mein Schatten bewusst wurde und ich es schaffte, ihn zu integrieren.

Das Weihnachtsbeispiel war eins der eindrucksvollsten Male, weshalb ich diese Erfahrung gerne mit dir teilen möchte.

Schon in den Tagen vor Weihnachten erkannte ich den Spiegel zu mir. Immer wenn mir Dinge begegnen, die mich pieksen und mit denen ich im Unfrieden bin, reflektiere ich und frage mich, was es mit mir zu tun hat. Ich schaue dann, wie ich das Verhalten nenne, das mich piekst, und bei Mila landete ich immer wieder bei den Worten „maulig“, „eingeschnappt“, „weiß alles besser und ist nicht offen für (bessere) Lösungen“.

Alle diese Seiten erkannte ich auch an mir, und wenn ich so war, konnte ich mich überhaupt nicht leiden. Mein zweiter Schritt ist dann zu schauen, was es denn für gute Seiten an den abgelehnten Eigenschaften gibt. Bislang konnte ich immer etwas finden, was mir dabei half, diese Seiten an mir zu lieben, zu schätzen und sie dadurch zu integrieren. Doch an „maulig“ und „eingeschnappt“ konnte ich beim besten Willen nichts Gutes finden. Und somit änderte sich auch erst einmal nichts an Milas Verhalten. Ich muss jetzt schon grinsen, weil ich lebhaft vor meinem inneren Auge sehe, was da abgelaufen ist, und als nächste Gefühle schwingen Ehrfurcht und Dankbarkeit mit, weil es immer wieder faszinierend ist, wie schnell sich alles verändert, wenn man sich im Inneren verändert.

Der erste Weihnachtstag war also angebrochen. Wir waren bei Milas Oma und Stiefopa zu Hause, und ihre Laune ging mehr und mehr den Bach hinunter und erreichte den krönenden Höhepunkt, als sie sich mit dem Rücken auf das Sofa legte, mit den Beinen strampelte, einen hochroten Kopf bekam und ihrer Wut auch verbal Ausdruck verlieh. Keiner kam mehr an sie heran. Nicht einmal ich! Aber wie auch, lebte sie doch gerade meine zutiefst abgelehnten Seiten in voller Pracht aus, und es war gar nicht schön, dies mitzuerleben, zumal ich ihre eigene Verzweiflung und Frustration spürte. Sie konnte sich selbst nicht leiden, kam aber einfach nicht aus dieser Spirale heraus.

Ihr Stiefopa betrachtete sie mit Staunen und wiederholte mehrfach: „So kenne ich dich ja gar nicht!" Irgendwann fiel von ihm das Wort „Dickkopf", was mich regelrecht triggerte. Dabei blieb es aber erst einmal.

Und nun verrate ich dir zwei Schlüsselsituationen, die immer wieder Wunder in meinem Leben bewirkt haben.

Das Schauspiel nahm in der Küche seinen Lauf. Mila hatte Hunger, aber ihr war auch hier nichts recht. Sie war immer noch in ihrer Wut, im Frust und ihrem „Dickkopf" gefangen. Sie tobte immer mehr, und ich spürte: Sie braucht Hilfe. Da nahm ich sie auf den Arm. Erst einmal unter Protest, aber ich fühlte, es würde ihr gleich helfen, ging mit ihr die Treppe hoch ins Gästezimmer, schloss die Tür, und dann *sah* und *fühlte* ich sie, fernab vom Alltagstrubel der Familie.

Wenn Kinder (und Erwachsene) in ihren Emotionen gefangen sind, ist ein logisches Erklären und Sprechen, wie schon an anderer Stelle erwähnt, schlichtweg nicht möglich, weil die entsprechenden Areale im Gehirn blockiert sind. Deshalb helfe ich ihr in dem Moment, indem ich ihr erst einmal Wege aufzeige, um die Emotionen zu *fühlen*, ohne dass jemand zu Schaden kommt. Wenn die Emotionen dann abgeflossen sind, ist sie wieder frei und ansprechbar. Also sagte ich zu meiner Tochter: „Oh, Mann, bist du wütend! Jetzt lassen wir mal die ganze Wut raus!“

Und dann machte ich es vor, haute auf die Matratze und die Kissen ein und sagte: „Mach du auch mal.“ Sie brüllte: „Das will ich nicht!“, und ich: „Na, gut! Dann brüll halt! Brüll die ganze Wut raus!“, und das tat sie dann auch...

Irgendwann kamen nur noch witzige, krampfhafte Schreie aus ihr heraus, und ich spürte, wie die ganze Wut mit einem Mal verflogen war, und plötzlich musste sie über sich selbst lachen.

Dann habe ich ihr erklärt, dass es vollkommen in Ordnung ist, mal wütend zu sein, dass ich auch mal wütend bin, wie jeder Mensch auf der Erde. Und dass sie die Wut dann einfach im geschützten Rahmen rauslassen kann. Dann habe ich ihr erklärt, warum ich sie in ein anderes Zimmer gebracht habe, nämlich, damit sie sich Luft machen kann, weil es ja auch nichts bringt, wenn am Ende das ganze Essen durch die Küche fliegt...

Dann nahm ich sie auf den Arm, drückte sie und sagte, dass ich sie liebe. Immer! Auch wenn sie wütend sei. Schließlich machte ich den Vorschlag, jetzt wieder runterzugehen und in Ruhe etwas zu essen. Sie nickte, war wieder liebevoll und zugänglich, und dann kam ein sehr zufriedenes „Hmm“. Danach machten wir uns in Ruhe ein Brot in der Küche, und meine Mutter meinte, Mila sei jedes Mal wie ausgewechselt, nachdem ich mit ihr in solchen Momenten den Raum verlassen würde.

Zauberei!? Nein, nicht wirklich. Wer kennt es nicht, wenn man in seinen Emotionen gefangen ist? Es ist fürchterlich! Und das Schlimmste, was wir unseren Kindern antun können, ist, sie in solchen Momenten noch zu kritisieren. Kein Mensch fügt einem anderen Menschen bewusst Leid zu. Wann immer ein Kind hört: „Jetzt sei doch nicht so!“, „Stell dich nicht so an!“, „So mag ich dich ja gar nicht!", meint es der Erwachsene nicht böse, er handelt aus Unwissenheit und vor allem aus einem eigenen emotionalen Schmerz heraus. Er hat es selbst nicht anders erfahren, und gibt es so weiter. Doch genau das macht unsere, macht deine wichtige Aufgabe aus! Hier für einen Unterschied zu sorgen!

Wie? Indem du dein Kind durch alle Emotionen begleitest, es mit allen Eigenschaften liebst und es nicht durch Liebesentzug oder Ähnliches bestrafst. Das ist leichter gesagt, als getan, ich weiß, besonders wenn das Kind mit seinem Verhalten unsere eigenen Schattenseiten triggert.

An der Stelle möchte ich dir nun verraten, was am ersten Weihnachtstag noch passierte, was mich nachhaltig verblüffte und immer wieder fasziniert.

Während Mila spielte und sich alle anderen unterhielten, reflektierte ich im Stillen. Und es war nicht das erste Mal in dieser Phase von Mila. Was lebt sie für ein Verhalten aus, das ich mir nicht erlaube, oder das ich an mir ablehne?

Ich landete immer wieder bei den Worten „eingeschnappt" und „rechthaberisch". Ja, definitiv Eigenschaften, die ich zutiefst an mir kritisiere, wenn ich mich einmal so fühle oder benehme, aber ich fand beim besten Willen keine positiven Aspekte daran. Dass Milas Stiefopa sie einen Dickkopf nannte, half mir ungemein weiter. Das Wort triggerte mich. Und ich fragte mich zugleich, warum.

Da erinnerte ich mich daran, dass mein Vater mich in meiner Kindheit oft als Dickkopf betitelt hatte und dieses Wort negativ belegt war. Stets trat nach einem solchen Dickkopf-Anfall ein tiefes Schamgefühl in mir auf. Mir wurde bewusst, dass man alle Eigenschaften, die ich an Mila beobachtete, unter dem Begriff „Dickkopf" zusammenfassen kann. Und dann machte es Klick bei mir! Ein Indigo muss regelrecht einen Dickkopf besitzen! Er muss von seinem Denken und Handeln zu einhundert Prozent überzeugt sein und darf sich nicht von anderen Meinungen aus dem Konzept bringen lassen. Sonst gehen ihm die nötige Energie und der Fokus für all die wichtigen neuen Wege verloren, die er noch gehen wird.

Woher ich das weiß, möchte ich dir an der Stelle auch noch verraten. Auch mein Mann lehnte einst an mir die genannten Eigenschaften ab, auch hier hatte ich das Gefühl, weniger geliebt zu sein, wenn ich auf meinem Recht beharrte oder eingeschnappt wirkte. Es war eine Wiederholung der Ablehnung meines Vaters. Was, nebenbei bemerkt, nicht selten vorkommt und sogar ziemlich genau der Regel entspricht. Mir wurde mit einem Mal bewusst, dass ich mich in den letzten Monaten unbewusst angepasst hatte. Mir größte Mühe gab, offen zu bleiben, nicht eingeschnappt, sondern offen für andere und bessere Lösungen zu sein. Oh, mein Gott, ich war dabei, mich zu verbiegen! Plötzlich hagelte es Backsteine an Erkenntnissen!

Jetzt magst du vielleicht denken, aber wieso denn? Es ist doch gut, offen zu sein und zu einem besseren und liebenswerteren Menschen zu werden. Ja, wir sind hier, um uns zu entwickeln, aber nicht, um uns zu verbiegen! Wir sind hier, um all die Seiten an uns zu lieben und anzunehmen. Wenn wir das tun, ohne Angst vor Liebesentzug, dann sind wir nicht weniger liebenswert, ganz im Gegenteil!

Und mir wurde in diesen wenigen Minuten noch mehr bewusst. Nämlich, dass ich sehr viel von meiner Dickköpfigkeit im Laufe meiner Ehe verloren hatte. Ich unterdrückte sie, verdrängte sie. Sie zeigte sich immer wieder, aber wurde nicht liebend und in den Bahnen, wie sie von Nutzen sein kann, gelebt.

Ich erinnerte mich daran, wie ich damals für die Tierkommunikation losging, als sich noch gefühlt neunundneunzig Prozent aller Menschen, mit denen ich über das Thema sprach, an die Stirn tippten. Doch es war mir egal, denn ich war zu hundert Prozent von der Sache überzeugt und ließ mich von den besten Argumenten nicht aus dem Konzept bringen. Und genau das hat mir dabei geholfen, vieles in Bewegung zu setzen, Bücher zu schreiben, mit tausenden Tieren zu kommunizieren, ihnen und ihren Menschen zu helfen, vielen hunderten Menschen die Tierkommunikation, und damit gleichzeitig die Seelensprache, wieder beizubringen, und viele Skeptiker davon zu überzeugen, dass es mehr gibt zwischen Himmel und Erde, als wir sehen und anfassen können.

Indigos müssen Dickköpfe sein! Und durch diese Erkenntnisse kam ich mit einem Mal in tiefe Liebe mit all diesen Eigenschaften in mir, und damit auch bei Mila. Ich sah sie an und dachte: „Mein Gott, wie ich dich liebe! Auch mit diesem starken Dickkopf! Bewahre dir bloß diese Eigenschaften." Und glaub es, oder glaub es nicht, ab diesem Moment wandelte sich Milas Verhalten, und sie war wieder das Kind, das wir alle kannten. Sie war wieder ausgeglichen, zugänglich, lebensfroh und ansprechbar und hat mir damit ein riesiges Geschenk gemacht.

Und so tut es dein Kind auch. Unsere Indigos bringen uns in Berührung mit unseren Schattenseiten, und wenn du das erkennst, sie in Liebe annehmen kannst, dann wandelt sich alles. Versprochen! Probier es aus!

Viele Dinge sind allerdings leichter gesagt als getan, und so bedarf auch dieses Übung und einer Umstrukturierung eingefahrener Muster und alter Gewohnheiten. Ich lade dich herzlich dazu beim nächsten Mal ein, wenn du dich von deinem Kind oder jemand anderem getriggert fühlst, erst einmal tief durchzuatmen und dann an die eben gelesene Geschichte und die folgende Anleitung für dich zu denken. Sei liebevoll mit dir. Mach es so gut, wie du kannst. Hiermit ist es nichts anders, wie mit allen anderen Dingen im Leben. Übung und Wiederholung helfen, und irgendwann gehen uns das neue Denken und Handeln in Fleisch und Blut über. Und das ist in diesem Fall wahrhaft lebensverändernd! Ich übertreibe nicht, und das sollte Motivation genug sein...

Wenn du getriggert wirst, dann darf dies ab sofort dein Leitfaden sein:

- Atme und mache dir bewusst: Dass es dich piekst, hat etwas mit deiner Innenwelt zu tun. Deine Innenwelt bestimmt, was du in deinem Leben erfährst.
- Verurteile weder die Person, die Situation oder gar dich selbst, sondern gehe in den Beobachter-Modus und denke dir: „Spannend! Was darf ich hier heilen? Das Geschenk ist hier gut verpackt für mich."
- Werde dir bewusst, welches Gefühl genau in dir getriggert wurde: Wut? Traurigkeit? Ohnmacht? Verzweiflung? Minderwertigkeitsgefühle?
- Nimm dir bewusst Raum, um dieses Gefühl zu fühlen! Entweder sofort, im Notfall, indem du dich für einige Minuten auf die Toilette zurückziehst, dich ins Auto setzt oder in ein Nebenzimmer verschwindest. Wenn du allein mit deinem Kind bist, sprich es ehrlich aus, setz dich hin und fühle. Es klingt so pragmatisch, aber *fühlen* will tatsächlich wieder gelernt werden. Schließe die Augen, spüre in dich hinein

und schau, ob du das Gefühl auch körperlich wahrnehmen kannst. Schau dir dieses Gefühl an, nicht mit der Intention, dass es bloß schnell wieder verschwinden soll, sondern in Neugierde und mit Interesse, betrachte es aus anderen Augen. Schau es ganz bewusst an, fühle es, sage dir innerlich: „Die Wut / die Angst / die Ohnmacht... darf jetzt da sein! Ich sehe dich und fühle dich!" Atme weiter und fühle so lange, bis eine innere Ruhe einkehrt, es friedlich in dir wird.

- Reflektiere! Frage dich selbst, ob du dich an eine Situation in deiner Kindheit erinnern kannst, in der dieselben Gefühle in dir hochkamen? Was war das für ein Moment? Welche Person/en waren anwesend? Was ist passiert, und wie hast du dich dadurch gefühlt? Wie bist du damit umgegangen?

  Oft reicht die Erkenntnis, wo der Ursprung liegt, und diese Situation genau nachzuempfinden. Emotionen, die zum damaligen Zeitpunkt vermutlich verdrängt worden sind, weil du sie nicht fühlen durftest, wolltest oder dafür noch mehr abgelehnt worden wärst.

  Dann frage dich, wie du das Verhalten deines Kindes beschreiben würdest, wenn du ein Adjektiv finden müsstest. Wie war dein Kind? Launisch? Rechthaberisch? Sauer? Unfair? Trotzig? Dabei spielt es überhaupt keine Rolle, ob das der Wahrheit entspricht, oder wie ein anderer Mensch dieses Verhalten bezeichnen würde. Es ist ganz wichtig, dass du es wertest, weil nur so Heilung in dir stattfinden kann.

  Wenn du ein Wort dafür gefunden hast, frage dich ganz ehrlich: Bist du manchmal auch so? Magst du die Seite an dir, oder lehnst du es ab, so zu sein? Oder ist dir ein Verhalten sogar so verhasst, dass du es dir nicht erlaubst, so zu sein?

  Ich unterscheide zwischen einem Spiegel und einer Projektion. Ein Spiegel könnte sein, dass du dein Kind als launisch empfindest. Beim ehrlichen Blick auf dich fällt dir dann auf, dass es auch Tage gibt, an denen du launisch bist, und du erkennst, dass du diese Seite nicht wirklich an dir schätzt.

Eine Projektion triggert noch heftiger. Sie wird uns vom Leben gezeigt, wenn wir etwas so sehr ablehnen, dass wir es infolgedessen gar nicht mehr ausleben, es also unterdrücken, und uns das Leben regelrecht damit konfrontieren muss. In diesem Beispiel könnte eine Projektion so aussehen: Du wirst stark von deinem launischen Kind getriggert, und beim ehrlichen Blick auf dich selbst erklärst du, beinahe stolz, innerlich: „Also, SO bin ich nie!“ Bingo! Wenn du so eine Eigenschaft an deinem Kind entlarvst und bereit bist, diesen abgelehnten Anteil zu integrieren, wirst du dich danach um einiges besser fühlen. Denn die Wahrheit ist, dass wir als spirituelle Wesen, die hier eine menschliche Erfahrung in der Dualität machen, ALLE Eigenschaften haben. Alle Emotionen, alle Eigenschaften sind genau gleich in jedem angelegt. Natürlich sind wir alle Individuen und der eine ist in einer Hinsicht besonders talentiert und der andere in einer anderen. Es geht hier nicht um unsere Individualität, sondern darum zu erkennen, dass wir im Kern eins sind. Dass ALLE Anteile zu uns gehören, auch die nicht gelebten (und geliebten).

An der Stelle möchte ich noch einmal ganz deutlich machen: Es bedeutet nicht, dass du zum Beispiel zu einem launischen Menschen wirst, wenn du diese Eigenschaft integrierst. Du wirst deine Persönlichkeit dadurch nicht verändern, aber etwas anderes passiert: Du bringst Licht in diese Schattenseite, wodurch sie dich nicht länger negativ berühren kann, denn du erlaubst ihr ja, da zu sein. Es kostet sehr viel Kraft, eine Eigenschaft oder eine Emotion zu unterdrücken. Daher ergibt sich auch ein deutlicher Zugewinn an Lebensenergie, wenn du den unbewussten Druck, etwas zu unterdrücken, wegnimmst. Es verschafft dir viel Energie, neuen Raum und Klarheit. Wenn du dich dann an einem Tag einmal launisch fühlst, sagst du dir innerlich, dass du auch einmal launisch sein darfst. Du machst auf anstatt zu. Das Gefühl rauscht mit deiner Erlaubnis durch dich hindurch. Alles ist gut, keiner kommt zu Schaden. Du fühlst dich frei.

- Heilung und Integration

  Heilung und Integration einer Schattenseite geschehen durch die Erkenntnis, woher sie rührt, dann diese negativen Emotionen zu durchfühlen, und dann diese Eigenschaft oder dieses Gefühl anzunehmen und zu akzeptieren. Gerne mag ich dir auch hier ein Beispiel geben, sodass du es leichter für dich im Alltag anwenden kannst.

  Wir bleiben bei dem Beispiel mit dem launischen Kind, das triggert, wobei du für dich jede beliebige Eigenschaft deines Kindes einsetzen kannst, die du heilen möchtest:

  Frage dich, welche positiven Seiten es hat, launisch zu sein. Hier darfst du kreativ werden, denn im ersten Moment blockt der Verstand gerne ab mit Sätzen wie: „Was soll denn an „launisch“ bitte gut sein?“ Du darfst lernen, dahinter zu blicken, die Schätze zu erkennen, was gar nicht unbedingt notwendig ist, aber mir persönlich erleichtert es immens den Schritt, diese Schattenseite als einen Teil von mir anzunehmen und zu lieben. Also: Was ist gut daran, launisch zu sein?

  Das könnte sein: Man fühlt sich lebendig. Man fühlt sich nicht jeden Tag gleich. Das ist absolut menschlich! Den einen Moment diese Laune, den anderen Moment eine andere. Man ist nicht festgelegt und dadurch flexibel. Launisch zu sein kann einem auch aufzeigen, dass etwas nicht stimmt, also eine Unzufriedenheit ausdrücken, die tiefer blicken lässt auf die Frage: Was wünsche ich mir für ein Leben?

Ich mag dir noch ein paar Beispiele zu anderen Eigenschaften und Gefühlen geben, die helfen können, die ungeliebten Seiten in einem anderen Licht zu betrachten:

Wut

Sie schenkt uns ordentlich Kraft und Energie. Lässt uns unsere eigenen Grenzen überschreiten. Sorgt für Mut.

Traurigkeit

Reinigt, heilt, bringt uns zurück in den Fluss des Lebens, wenn wir sie durchgelassen haben.

Dickköpfig sein

Willensstärke, wissen, wo sein/ihr Weg ist und ihn gehen, ohne sich davon abbringen zu lassen.

Schüchternheit

Prescht nicht vor, sondern ist erst einmal stiller Beobachter. Lernt dadurch viel mehr. Reagiert bedachter.

Unklarheit

Öffnet dich für neue Möglichkeiten und Perspektiven. Du bist offener für andere Meinungen und lässt dich inspirieren. Bringt dir innere Stärke, wenn du zur Klarheit gefunden hast.

Wenn du dann die andere Seite deiner Schattenseite erkannt hast, besteht der nächste Schritt darin, sie als einen Teil deiner selbst zu akzeptieren. Sieh die Geschenke, die sie mit sich bringt. Nutze ihre Kraft, aber lass dich von dem unterdrückten Anteil nicht unbewusst steuern. Wenn du sie in Liebe annimmst, dann kannst du sie steuern. Dann setzt du ihre Kraft ein und lässt dich nicht von ihr manipulieren und unkontrolliert herunterreißen. Du verwandelst sie in Stärke.

Dann sage dir innerlich oder laut den Satz: „Ich darf auch mal... (setze deine bislang ungeliebte Eigenschaft oder Emotion ein) sein! Ich liebe mich, auch wenn ich mal ... bin!"

Atme mehrfach ein und aus und spüre, wie sich dieser Anteil wieder integriert, wie es dadurch leichter in dir wird.

Damals warst du abhängig von deinen Eltern. Genau aus diesem Grund haben wir angefangen, zu lernen und zu unterscheiden, mit welchen Eigenschaften und Emotionen wir mehr geliebt und am meisten abgelehnt und kritisiert wurden. Ein jedes Kind sucht nach Liebe und, vor allem, Aufmerksamkeit. Heute bist du unabhängig! Du bist nicht länger abhängig von den Reaktionen deiner Eltern und heilst ihre Muster gleich mit, indem du dich selbst heilst. Und das Spannende ist: Je mehr du dich liebst mit allem, was und wie du bist, desto anziehender wirst du für andere Menschen. Wenn du dich selbst liebst, dann können andere dich auch lieben. Das ist eine Gesetzmäßigkeit.

- Sei liebevoll mit dir.

  Es ist ein Prozess, all die Anteile anzunehmen, die wir so lange unterdrückt haben. Darum sei ganz liebe- und rücksichtsvoll dir selbst gegenüber. Es ist vollkommen normal, wenn du dich immer wieder dabei ertappst, kurz bei einem Schattenthema getriggert zu werden, das du schon bearbeitet hast. Aber es wird Stück für Stück leichter. Du kannst es dir vorstellen wie eine Zwiebel, die sich Schicht für Schicht abpellt, ehe du an den Kern gelangst.

Auch ich spüre ab und an noch ein kurzes Zögern oder werde stutzig, wenn alte, hartnäckige Schattenanteile sich zeigen, und spüre binnen Millisekunden den Reflex des Wegdrängens, wie es die altbewährte Strategie war, ich mir dessen jedoch bewusst werde. Und genau in diesem Moment liegt deine Kraft! In dem Moment, in dem du dir dessen bewusst wirst, kannst du innerlich „Stopp!" sagen. Dann fühle und erinnere dich, dass auch du so sein darfst.

Zum Schluss noch einmal alle Schritte kurz und knapp, die du zukünftig durchlaufen kannst, wenn du getriggert wirst:

1. Atme tief!
2. Verurteile niemanden und wechsle in den Beobachter-Modus.
3. Erkenne das Gefühl, das in dir hochkommt.
4. Fühle es bewusst und lasse es damit durchfließen.
5. Kennst du das Gefühl aus deiner Kindheit? Wodurch ist es ursprünglich in dir entstanden?
6. Erkenne die positiven Seiten dieses Schattenanteils und entscheide dich, diesen Teil in Liebe anzunehmen.
7. Sei liebevoll mit dir. Es ist ein Prozess!

Hier wartet noch ein kleines Geschenk von mir für dich!

Falls es dir nicht so leicht fällt, alleine zu meditieren, kannst du dir auf meiner Website kostenfrei eine Meditation herunterladen, die dich genau durch diesen Prozess hindurchführt, den ich oben beschrieben habe. Gehe dazu einfach auf meine Website:

www.sarahrogalski.com/geschenk

„Die Welt ist dein Spiegel, damit du dich erkennst. Vollständig. Mit dem Ziel dahinter, dass du das korrigierst, heilst, was nicht stimmig ist, und den Rest von dir annimmst. Auch hier wenden wir gerne ein Beispiel an: Stell dir vor, du blickst in einen Spiegel und siehst deinen Körper. Du bemerkst einen Fleck in deinem Gesicht. Dieser stört dich. Er fühlt sich nicht stimmig an. Was tust du? Holst du einen Lappen und wischt wie verrückt auf dem Spiegel herum, genau an der Stelle, wo du den Fleck in deinem Gesicht erkennst?

Nein, natürlich nicht. Wie absurd! Was tust du wirklich? Du nimmst einen Lappen und wischt dir den Fleck aus dem Gesicht. Nun sieht dein Gesicht im Spiegelbild wieder rein aus. Du bist zufrieden.

So absurd, wie dir das Wegputzen des Flecks im Spiegel vorkommt, so tun es viele Menschen doch tagtäglich mit einer gewissen Selbstverständlichkeit mit dem Spiegel, der sich „Umwelt" nennt. Deine Umwelt zeigt dir auf, was es zu heilen gibt. Was stört und bereinigt werden darf. Wenn du ein Verhalten oder eine Eigenschaft bei jemandem bemerkst und dich daran störst, dann versucht ihr häufig, dieses Verhalten am anderen „wegzuwischen". Ihr sagt, was euch stört, Kinder und Tiere werden erzogen und dadurch angepasst. Das Problem ist jedoch, dass der störende Fleck nicht wirklich in der Umwelt liegt, sondern in dir! Das Problem wird sein, dass das Störende an der Person oder an dem Tier dann erst einmal entfernt ist. Doch wir garantieren dir, es werden sich Menschen oder Tiere einfinden, die den ebenfalls störenden Fleck mitbringen und ihn dir vorhalten. Wieder und wieder. Und zwar so lange, bis du erkennst, dass es vielleicht etwas mit dir zu tun hat. Dass du den Fleck bei dir bereinigen darfst.

Erlebst du zum Beispiel nur frustrierte Menschen und diese stören dich, so frage dich, ob nicht auch du ab und an frustriert bist und dich das ebenfalls stört. Falls ja, bereinige es bei dir! Sorge dafür, dass du nicht mehr frustriert sein musst. Frage dich, weshalb du frustriert warst oder an einigen Stellen bist. Erkenne, dass es da ein Störfeld in deinem Leben gibt. Folge deiner Intuition, entferne das Störfeld, korrigiere es, und die Frustration ist weggewischt. Im Umkehrschluss werden dir keine frustrierten Menschen mehr begegnen. Das Leben muss es dir nicht mehr spiegeln.

Dann gibt es aber noch ein weiteres mögliches Störfeld, was nur ein scheinbares ist. Auch hier mögen wir wieder das Beispiel anhand deines physischen Körpers gestalten:

Stell dir vor, du stehst vor dem Spiegel und etwas gefällt dir nicht an dem, was du siehst. Ein kleiner Bauch, Falten, Orangenhaut, was auch immer. Nun willst du dieses störende Bild um jeden Preis wegbekommen. Du machst Sport, ernährst dich gesünder, vielleicht denkst du sogar über operative Eingriffe nach. Doch Monate später, beim erneuten Blick in den Spiegel, erkennst du: All diese Störfelder sind noch immer da, es hat sich trotz deiner Bemühung an dieser einen Sache einfach nichts verändert. Du lehnst sie ab, du führst negative Selbstgespräche. Hilft das? Wie fühlst du dich dadurch?

Wenn keine Maßnahmen helfen, dann hilft nur noch eins: Erkenne es als wichtigen Teil deiner selbst an, der geliebt und angenommen werden will, was etwas mit Selbstliebe zu tun hat. Diese kannst du nicht vortäuschen. Sie muss echt sein. Eines Tages kannst du dann lächelnd in den Spiegel blicken, und auch dein Bäuchlein, deine Falten oder deine Orangenhaut lieben, weil du das bist. Und wenn es dich nicht stört, dann wird es auch niemand anderen stören. Im übertragenen Sinne bedeutet das, dass dieses zwar deine Eigenschaften sind, die du hasst, aber die dich zu dem machen, der/die du bist. Es geht nicht immer darum, etwas zu entfernen, was stört, sondern dich mit all dem anzunehmen und zu lieben, wie und was du bist. Das ist ein Prozess und nennt sich „Selbstliebe". Wann immer du etwas an dir erkennst, was du nicht liebst, so erkenne den Wert auch darin. Erkenne, wo der Ursprung liegt, und beginne, anders zu denken.

Wieso stören dich zum Beispiel Falten? Vielleicht weil du irgendwo mal gelesen oder von einem anderen Menschen gehört hast, dass Falten hässlich sind und du daraus geschlussfolgert hast, dass man mehr Liebe bekommt, wenn man faltenfrei ist. Doch was wäre gewesen, hättest du damals in jedem Magazin und von jedem Menschen gehört, dass Falten etwas Wunderschönes seien, weil sie Lebenserfahrung zeigen und jeden Menschen liebenswerter machen? Könntest du sie dann heute womöglich an dir lieben? Aber ja!

Jeder Mensch sehnt sich nach Liebe. Darum tut ihr alles, um geliebt zu werden. Die wahre Kunst besteht darin, dass du lernst, dich wieder selbst zu lieben und zu wertschätzen.

Das Beispiel mit den Falten ist gleichzusetzen mit den ungeliebten Eigenschaften. Schau dir jetzt, in diesem Augenblick, eine Eigenschaft oder ein Verhalten von dir an, was du nicht wirklich liebst, und spiele es mit uns durch. Wir nehmen als Beispiel „trotzig sein", weil es etwas ist, was viel zu oft an den Erdenkindern bemängelt wird. Wenn du heute nicht an dir magst, dass du hin und wieder trotzig bist, dann mit Sicherheit deshalb, weil du irgendwann einmal in deiner Kindheit gehört und gelernt hast, dass das etwas ist, was nicht besonders toll ist. Du hast dich damals geschämt, warst verunsichert, sauer, verletzt, und hast für dich abgespeichert: „Wenn ich trotzig bin, werde ich weniger geliebt." Und schon war ein Schatten geboren.

Was wäre gewesen, hättest du als Kind in deinen trotzigen Phasen Dinge gehört wie: „Wow, du hast deinen eigenen Kopf und deine eigenen Vorstellungen und stehst zu deinen Gefühlen! Du hast so eine Energie. Du bist großartig!" Hättest du dann heute ein Problem damit, trotzig zu sein? Nein, natürlich nicht!

Abgelehnte Anteile sind in dir entstanden, weil dir früher jemand gesagt hat, und du hast es für dich abgespeichert, dass du mit diesem und jenem Verhalten weniger geliebt wirst. Und fortan hast du vermieden, so zu sein.

In dieser Erkenntnis liegt die riesige Chance, dich jetzt anzunehmen und zu heilen. Falten wären gar kein Problem für dich, hätten dir alle gesagt, sie wären wunderschön, oder Orangenhaut wäre ein wahres Schönheitsmerkmal – dann würdest du sie stolz allen zeigen. So beginne jetzt, anders über deine abgelehnten Eigenschaften zu denken. Sieh und erkenne die Großartigkeit in deiner Vielfalt. Beginne, dich zu lieben und anzunehmen, so, wie du bist. Dann muss die Welt dir diese Liebe in allen Facetten spiegeln."

☆☆☆

Dein Kind als Trigger der Gesellschaft

Als Begleiter eines Indigo-Kindes kann man gut und gerne das Gefühl bekommen, dass es ein Fluch und ein Segen zugleich ist, und auch dieses Gefühl ist absolut okay. Es darf wie alle anderen Emotionen wertfrei wahrgenommen und anerkannt werden. Alles hat zwei Seiten in dieser dualen Welt, und ich möchte dir vor allem die segensreiche Seite aufzeigen und dich sowie dein Kind stärken.

Aus eigener Erfahrung weiß ich, wie hart es oft sein kann, besonders, wenn man selbst hochsensibel ist, wenn das eigene Kind das Umfeld und die Gesellschaft enorm triggert. Ich mag dir auch hier meine eigenen Erfahrungen weitergeben, aus meiner Sicht als Kind, aber auch meine Beobachtungen als Mama eines wundervollen Indigo-Kindes. Um dann tiefer zu tauchen und auch hier nach dem „Warum" zu forschen, damit du dein Kind besser verstehen und annehmen kannst.

Während ich diese Zeilen schreibe, muss ich schmunzeln, denn hier entfaltet sich mein eigenes Indigo-Sein vollends. Ich muss alles verstehen, und alles muss einen Sinn für mich ergeben. Für dich auch? Nun denn...

Du erinnerst dich sicher: Ich bin die introvertierte Indigo-Version, meine Tochter die extrovertierte. Ich weiß, wie sie fühlt, und habe mich seinerzeit doch ganz anders verhalten als sie.

Als Mädchen habe ich die Menschen sofort durchschauen oder, besser gesagt, durchfühlen können. Wenn das Gesagte und Gezeigte mit dem, was ich fühlte, nicht übereinstimmte, war ich sehr skeptisch und hielt mich nicht gerne in der Nähe dieser Menschen auf, weil ich mich unbehaglich und unsicher fühlte, was sich so äußerte: Ich wurde extrem still und schüchtern, verkrümelte mich hinter die schützenden Beine meiner Mutter, oder rutschte ganz nah an sie heran und verließ ihren Rockzipfel nicht. Mit diesen Menschen wollte ich partout nicht alleine bleiben und brachte es mit allen Mitteln zum Ausdruck.

Bei Mila beobachte ich ein anderes Phänomen, an dem ich dich liebend gerne teilhaben lasse. Ich kann sie so gut verstehen, und gleichermaßen ist es so schwer für mich, einen Umgang damit zu finden, weshalb ich genau dieses Kapitel für dich geschrieben habe. Ich möchte dich stärken! Dir den Rücken stärken, damit du dein Kind stärken kannst! Denn bei den meisten Indigos ist es so, dass sie sich in diesen Situationen vollkommen daneben benehmen (wenn wir für diesen Augenblick einmal in gesellschaftlichen Normen bewerten...).

Fangen wir erst einmal bei dem Positiv-Beispiel an. Wenn Mila unter sehr lichtvollen Menschen ist, ob erwacht oder noch nicht, spielt dabei übrigens gar keine Rolle, ist sie ausgeglichen, zugänglich, kompromissbereit und empathisch. Kurzum: Sie präsentiert sich von ihrer besten Seite. Fühlt sich wohl und sicher, ist heiter, fröhlich und entspannt. Mit lichtvollen Menschen meine ich Personen, die ein reines Herz haben, deren Herz offen und sehend ist, die liebevolle Gedanken hegen, deren Gesagtes und Gezeigtes mit dem übereinstimmt, was sie denken und fühlen. Die schlichtweg integer sind.

Vor kurzer Zeit erst habe ich etwas herausgefunden, und ich bin unfassbar dankbar, dass es mir noch vor Veröffentlichung des Buches bewusst geworden ist, sodass ich es mit dir teilen kann: Mila lässt sich nur fremdbetreuen von genau dieser Menschengruppe. Und auch ich als Kind fühlte mich nur wohl unter genau diesen Menschen und kam aus meinem Schneckenhaus heraus.

Nun zu der anderen Menschengruppe. Bevor ich dich dort mit in meine Gefühls- und Beobachtungswelt hineinnehmen möchte, ist mir noch einmal sehr wichtig zu betonen: Ich schreibe ohne Wertung! Die lichtvollen Menschen sind weder gut noch schlecht, genauso wenig wie die Menschen, die aufgrund von alten emotionalen Verletzungen ihr Herz noch verschlossen haben. Ich nutze die Worte „positiv“ und „negativ“ auch nur, weil sie in unserer Gesellschaft genauso verankert sind und deshalb direkt Anklang bei dir finden. Denn das, was ich gleich als „negativ“ bewerten werde, ist in Wahrheit das größte Geschenk, das die Kinder uns und der Gesellschaft machen können! Also auf zum „Negativ-Beispiel“.

Vielleicht kommt es dir bekannt vor, dass du mit deinem Kind an einen neuen Ort gehst, ob in privatem Umfeld oder in der Öffentlichkeit, oder ihr Besuch bekommt, der noch nie bei euch war, und dein Kind benimmt sich völlig daneben. Es polarisiert, provoziert und triggert den oder die Menschen, wo und wie es nur kann. Völlig verständlich, wenn in dir dann Frust, Scham oder Schuldgefühle emporsteigen. Du weißt: All das darf sein, darf gefühlt werden. Aber es ist so wichtig für dich, dein Kind und die Erde, dass du dann wieder deine schöpferische Rolle übernimmst. Beobachte deine Gedanken und deine Gefühle. Oft passiert es, dass selbst ein Schattenanteil in uns getriggert wird und wir automatisch so handeln, wie es unsere Mutter damals tat. Doch versuche bitte nicht, in ein altes Muster zu fallen, sondern werde dir dieses Musters bewusst und sage innerlich „Stopp“, um dich bewusst neu zu entscheiden und neu zu positionieren.

Die Frage ist jetzt natürlich: Wieso passiert das?

Unsere Kinder tun dies nicht bewusst oder aus Absicht, was ihnen fälschlicherweise oft unterstellt wird. „Er/sie will sich jetzt nur in den Vordergrund drängen!", so ein Beispiel. Diese Gedanken zeigen wieder Projektionen, denn sehr viele Menschen unserer Generation gehören zu den Kindern, die schön brav und ruhig und angepasst zu sein hatten. Die nicht zu sich stehen durften, zu ihren Emotionen, ihrem wahren Sein. Genau dies hat damals den großen emotionalen Schmerz in uns entstehen lassen. Und wenn da ein energetisches Schmerzfeld in uns ist, dann spüren die Indigos das und reagieren unbewusst darauf, indem sie genau diesen Schmerzpunkt durch ihr Verhalten triggern. Der Sinn dahinter ist Heilung. Heilung kann nur entstehen, wenn die emotionale Wunde offen liegt, betrachtet und angenommen wird. Durch das Hinschauen, Bewusstwerden und Fühlen kommt die innere Heilung in Gang. Je mehr wir heilen, desto reiner und klarer wird unser Energiefeld. Desto klarer unser Energiefeld ist und integer wir sind, desto entspannter sind wiederum die Kinder.

Tiere reagieren übrigens häufig sehr ähnlich. Genau wie bei den Kindern kommt es darauf an, wie sehr die Tiere schon konditioniert und trainiert wurden. Ein „braver Hund" hat nicht anzuschlagen, wenn ein Mensch ihm unheimlich erscheint, das gehört sich schließlich nicht. Genauso lernen die Kinder durch Erziehung, dass sie ihre Wahrnehmungen unterdrücken und nicht zeigen sollen. Sie spüren „da stimmt etwas nicht", aber dürfen es nicht zum Ausdruck bringen, was zu Frust führt , der sich dann häufig in diesen Situationen entlädt.

Die Reaktion von Mila ist auch sehr tagesformabhängig. Je nachdem, in welcher Verfassung sie ist, ob hungrig oder müde, und je nachdem, ob ich gerade mit mir selbst im Reinen bin oder sich bei mir ein Thema ankündigt, reagiert sie anders.

Doch eins ist sicher: Alles folgt einem höheren Plan. Im Großen und Ganzen hängt alles zusammen. Wir helfen unserem Kind, indem wir bewusst wahrnehmen, aus der Wertung rausgehen, ihm den Raum und gleichzeitig das Gefühl geben, dass wir da sind, es sehen und begleiten. Die große Herausforderung besteht darin, genau dieses Wissen in unseren Alltag zu integrieren. Dazu erinnern wir uns am besten noch einmal daran, weshalb diese Kinder überhaupt zu uns auf die Erde gekommen sind. Sie sind hier, um mit den alten Systemen zu brechen. Sie sind hier, um ein neues „Normal" zu erschaffen. Ein Normal, das für jedes Individuum und für die gesamte Erde gesünder ist als alles andere, was wir jetzt noch leben.

Erst kürzlich habe ich zu dem Thema eine Folge für meinen Podcast: „Folge deiner Intuition – kreiere deinen Himmel auf Erden" aufgenommen mit dem Titel: „Was ist schon normal? Trau dich, anders zu sein!"

Ich wurde zu dieser Folge durch ein Erlebnis inspiriert, das ich an der Stelle auch mit dir teilen möchte: Mit Mila besuchte ich einen neuen Musikkurs in der Stadt. Ihr Zustand, ja, ihre gesamte Konstitution war alles andere als ideal. Sie war müde, hungrig und musste zur Toilette. Dazu war sie aufgeregt, weil ihre beste Freundin auch mit dabei war. Dafür beteiligte sich Mila erstaunlich gut. Alle Kinder saßen im Stuhlkreis und machten das nach und mit, was die Kursleiterin vorgab. Doch Milas Stimmung begann zu schwanken. Sie lief immer mal wieder zu mir und krabbelte auf meinen Schoß, der ihr wie ein sicherer Hafen erschien. Dann, nach dem vierten Mal hoch und runter, nahm sie die Arme nicht mehr hoch und runter, sondern schwang sie von einer Seite zur anderen Seite und beklagte sich lautstark, als ein anderes Kind ein Tuch in ihrer absoluten Lieblingsfarbe „Rot“ bekam und nicht mit ihr tauschen wollte. Aus einer Zimmerecke spürte ich Gedanken und Gefühle einer anderen Mutter, die über Mila wertete. Sie sagte nichts, aber ich fühlte alles. Und dann begann mein Gedankenkarussell zu arbeiten. Mir wurde es zunehmend unangenehmer, dass Mila mal wieder nicht ordentlich mitmachte und andere im Raum damit triggerte. Dann unterbrach ich meine eigenen Gedanken mit „Stopp“ und hinterfragte mein Denken. Wieso ist es mir unangenehm? Und was konkret tut Mila denn eigentlich, und was wünsche ich mir für sie als erwachsene Person?

Mir wurde bewusst: Mila zeigt ihre Bedürfnisse, kommuniziert sie und steht dazu. Sie probiert alles Neue aus, aber wenn sie den Sinn nicht erkennt, dann lässt sie sich nicht verbiegen. Sie steht zu 100 % zu sich. Also genau das, was ich mir für sie als Erwachsene wünsche.

Mit der Erkenntnis konnte ich wieder wunderbar zu und hinter meinem Kind stehen. Mila äußerte danach, dass ihr der Unterricht nicht gefallen hätte und sie nie wieder dahin gehen würde. Mit ihrem Verhalten, das die anderen triggerte, sorgte sich gleichzeitig für Heilungspotenzial. Denn, wer weiß, was die andere Mutter in ihrer Kindheit erlebt hatte, indem es für sie ein „No Go“ war, wie ein Kind sich frei zum Ausdruck brachte und zu sich stand – für die Mutter ein schmerzhafter Punkt, wenn sich jemand nicht unterordnen kann und einfach „sein Ding durchzieht“.

Das ist es doch, was genau auch meiner eigenen Indigo-Vision entspricht: Mein Herz träumt von einer Neuen Erde, in der jeder die Masken fallen lassen kann, indem jeder zu seinem wahren Selbst steht und sich lebt, damit hier Frieden, Einklang und Harmonie entstehen können. Mir war Milas Handeln zunächst auch unangenehm, weil ich mir genau diese Dinge noch nicht zu hundert Prozent eingestehen kann, die sie (genau wie ich) mitgebracht hat und auslebt, denn ich habe einst gelernt, dass ich sehr unangenehm auffalle, wenn es „nur nach meiner Nase geht“, ich „herumkommandiere“ und „nicht alle nach meiner Pfeife tanzen“. Durch diese für mich schmerzhaften Sätze aus der Kindheit bin ich in Unfrieden gekommen mit meiner eigenen Führungsrolle, zu der ich mich immer mehr zu bekennen lerne. Eine Führung in einer Form, die jedem Rahmen einen Sinn gibt und in dem jeder gesehen und begleitet wird, wie er es gerade braucht. Und nicht in einer dominanten, unterdrückenden Weise.

Die Frage, die wir uns stellen dürfen, ist: Was ist der richtige Nährboden für mein Kind? Wo fühlen wir uns wohl?

Weißt du, ich habe das Gefühl, dass mich immer wieder diese Impulse überkommen, irgendwo hinzugehen, weil es normal ist und es jeder so macht, damit mein Kind andere triggern darf, und ich gleichzeitig wertvolle Erkenntnisse für mich und auch für dieses Buch sammeln darf. Denn mit dem Musikunterricht ist erst einmal Schluss, und immer mehr kommt in mir der Wunsch auf, einen Ort zu erschaffen, an dem jeder SEIN darf. An dem jeder gesehen wird in seiner ganz eigenen Stärke, mit seinen Potenzialen. Mila ist eine geborene Führerin, und das zeigt sich schon jetzt. Ich weiß, es ist in der Gesellschaft mehr als unangenehm, aber dein Kind ist nun mal als Führer geboren. Es probiert sich im Spielerischen aus, es will gesehen werden, auf der Bühne des Lebens stehen und darf in seine Aufgabe hineinwachsen. Tu dir und deinem Kind den Gefallen und gib ihm auch hier stets das Gefühl, dass es richtig ist, wie es ist. Man wird als Führer geboren, aber in dieses Potenzial darf man, wie in alles, hineinwachsen. Ich danke Mila für diese riesige Chance des Lernens.

Suche immer wieder Orte und Menschen auf, wo ihr beide eure Batterien aufladen könnt, indem dein Kind so sein darf, wie es ist, oder kreiere selbst einen Ort im Kleinen oder Großen, an dem sich Gleichgesinnte einfinden können. Dein Kind wird die sozialen Komponenten früh genug lernen, und auch hier gilt, dass unsere Vorbildfunktion letztlich das ist, was zählt. Das Kind lernt nicht durch das, was wir ihm erzählen, sondern durch das, was wir ihm im Zusammensein mit anderen Menschen vorleben. Und da dient es sicher wenig, wenn unsere Kinder in allen möglichen Konfliktsituationen hören, was sie gerade falsch machen und was anders sein sollte. Wir leben es vor, und dürfen auch mit uns liebevoll sein und immer mehr in diese Rolle hineinwachsen.

☆☆

„Sorge dich nicht um dein Kind. Um das Wesen, das ein reines Kriegerherz hat und mit diesem zur Erde geschickt wurde, um alle Menschen dort zu berühren, wo sie noch dunkle Flecken haben, weil sie sich einst selbst abgelehnt haben. Die Kinder berühren diese Menschen so stark, damit sie zu sich selbst erwachen. Die Menschen mit den dunklen Flecken werden so lange vom Leben berührt, bis sie hinschauen. Bis sie den wertenden Blick von den anderen nehmen und sich dazu bekennen, dass es etwas mit ihnen selbst zu tun haben muss. Das ist das größte Geschenk, was ihr euch gegenseitig machen könnt, und es

ist gleichzeitig eine schwierige Aufgabe im Mensch-Sein. Mehr oder weniger bewusst jemand anderen an seinen wundesten, emotionalen Punkten zu berühren, um Heilung zu ermöglichen, weil ihr alle gleichzeitig im Zellbewusstsein abgespeichert habt, dass es so wichtig ist, geliebt zu werden, und ihr diese Liebe erhaltet, wenn ihr möglichst viele Schattenseiten verdrängt und viele positive Seiten zeigt. Doch traut euch, zu euch zu stehen, zu eurer Wahrheit, zu euren Impulsen, die so wichtig sind für euer eigenes Vorankommen und das der anderen.

Erkennt also die machtvolle Aufgabe, die eure kleinen Krieger und Kriegerinnen innehaben, und steht zu ihnen. Macht sie nicht klein und entschuldigt sie nicht vor den Menschen, die sie triggern, sondern sorgt für Aufklärung. Sprecht offen über eure Gedanken und Gefühle, sodass ein neues Bild entstehen kann. Das wiederum ist deine Macht. Dein Kind hat dich nicht ohne Grund ausgewählt. Es fordert dich auf, zu dir zu stehen, zu wachsen, eine Einheit mit ihm zu bilden. So steh zu deinem Kind. Bildet eine Einheit für das Große und Ganze, damit Heilung geschehen kann, sich ein neues „ Normal" der Gesellschaft formt und Bewegung hineinkommt. Macht ihr alles so weiter wie die Generationen vor euch, dann wird sich wenig verändern. Umso wichtiger ist eure Rolle. Wir wissen, dass diese Rolle nicht immer bequem ist und euch keinen Spaß bereitet, aber auch das ist nur eine Sichtweise, und ihr könnt jederzeit die Perspektive verändern. Erinnert euch einfach stets an den Auftrag eures Kindes und an den euren als Elternteil und Begleiter dieses Kindes. Euer Kind macht nichts falsch. Es lebt die Eigenschaften der Neuen Erde vor, in einer Welt, die gerade erst zur Neuen Erde wird. Gebt ihm Raum, Sicherheit und Entfaltungsmöglichkeit dazu."

Eine häufige Kombination: Das Indigo-Kind und eine Mutter, die lernen darf, Grenzen zu setzen und für ihre Bedürfnisse einzustehen

Häufig tritt die Kombination Indigo-Kind mit einem Elternteil auf, dessen Lernaufgabe es ist, mehr Selbstliebe zu entwickeln, seinen eigenen Wert zu erkennen, sich seinen Raum zu nehmen und liebevoll seine Grenzen abzustecken. Prüfe dich gerade einmal selbst: Fällt es dir leicht, „Nein" zu sagen? Stellst du die Bedürfnisse anderer gerne über deine eigenen? Und falls du dich doch einmal mehr im Blick haben solltest, tust du das dann mit reinem Gewissen, oder plagen dich schnell Schuldgefühle und ein schlechtes Gewissen? Erwischt...?

Dann lies bitte weiter in diesem Kapitel, auf dass es dir Erkenntnisse bringen möge und dich inspirieren kann. Das Thema Selbstliebe ist ein so großes, wesentliches, was unser ganzes Leben beeinflusst. Das, was wir über uns selbst denken, erzeugt Gefühle, und Gefühle erzeugen Schwingungen. Das, was wir aussenden, ziehen wir wiederum an. Das bedeutet, wenn du dich selbst liebst und wertschätzt, ziehst du die Fülle in deinem Leben an, in Form von materiellen und immateriellen Dingen. Fühlst du dich hingegen klein und wertlos, so ziehst du infolgedessen Mangel in dein Leben.

Egal, wie hoch dein Selbstwertgefühl zum aktuellen Zeitpunkt ist, sei hier und jetzt liebevoll mit dir. Tag für Tag hast du die Möglichkeit, neu zu entscheiden und zu wachsen, und zwar in deinem ganz eigenen Tempo. Du bist genau richtig, so, wie du jetzt in diesem Moment bist. Und du bist hier, um zu wachsen, dich zu entwickeln, zu heilen und Erkenntnisse zu erlangen.

Indigos sind die perfekten Lernpartner an deiner Seite, weil sie extrem willens- und durchsetzungsstark sind und schon mit dem Gefühl „Ich bin etwas Besonderes“ geboren werden und das auch zeigen, auch wenn viele Indigos mit sich selbst im Clinch liegen, weil das äußere Umfeld ihnen das Gefühl vermittelt, dass etwas mit ihnen nicht in Ordnung ist, weil sie nicht in die bestehenden Systeme passen, scheinbar zu sensibel und zu starrköpfig sind für diese Welt. Doch das sind sie natürlich nicht, wie du weißt. Dein Kind ist ein wundervolles Geschenk, und alles kann sich für dich, für dein Kind und euer Zusammenleben verändern, wenn du dich nur für diese neue Sichtweise öffnest. Alle Momente mit deinem Kind, die dich herausfordern, sind *für* dich! Nicht gegen dich. Du kannst an ihnen wachsen. Gewisse Muster werden in Familien den Generationen unbewusst übergeben. Das heißt, wenn deine Mutter schon Schwierigkeiten damit hatte, sich Raum zu schaffen und Nein zu sagen, dann ist die Wahrscheinlichkeit groß, dass ihre Tochter oder eine ihrer Töchter dieses Muster übernimmt. Das Muster wird so lange weitergegeben, bis es einer aus der Ahnenlinie durchbricht. Das kannst du sein.

Die große und gute Frage ist jetzt natürlich: „Aber wie?“

Der erste Schritt hierzu ist, sich des Musters bewusst zu werden. Du erkennst, dass deine Gedanken und Emotionen sehr deiner Mutter ähneln. Versteh mich bitte an der Stelle nicht falsch. Es gibt viele großartige Dinge, die wir von unseren Eltern übernehmen. Es geht nicht darum, uns komplett von unseren Eltern zu trennen oder alles heilen zu müssen. Angesprochen sind hier ausschließlich die Dinge, die dich belasten. Wenn du eine Mama bist, die sich rund um die Uhr kümmert und die Bedürfnisse ihres Kindes über ihre eigenen stellt, aber damit vollkommen im Frieden und Reinen ist, dann mach genauso weiter. Alles, was aus deinem Herzen kommt und sich stimmig anfühlt, ist wundervoll, gut und genau richtig.

In diesem Kapitel geht es darum, dir selbst gegenüber ganz ehrlich zu sein. Wie fühlst du dich mit dem, was du tust? Kommt es aus reinem Herzen, oder handelst du aus einer Angst heraus? Oder weil du glaubst, dass du es tun müsstest? Aus Schuld- und Pflichtgefühlen?

Indigo-Kinder werden auch besonders gerne in einem Umfeld geboren, in dem Harmonie geliebt wird, die dann meistens erst einmal umgestürzt wird. Jedoch nur dann, wenn die Harmonie nur oberflächlich existent ist und innerlich unterdrückte Gefühle lauern. Wenn alles unter den Teppich gekehrt wird, anstatt offen die Themen anzusprechen, die einem missfallen. Diese besonderen Kinder bringen alles ans Licht. Für deine Heilung und die deiner Familie.

Wir steuern auf eine Zeit zu, in der Authentizität herrschen wird, in der die Herzen offen sind, man sich gegenseitig in Ehrlichkeit und im gegenseitigen Sehen gegenübertritt. All das beginnt bei und, vor allem, in dir! Die Kinder spiegeln dir den Grad deines Selbstwerts, denn um nichts anderes geht es. Sie fordern dich auf ihre Art auf, dir deiner selbst bewusst zu werden, die Wahrheit zu sprechen, ihnen und dir selbst gegenüber. Zu heilen, was der Heilung bedarf. Wenn jeder sich selbst heilt und hilft, dann ist jeder geheilt, und jedem ist geholfen. Im Kern geht es in dieser Kombination immer darum, dein Selbstwertgefühl zu stärken.

Achtung: Ich nehme dich wieder mit auf eine kleine Reise in mein Leben. Genauer gesagt, zurück in meine Kindheit, und dann machen wir einen Sprung in mein Mama-Sein, in dem ich einen großen Bewusstseinssprung machen durfte, was die Beziehung zwischen meiner Tochter und mir noch einmal grundlegend, wie auch mein ganzes Lebensgefühl, positiv verändert hat.

Als Kind, besonders als Jugendliche, war ich oft frustriert, dass meine Mutter es scheinbar nicht schaffte, mir Grenzen zu setzen beziehungsweise zu sich, ihrer Einstellung und ihren Gedanken zu stehen. Sie war biegsam wie ein Grashalm im Wind, und das nutzte ich häufig aus, um all das zu tun oder zu bekommen, was ich wollte, aber insgeheim frustrierte es mich. Ich fing also an, mir selbst Grenzen zu setzen, mich selbst zu kontrollieren, weil ich spürte, dass einiges einfach zu viel war. Ich wünschte mir oft, dass meine Mutter stark genug wäre, um „Nein" zu sagen. Ich spürte ihre innere Unsicherheit, ja, ich spürte jedes Mal, wenn sie zu etwas „Ja" sagte, aber ein nicht ausgesprochenes „Ich will das eigentlich nicht..., ich finde das nicht gut..." mitschwang. Schon als Kind wusste und fühlte ich genau, was dahintersteckte, und das frustrierte mich beinahe noch mehr. Meine Mutter fürchtete sich stets davor, dass sie meine Liebe verlor. Dass ich sie eines Tages verlassen könnte, nichts mehr von ihr würde wissen wollen. Deshalb versuchte sie, mir stets alles recht zu machen. Die Angst spüre ich bei ihr bis heute.

Unnötig, Mama! An der Stelle ganz persönlich an meine Mutter gerichtet, die diese Zeilen mit Sicherheit lesen wird.

Ich spüre, dass meine Mutter in ihrer Kindheit gelernt hat, dass man sich besser anpasst, besser nicht negativ auffällt oder gar aufmuckt, sonst ist man allein und verlassen, was ein fest verankerter Glaubenssatz in vielen von uns ist. Das Spannende jedoch ist, dass genau das Gegenteil der Fall ist. Aber dazu gleich mehr.

Als Hunde und Pferde unser Leben teilten, war ich mehr als konsequent mit ihnen. Ich erzählte meiner Mutter auch stolz, warum. Dass ich nämlich glaube, dass die Erziehung bei Kindern und Tieren (wobei ich es heute nicht mehr „Erziehung" nenne) sehr ähnlich ist. Dass es wichtig ist, ihnen sehr viel Liebe zu schenken und Halt, aber dass sie auch Regeln brauchen – eine Art Führung. Immer dann, wenn das Kind oder das Tier selbst die Lage nicht einschätzen kann. Als Kind verstand ich einfach nicht, warum meine Mutter so inkonsequent war und nie das durchsetzte, was ihrer Meinung nach richtig war.

Als Mama machte ich dann eine sehr interessante Erfahrung. Mila ist gefühlt noch willens- und durchsetzungsfähiger, als ich es seinerzeit war. Außerdem hat sie eine gehörige Portion Mut, Selbstsicherheit und Urvertrauen mit im Gepäck. Und plötzlich passierte etwas Spannendes: Die Rollen wurden getauscht. Ich bekam immer mehr Probleme, in gewissen Bereichen zu meiner Meinung zu stehen. Noch spannender war es in diesen Momenten, meinen eigenen Gedanken zu lauschen. Ich hinterfragte diese Gedanken, mit dem Ergebnis, dass ich Unsicherheit ausstrahlte und keine Chance mehr hatte, für meine Meinung einzustehen. Meine Energie stimmte nicht mehr mit dem, was ich sagte, überein, und so ließ ich es sein, meine Meinung auszudrücken. Aber ich reflektierte weiter und erwischte mich bei der Angst, dass Mila mich weniger lieben könnte, wenn ich zu mir stehen und ihr nicht ständig und immer ihren Willen lassen würde. Dabei ging es um Kleinigkeiten im Alltag, aber für mich war diese Angst fast unerträglich.

Gleichzeitig spürte ich, wie ich immer unsicherer wurde, und eines Tages fiel es mir wie Schuppen von den Augen: Ein Ahnenthema! Ich hatte es übernommen. Der Schritt, das zu erkennen, ist der erste wichtige, um ein altes Muster zu lösen. Das

Wundervolle daran ist, dass, wenn eine Generation ein solches Muster löst, es sich sofort auf die zurückliegenden Generationen auswirkt, wie auch auf die Nachkommen.

Meine größte Motivation der Heilung war, als ich eines Tages erkannte, dass es Mila vermutlich später genauso gehen würde. Als Kind und Jugendliche, ja, sogar als frischgebackene Mama, dachte ich, ich würde nie so denken und fühlen – und dann das! Das heißt: Wenn man sich vor diesem Muster sicher glaubt, es aber dennoch unbewusst übernimmt, wird es automatisch eine Generation weitergetragen, wenn es nicht aufgelöst wird. Also machte ich mich an die Heilung.

Das Leben erhöht den Druck bekanntlich immer mehr, so lange, bis wir etwas erkannt und in der Tiefe verstanden haben, es gefühlt, geheilt und schließlich eine neue Entscheidung getroffen wird.

Mir hatte das Leben den Druck inzwischen so erhöht, dass der Alltag mit Mila immer angespannter wurde. Sie wollte den ganzen Tag ungesunde Dinge essen, oder anderes tun, was ich nicht gut fand, zu dem mir aber die innerliche Klarheit fehlte, die sie mir spiegelte. Mit dem Ergebnis: Es dauerte nicht lange, und ich war rund um die Uhr angespannt, fühlte mich auf dem Sprung und wurde ständig gereizter, weil ich ständig über meine Grenzen ging. Auch wurde Mila immer frecher und respektloser. Das Schlimme daran war, dass ich sie so gut verstehen konnte. War es mir als Kind doch genauso ergangen.

Während ich das jetzt hier schreibe, ist das aktuell erst wenige Wochen her, und doch kann ich mir kaum noch vorstellen, dass ich solch eine innere Zerrissenheit mit dem Thema spürte. Aber das ist so: Alles fühlt sich zunächst schwer an, bevor es leicht wird. Wie wahr! Und wie schön, ich darf dir an dieser Stelle die Hoffnung schenken, dass ein uraltes Thema, das vielleicht sogar von Generation zu Generation unbewusst weitergereicht wurde, sich binnen Tagen für immer lösen kann. Nach Unklarheit zieht Klarheit ein, und Klarheit bedeutet Freiheit.

Mir war bewusst, was vor sich ging, und mir war bewusst, warum Mila sich so verhielt, wie sie es tat, und dennoch schaffte ich es nicht, energetisch und klar zu mir zu stehen. Kinder und Tiere zeigen uns so klar, wie authentisch wir in Wahrheit sind. Mit Wissen alleine kommst du hier nicht weiter.

Denn selbst mit dem Wissen, was hier abläuft, hätte eine andere Reaktion – zum Beispiel klar zu bleiben und zu meinem Gefühl zu stehen – rein gar nichts gebracht. Bei einem Indigo passiert tatsächlich genau das Gegenteil: Gibst du dich selbstsicher und klar, trägst aber eine unterdrückte Angst in dir, dann werden Indigos regelrecht sauer. Sie spüren den Fake, und das mögen sie gar nicht. Das weiß ich aus eigener Erfahrung, aus beiden Perspektiven.

Ich fühlte mich ein paar Tage regelrecht machtlos und öffnete mich innerlich, allein durch meine Absicht, Heilung zuzulassen, und die kam dann auch sehr prompt. Eines Tages fühlte ich die Angst regelrecht in mir hochsteigen, die Angst, ihre Liebe zu verlieren. Ich hatte das Gefühl, dass wir immer mehr durch diese energetische Kluft auseinanderdriften würden. Doch als die Angst dann so stark wie noch nie um die Ecke kam, öffnete ich mich ihr und gab mich hin. Ich fühlte sie geradezu körperlich. Spürte, wie sich alles zusammenzog, aber ich machte weiter auf, ich lud sie sogar ein, sah sie als Freund, nicht mehr als Feind. Ich atmete bewusst, durchfühlte die komplette Angst, bis sie sich langsam aufzulösen begann.

Als ich die Angst fühlte, reflektierte ich ganz anders und erkannte, wie absurd der Gedanke ist, die Liebe von jemandem zu verlieren, wenn man ihm oder ihr nicht alles recht macht. Wie können wir die Maske eines Menschen lieben? Wahre Liebe entspringt dem Herzen, ist eine unsichtbare Verbindung. An wahrer Liebe lässt sich nichts zerstören. Die Verbindung wird umso enger, je mehr wir uns zeigen, wie wir sind. Offenen Herzens. Je mehr du dich selbst liebst, desto mehr können andere Menschen dich lieben, beziehungsweise kannst du ihre Liebe fühlen.

Was in den Tagen und Wochen nach meiner Heilung und Erkenntnis passierte, war noch erstaunlicher. Schon einen Tag später hatten wir wieder eine der typischen Alltagssituationen. Doch dieses Mal gab es von meiner Seite kein Nachdenken, keine innere Unsicherheit, keine schleichende Angst. Dafür aber große Klarheit und gesprochene Wahrheit, in Liebe zu mir selbst und zu meiner Tochter. Ich war so überrascht, was aus meinem Mund kam. Nicht wegen der Worte selbst, sondern wegen meiner gefühlten Klarheit, auf die Mila sofort reagierte. Ich glaube, es war ein: „Naaa gut, wenn es sein muss!“ Ja, so spricht sie schon mit ihren gerade mal drei Jahren, und ich schmunzle liebevoll, während ich dieses schreibe. Hinter ihren Worten spürte ich jedoch keinerlei Genervtsein, sondern tiefe Erleichterung. Ein unausgesprochenes: „Na endlich!“

Die Klarheit ist bis heute geblieben, die Angst verschwunden. Und zwischen Mila und mir herrscht seitdem eine noch tiefere Bindung als schon zuvor. Unser Alltag ist so unglaublich entspannt geworden. Sie respektiert meine Grenzen, wodurch ich auch einmal kurz Raum für mich habe, in dem ich zehn Minuten in Ruhe ein Buch lesen kann, während sie spielt, oder den Haushalt erledigen kann, ohne ständig gerufen zu werden und ein schlechtes Gewissen zu haben, ihr nicht dauerhaft zur Verfügung zu stehen. Was war das für ein Stress! Und nun ist da tiefer Frieden in mir, in ihr, Harmonie im Alltag.

Und auch Mila profitiert davon, weil ich in den Spielzeiten wirklich Lust habe, mit ihr zu spielen und mit all meinem Sein bei ihr bin. Das hat sie bemerkt und respektiert meinen Raum.

Diese besonderen Kinder schulen uns in Selbstliebe. Wenn du mit dir im Reinen bist, wenn du dich selbst liebst und wertschätzt, dann strahlst du das aus. Selbstliebe ist das, was so anziehend auf andere Menschen wirkt. Die Menschen respektieren dich, wenn du dich selbst respektierst. Menschen haben gelernt, sich zu verstellen, sie sagen vielleicht andere Dinge, als sie über dich denken oder hinter deinem Rücken sagen würden. Deine Kinder drücken jedoch stets genau das aus, was der Wahrheit entspricht. Sie spiegeln dich, zeigen dir deine Heilungspotenziale auf.

Es ist so wichtig, dass du dich um dich selbst kümmerst! Eine große Motivation, gut für mich zu sorgen, war auch die Tatsache, dass wir als Vorbild für unsere Kinder fungieren. Eine Mama, die ihre eigenen Bedürfnisse immer wieder hinter alles andere stellt, hinter die Kinder, den Ehemann, die Tiere, den Haushalt etc., dient ihren Kindern nicht in der Weise, wie sie es sich wünschen würde. Sie lebt ihren Kindern das Bild der Frau vor, das die Kinder ihr Leben lang prägen wird. Daher: Wenn es dir zu Beginn noch schwerfällt, dieses Verhalten allein für dich an den Tag zu legen, dann tu es auch für dein Kind, deine Kinder! Leb ihnen vor, wie ein glücklicher und erfüllter Mensch aussieht. Das ist wohl das Wertvollste, was wir für unsere Kinder tun können.

Wenn ein Kind zur Welt kommt, gehen die meisten Menschen über ihre Grenzen hinaus, und dagegen ist für diese besondere Zeit auch nichts einzuwenden. Ein Säugling braucht dich rund um die Uhr. Da geht es natürlich nicht, ihn schreiend liegen zu lassen, weil du meinst, du brauchst jetzt eine Pause. Es geht in der sensiblen Phase, in denen unsere Kinder noch sehr viel Betreuung und Begleitung brauchen, darum, kreativ zu werden und auch aktiv um Hilfe zu bitten. Mila war, wie die meisten hochsensiblen Kinder, sehr betreuungsintensiv, und für mich hatte es höchste Priorität, ihr einen guten Start in dieses Leben zu ermöglichen, indem ihr Urvertrauen gut aufgebaut werden konnte.

Ich bin zu Beginn oft über meine Grenzen gegangen, habe aber dann mit der Zeit Mittel und Wege gefunden, um sie voll und ganz so zu betreuen, wie sie es brauchte, aber selbst nicht unterzugehen und mich zu verlieren. Zum Beispiel begann ich, in den Stillzeiten zu meditieren. Da sie ohne Körperkontakt nicht schlafen konnte, habe ich sie jeden Mittag in die Trage genommen, bin mit unserer Hündin spazieren gegangen und habe sie auf diese Weise in den Schlaf „gelaufen", um mich anschließend an den Laptop zu setzen und zu arbeiten. Beides tat mir gut, Mila schlief friedlich, und wenn sie aufwachte, war ich auch wieder erfrischt, weil ich in der Zwischenzeit Dinge tun konnte, die mein Herz erfüllten. Wir suchten uns eine Putzfee, damit ich mich in den wenigen Pausen nicht um den Haushalt kümmern musste, sondern mich einfach mit einem Kaffee und einen Buch entspannen konnte.

Als Mila älter wurde, baute ich immer wieder Dinge in unseren Alltag ein, die auch mir Spaß machten, wie gemeinsames Malen, Herzensmenschen besuchen, Ausflüge machen,

Waldspaziergänge genießen, gemeinsames Tanzen etc., um mich dann mit neuer Energie auch auf ihre heiß geliebten Rollenspiele einlassen zu können.

☆☆

„Selbstliebe hat nichts mit Egoismus zu tun, wie viele von euch noch glauben. Selbstliebe ist ein großer Akt der Liebe, der Wertschätzung dem Leben und dir selbst gegenüber. Nur ein Mensch, der sich selbst liebt, hat ein offenes Herz, kann sich wirklich um andere kümmern. Nur diese Liebe ist echt. Nicht die Liebe, die gibt, weil sie dadurch scheinbare Sicherheit bekommt. Die Liebe, die der Tiefe des Herzens entspringt, ist echt. Kümmert euch zuerst um euch selbst. Denn nur wenn euer Energiespeicher voll ist, wenn ihr ganz bei euch seid, habt ihr die Kraft und Energie, anderen Gutes zu tun. Nur auf diese Weise bringt ihr gute Energie, Liebe und Harmonie in eure Familien, und das ist das, worauf es wirklich ankommt. Auch hier gibt euch die Natur das beste Beispiel:

Keine Pflanze und kein Baum dieser Erde trägt vierundzwanzig Stunden und über das ganze Jahr hinweg Früchte für euch. Auch die Natur ruht aus, regeneriert sich, zieht sich zurück, lebt für sich, um wieder alle Kraft zu sammeln, neue Früchte zu produzieren und damit die Erde zu bereichern.

Selbstfürsorge ist so unglaublich wichtig für diese Erde. Selbstliebe bedeutet, dich immer wieder mit deinem Herzen zu verbinden. Zu fühlen, dir bewusst Zeit für dich zu nehmen, dich kennenzulernen und dir die Dinge zu schenken, die du zu tun liebst. Selbstliebe bedeutet auch, dich mit all deinen Anteilen anzunehmen, dich selbst wertzuschätzen, nicht nur an besonderen Tagen. Jeder Tag ist besonders. Du bist besonders. Erkenne dich an. Schenke dir selbst die Liebe, die du dir von anderen wünschst, und die ganze Welt wird dich gemäß des Resonanzgesetzes mit Liebe überhäufen. Ein liebendes Herz zieht andere liebende Herzen an.

Lebt das euren Kindern vor, denn das, was ihr ihnen vorlebt, zu dem werden sie."

☆☆☆

Die Geschenke der Indigo-Kinder

Nicht wir sind die Lehrer unserer Kinder, die Kinder sind die unsrigen. Schon seit Anbeginn der Zeit gab es immer wieder Entwicklungsschübe auf der Erde. Immer wieder gab es Zeiten, zu denen ein Wandel in der Welt passierte. Zu diesen Zeiten wurden seit jeher Kinder geboren, die im Bewusstsein ihrer Zeit voraus waren. Wir befinden uns derzeit im größten Weltenwandel, den es je gegeben hat. Er dauert bereits ein paar Jahrzehnte an und wird voraussichtlich noch einige Jahre und Jahrzehnte voranschreiten. Doch schon jetzt ist überall spür- und sichtbar, dass sich etwas verändert hat. Die Menschen denken anders, stehen für ihre Werte auf und ein. Neue Systeme werden erschaffen, und wir machen uns an vielen Stellen ernsthaft Gedanken darüber, wie wir unseren Planeten Erde retten können.

An vielen Stellen denken wir, wir wären unseren Kindern überlegen. Wir sind schließlich die, die deutlich mehr an Lebenserfahrung vorzuweisen haben und wissen, wie die Dinge so laufen. Doch wir dürfen uns noch einmal bewusst machen, dass zu dieser Zeit nur noch Seelen geboren werden, die uns in ihrer Bewusstseinsentwicklung überlegen sind. Sie sind gekommen mit wichtigen Werten, Wissen und besonderen Aufgaben.

Ich lade dich dazu ein, dich für die Geschenke deines Kindes an dich ganz zu öffnen! Sie lehren uns schon so viel von der ersten Minute an, die sie hier auf der Welt verbringen. Jedes Kind bringt sein ganz eigenes Geschenk mit in die Familie, und oft für jedes Familienmitglied ein individuelles.

Hier habe ich für dich ein paar Geschenke der Kinder der Neuen Zeit, der neuen Hüter der Erde, die sie für uns alle mitbringen, zusammengetragen, sodass du sie noch bewusster mit offenen Armen in Empfang nehmen kannst:

Bedingungslose Liebe

Niemand kann uns so schnell und so leicht spüren lassen, was es heißt, jemanden bedingungslos zu lieben. Wir verwechseln das Wort „Liebe" so oft mit dem Wort „brauche". So verbirgt sich häufig hinter der Aussage: „Ich liebe dich!" die Botschaft: „Ich brauche dich!" Viele Menschen fühlen sich geschmeichelt, wenn sie gebraucht werden, und empfinden es als Kompliment oder gutes Zeichen, wenn der Partner eifersüchtig ist oder uns sagt, er oder sie könne ohne uns nicht leben. Doch es zeigt nichts anderes auf, als dass der Brauchende im Mangelbewusstsein ist. Er hat Angst, etwas zu verlieren, weil er etwas außerhalb von sich selbst sucht, um sich vollständig zu fühlen. Doch zu finden ist es immer nur in uns selbst.

Wahre, bedingungslose Liebe lässt frei. Wenn wir jemanden wirklich lieben, dann geht es uns nicht mehr um uns. Dann geht es nicht darum, wie wir uns fühlen, was wir wünschen, und es geht auch nicht darum, mit dem Menschen zusammen sein zu wollen. Das eine schließt das andere aber natürlich nicht aus. Wenn wir wahrhaft lieben, dann lassen wir die Person frei und wünschen ihr ehrlich und von ganzem Herzen das größte Glück der Erde. Ohne Bedingungen, ohne Erwartungen. Und alles, was wir uns von der Verbindung mit der Person wünschen, erschaffen wir oder finden es in uns selbst.

Kinder sind die besten Lehrer in der bedingungslosen Liebe. Eine Mutter wünscht ihrem Kind das Allerbeste, das größte Glück, ohne etwas zu erwarten. Sie sagt tausend Mal: „Ich liebe dich!", weil sie es fühlt, und gleichzeitig braucht sie es nicht auch von ihrem Kind zu hören. Es freut sie natürlich, es zu hören, aber es ist kein Muss, keine Bedingung für die Liebe ihrem Kind gegenüber.

Wahrhafte Liebe kann niemals verlorengehen. Auch wenn eine Person uns durch Trennung oder Tod verlässt, so ist das Band der Liebe auf ewig existent. Das, was zu uns gehört, wird immer bleiben, oder zu uns zurückfinden. Alles andere ist eine Illusion.

Im Hier und Jetzt sein

Kinder sind mit ihrer ganzen Aufmerksamkeit und mit all ihren Sinnen im aktuellen Moment. Das ist sehr clever und vollkommen natürlich, da es in Wahrheit nichts anderes gibt als diesen Augenblick. Die Vergangenheit ist vergangen, die Zukunft noch nicht da. Doch die meisten Menschen eilen durch ihr Leben. Während sie kochen, denken sie schon an die nächsten Termine. Während sie sich die Zähne putzen, denken sie an den Streit mit dem Partner zurück. In fast allen Momenten des Tages sind wir mit unseren Gedanken beschäftigt, die sich um die Vergangenheit oder die Zukunft drehen. Denn um das Jetzt müssen wir uns keine Gedanken machen. Sind wir jedoch mit unserer vollen Aufmerksamkeit im Jetzt, verschwinden alle Probleme und aller Stress sofort. Ein wahres Zaubermittel.

Der Weg dorthin nennt sich Meditation und ist wieder total *in*, wobei wir unserem wahren Sein begegnen, unserem Wesenskern. Denn bei der Meditation fällt uns auf, dass wir nicht die Gedanken sind, die wir denken. Wir sind nicht die Gefühle, die wir fühlen. Wir sind auch nicht der Verstand, der plant, ausklügelt und ein großer Wissensspeicher ist. Wir sind der Beobachter all dessen. Wir sind der, der alles dahinter wahrnimmt. Das ist dein wahres Sein. Das bist du!

Es gibt einen weiteren großen Vorteil vom Sein in diesem Augenblick. Jegliches Stressempfinden fällt sofort von dir ab. Stressen tut uns nur all das, was außerhalb dieses Moments liegt.

Dazu ein paar Beispiele:

Wann fühlst du dich im Alltag gestresst? Stell dir vor: Ein Geburtstag steht vor der Tür, und es muss noch alles vorbereitet werden, das Auto muss plötzlich noch in die Werkstatt, der wöchentliche Einkauf ist noch nicht erledigt, die Wäscheberge türmen sich...

Vermutlich wächst der Stresspegel schon bei der bloßen Vorstellung daran, oder? Doch warum stresst es dich? Weil sich, gefühlt, ein riesiger Berg unerledigter Arbeiten vor dir auftürmt und du den Druck verspürst, all das noch erledigen zu müssen, und zwar in einer ganz bestimmten Zeit. Vermutlich fühlst du den Stress auch körperlich, zum Beispiel durch Enge in der Brust, ein schneller schlagendes Herz, Schweißausbrüche und weiteres.

Wenn du es jedoch schaffst, dich zu hundert Prozent wieder zurück in diesen Augenblick zu holen, so verschwindet sofort jegliches Stressempfinden. Es geht gar nicht anders! Stress entsteht, weil du zu weit in die Zukunft denkst und blickst.

Gerne verrate ich dir an dieser Stelle meine total simplen Super-Tools, die mich wieder zurück in den Augenblick bringen. Es gibt ein passendes Sprichwort dazu: „Du solltest täglich zwanzig Minuten meditieren. Außer, wenn du es eilig hast, dann solltest du eine Stunde meditieren."

Wenn ich merke, dass mein Stresspegel steigt, weil ich zu weit im Voraus denke, dann atme ich tief durch und konzentriere mich für einige Minuten nur auf meinen Atem. Ich beobachte ihn und nehme bewusst mehrere tiefe Atemzüge. Das tue ich so lange, bis sich mein Körper und mein Kopf wieder entspannen. Außerdem hilft der folgende Satz mir sehr, mich im Alltag immer wieder daran zu erinnern, indem ich mir innerlich sage: „Ich koche jetzt nur!", oder „Ich spiele jetzt nur mit Mila!", oder „Ich gehe jetzt nur spazieren!" Durch dieses innere Mantra meiner augenblicklichen Tätigkeit hole ich mich wieder in den Moment zurück. Ich stoppe damit den Gedankenkreislauf und kann den jetzigen Augenblick genießen.

Wie häufig geht es uns so, dass wir durch unseren Alltag hetzen, erledigen die eine Sache und sind mit den Gedanken schon bei der nächsten. Das Leben fliegt nur so an uns vorbei, und wir haben das Gefühl, als würde die Zeit immer schneller an uns vorbeiziehen. Kein Wunder! Wir machen fast alles auf Autopilot, handeln aus Gewohnheiten und Struktur und vergessen dabei, das Leben ganz bewusst wahrzunehmen und zu genießen. Indem du dich immer wieder auf das Jetzt fokussierst, bringt es dir nicht nur sofortige Entspannung für Körper und Seele, es bringt dich auch wieder den Wundern des Lebens nahe, und das schönste Geschenk ist für mich dabei, dass du augenblicklich zu deiner Intuition geführt wirst.

Ich gestalte fast ausschließlich unseren Alltag so. Ich gehe in mich, bin ganz bei mir, und dann kommt intuitiv etwas hoch. Etwas, was wir tun, was wir essen, mit wem wir uns mal wieder treffen könnten, und so weiter. So lebst du dich selbst und wirst nicht gelebt.

Was für ein riesengroßes Geschenk! Und jedes Kind auf dieser Erde ist ein Zen-Meister in Sachen „Achtsamkeit". Sie *sind.* Sie denken nicht, sie fühlen, sie spüren und handeln danach. Frei, und aus dem Moment heraus.

Keine Vorurteile haben

Kinder sind vollkommen frei von Urteilen und Bewertungen. Diese setzen erst später ein, je nachdem, in welchem Umfeld sie groß werden, was sie sich abschauen, und ab wann sie sich mit ihrem Ego identifizieren. Die Kinder erinnern uns in jedem Augenblick daran, wer wir in Wirklichkeit sind. Denn das, was wir wirklich sind, aber allzu oft vergessen, leben sie uns in ihren jungen Jahren vor. Sie sind frei von Ego, frei von Urteil, Vergleich und Wertung. Sie nehmen die Menschen, die Situationen, völlig frei und bedingungslos an. Sie haben eine enge Verknüpfung zu ihrem Sein und handeln aus den Impulsen heraus, ehrlich und authentisch.

Wie oft sind wir im Schubladendenken gefangen. Wir sehen einen Menschen und sind sofort dabei, ihn in eine bekannte Schublade einzusortieren. Wir haben aber nicht nur Menschen gegenüber Vorurteile, sondern auch speziellen Tieren und Tierrassen, neuen Situationen, Ländern, Kulturen und Religionen gegenüber. Es ist ganz normal, dass unser Verstand im Laufe unseres Lebens die erlebten und erlernten Dinge einordnet, was auch hilfreich ist, aber nur zum Teil. Indem wir in Schubladen denken, müssen wir nicht ständig die gleichen Erfahrungen machen. So macht es Sinn, sich einzuprägen, welche Entscheidung zu welchem Resultat führte. Es würde uns auch sehr beeinträchtigen, müssten wir Zähne putzen, duschen, anziehen und so weiter von Tag zu Tag ganz neu erlernen. Der Verstand, das gespeicherte Wissen und diverse Abläufe in unserem Unterbewusstsein sind also auch etwas ganz Wunderbares und Nützliches.

Aber das, woran uns die Kinder als Meister-Lehrer erinnern, ist, dass wir auch einmal unsere Scheuklappen absetzen, einmal nicht in den inneren Schubläden graben, sobald neue Menschen oder Situationen auf uns zukommen, sondern uns innerlich dafür öffnen, dass wir vielleicht einen ganz neuen Schrank für das Kommende aufstellen. Einen Schrank mit vielen Schubladen, die bislang noch gar nicht existierten. Denn nur wenn unser Geist offen ist, kann er Neues lernen. Wenn wir jemanden oder etwas von vorneherein abstempeln, dann werden wir nicht anders können, als ihn einzig und allein durch unsere eigene Brille zu sehen. Doch vielleicht hat dieser Mensch ganz besondere Qualitäten oder Geschenke für uns, und wir hindern uns selbst, diese zu erkennen, weil wir ihn direkt beurteilt haben. Vorurteilsfrei zu sein schenkt uns Offenheit. Offenheit schenkt uns das Potenzial, wertvolle, neue Dinge für unseren ganz eigenen Lebensweg zu erfahren.

Sich selbst leben

Diese drei Worte klingen im ersten Moment nach dem Natürlichsten auf der Welt, und dennoch leben ganz viele Menschen zu dieser Zeit noch nicht sich selbst. Sie sind ein Abbild dessen, was sie vorgelebt bekommen haben. Sie folgen der Gesellschaft, indem sie scheinbar normale Dinge tun, die ihnen Sicherheit versprechen. Doch diese Sicherheit ist eine Illusion. Unser Verstand mag es sicher und komfortabel und wurde im Laufe unseres Lebens mit vielen Glaubenssätzen, Strukturen und „So macht man es"-Überzeugungen gefüllt. Doch spüre einmal jetzt in dich hinein. Frage dich: Lebe ich mich? Lebe ich mein wahres Selbst? Das, weshalb ich hier auf die Erde gekommen bin? Das muss nicht nur den Beruf betreffen, sondern auch dein tägliches Sein und Handeln.

Woran erkennst du, ob du dich selbst lebst? Auch hier wende ich den Blick zu den Kindern. Sie kommen schon mit ihrem eigenen Charakter zur Welt, und zwar als ein vollkommenes Wesen. Sie sind frei von Konditionen. Sie denken folglich nicht darüber nach, wie ihr Wirken und ihr Sein ankommen könnten. Sie sind maskenfrei, ganz natürlich und authentisch. Sie folgen der Freude, dem Fluss der Leichtigkeit, und tun in jedem Augenblick das, was sich für sie stimmig anfühlt.

Je älter die Kinder werden, desto mehr werden sie konditioniert, indem sie für ein bestimmtes Verhalten belohnt und für ein anderes getadelt werden. Alle Seelen sehnen sich nach Annahme und Liebe, weshalb die Kinder irgendwann anfangen, uns gefallen zu wollen – es sei denn, sie sind Indigos. Auch diese neigen dazu, sich anpassen zu wollen, wenn sie mit ihrem Sein ständig und überall anecken, aber aufgrund ihres Naturells ist die gewollte und versuchte Anpassung für sie sehr schwer bis gar nicht aushaltbar. Manche Kinder gehen tief in sich, machen zu und rebellieren still oder laut, indem sie einfach nicht mehr funktionieren. Nicht ohne Grund drücken sie dabei unbewusst genau die Knöpfe, die in uns etwas berühren, damit es Heilung erfahren darf.

Die Anforderungen der Gesellschaft, des Systems und der Prägung des Elternhauses verursachen nicht ohne Grund häufig schon Burn-Out-Symptome und Depressionen bei Schulkindern. Genau das sind die Symptome unserer Psyche, die uns tief alarmieren und aufwecken sollten. Denn diese neumodischen Krankheiten bedeuten, dass wir gerade nicht uns selbst leben. Dass wir Dinge tun (müssen), die uns ersticken, die nicht unserem wahren Selbst entsprechen.

Wenn du dich also gefangen fühlst, unzufrieden, dauerhaft müde, depressiv, pessimistisch, überfordert oder ausgebrannt, kannst du ziemlich sicher sein, dass du in diesem Lebensabschnitt nicht mit deinem wahren Selbst verbunden bist. Die häufigsten Probleme tauchen in unserem Leben dann auf, wenn die Wünsche des Egos und die der Seele auseinanderdriften. Das Ego will Sicherheit, etwas erreichen, anerkannt und gesehen werden, es will gewinnen. Die Seele hingegen sehnt sich nach bestimmten Gefühlserfahrungen, will heil werden, Dinge ausgleichen, Erkenntnisse gewinnen, sich entwickeln und sich mit bestimmten Menschen verbinden, auf Reisen gehen oder Hobbys ausleben.

Wenn Ego und Seele übereinstimmen, wirst du tiefen Frieden spüren. Du wirst zufrieden mit dir und dem Leben sein, optimistisch, Freude haben, dich schon morgens auf den Tag freuen, und dich lebendig und voller Energie fühlen. Die Dinge laufen glatt und Synchronizitäten treten auf.

Aus eigener Erfahrung weiß ich, wie schwer es sein kann, wenn Ego- und Seelenwünsche auseinanderdriften. In dem Fall hilft es, liebevoll mit dir selbst zu sein. Zu erspüren, was die Sehnsucht deiner Seele ist, und das Ego mit ins Boot zu holen. Die Seele sollte zum Entscheider deines Lebens werden, das Ego darf lernen, ihr zu folgen – im tiefen Wissen, dass es nicht zuletzt dem Ego zugutekommen und der Verstand clever genutzt wird, um die Pläne der Seele umzusetzen.

Bedürfnisse fühlen und für sie einstehen

Für die Kinder ist es das Normalste auf der Welt, ihre Bedürfnisse auszudrücken, wenn nötig mit Nachdruck. Es ist ihr Geburtsrecht, genau wie es deins war und noch heute ist, auch wenn es dir vielleicht aufgrund prägender Erfahrung und Erziehung zum Teil abhandengekommen ist. Du kannst hier jetzt sofort nachprüfen, ob du immer zu deinen Bedürfnissen stehst:

Stell dir vor, dass deine beste Freundin oder dein bester Kumpel eine wirklich schlimme Zeit durchmacht und ihr für den Abend verabredet seid. Du weißt, er oder sie verlässt sich auf dich und braucht dich wirklich. Aber du bist total erschlagen vom Tag. Du bist kaputt, willst einfach nur auf dem Sofa liegen, dir etwas Gutes tun. Was tust du? Sagst du deiner Freundin oder deinem Kumpel ehrlich ab für diesen Abend, oder schleppst du dich hin? Aus Pflichtgefühl, aus dem Gedanken heraus: „Aber ich muss ja eine gute Freundin sein."

Wenn du völlig guten Gewissens sagen kannst: „Na klar sag ich ab. Morgen ist ja auch noch ein Tag, und das hat schon seinen Grund!" Dann herzlichen Glückwunsch! Es zeigt, dass du ganz bei dir bist, deine Bedürfnisse fühlst und voll und ganz für sie einstehst.

Falls nun aber eher Gedanken in dir hochkamen, wie zum Beispiel: „Das kann ich auf gar keinen Fall absagen, das gehört sich nicht", oder dass du dir im allerhöchsten Fall vorstellen kannst zu sagen, dass du nicht kommst, aber eine Notlüge verwendest und eine Krankheit oder Ähnliches vorschiebst, dann geht es dir wie vielen anderen Menschen auf der Erde. Du hast verlernt, gut für dich zu sorgen. Wenn du Schwierigkeiten hast, auf deine eigenen Bedürfnisse zu achten und die der anderen über deine stellst, stehen dahinter immer erlernte Strategien aus der Kindheit, mit dem Ziel, Liebe und Aufmerksamkeit zu erhalten. Als Kinder waren wir abhängig von unseren Eltern, und so war es uns, wie allen Wesen auf der Erde, wichtig, gesehen und geliebt zu werden. Zur Not auch, indem wir negativ aufgefallen sind – Hauptsache, wir bekamen dadurch Aufmerksamkeit.

Ignoriert zu werden ist für ein Kind die Höchststrafe, sehr schwer auszuhalten und geht tief ins Herz. Die meisten Kinder haben erfahren, dass sie besonders für gute Gefühle und angenehmes Verhalten belohnt und geliebt worden sind. Doch zu uns Menschen gehören alle Emotionen.

Heute bist du ein eigenständiger Mensch, du bist nicht mehr abhängig, sondern eigenverantwortlich für dein Leben. Dennoch halten diese Prägungen ein Leben lang an, solange sie nicht aufgespürt und bewusst transformiert werden. Auch daran erinnern uns die wundervollen Kinder der Neuen Zeit. Wir dürfen wieder lernen, ehrlich zu sein. Uns selbst, sowie anderen gegenüber. Du bist nur eine Hilfe für andere Menschen, wenn es dir selbst gut geht. Daher ist es unglaublich wichtig, dass du selbst auf deine Bedürfnisse hörst, sie erfüllst und auf dich aufpasst.

Blicken wir noch einmal kurz auf das Beispiel zurück und stellen uns vor, du hättest mit gutem Gewissen ehrlich für diesen Abend absagen können, weil du deutlich spürst, dass du sonst über deine Grenzen gehen würdest. Was fühlt sich im Herzen besser an?

1. Du fühlst dich gar nicht gut und bist unendlich müde, aber gehst zu deiner Freundin und gibst vor, für sie da zu sein, bist aber geistig abwesend und spürst, wie sehr du gerade über deine Grenzen gehst. Kannst daher vielleicht nur halbherzig antworten oder da sein. Deine Freundin spürt es und fühlt sich dadurch vielleicht noch unwohler.
2. Du fühlst dich gar nicht gut und bist unendlich müde, aber hast Gewissensbisse abzusagen. Du lügst deine Freundin aus Angst an. Sagst zum Beispiel, du hättest heftige Migräne und würdest morgen kommen. Kannst du den Abend dann

für dich genießen? Oder quälen dich noch schlimmere Gewissensbisse?

3. Du fühlst dich gar nicht gut und bist unendlich müde. Du erkennst, dass es so keinen Sinn macht, für deine Freundin da zu sein, und spürst, dass du dich heute Abend erst einmal um dich selbst kümmern darfst, um deine Energiereserven wieder aufzufüllen. Du rufst deine Freundin an und sagst ihr ganz ehrlich und in Liebe, was los ist, und verabredest dich für den nächsten Tag – ohne schlechtes Gewissen, und genießt deinen Abend, die Ruhe und wachst am nächsten Morgen tief erholt auf. Deine Freundin ist im ersten Moment nach dem Auflegen vielleicht niedergeschlagen, traurig und fühlt sich abgelehnt. Aber dann überwiegt eine andere Seite. Sie rappelt sich wieder auf, geht spontan aus und hat überraschenderweise einen wundervollen Abend, oder aber sie liest stattdessen zu Hause ein Buch, in dem sie die Antwort auf eine Frage findet, die sie lange beschäftigt hat. Du freust dich, deine Freundin am nächsten Tag aufzubauen und strahlst positive Energie aus, lebst vor, wie es geht, sich gut um sich selbst zu kümmern. Und so teilt ihr dann die gemeinsame Erkenntnis, dass es goldrichtig war, dass jede für sich selbst am vergangenen Abend da war.

Es ist so wichtig, dass wir wieder beginnen, liebevoll mit uns selbst zu sein. Wenn du im Frieden mit dir bist und gut zu dir, dann hast du viel mehr Reserven für die anderen, bist eine Bereicherung und dienst als Vorbild. Wenn wir uns aufreiben für jemand anderen, uns selbst hinten anstellen, geben wir der Person auch unbewusst das Gefühl: „Du bist abhängig von mir und meiner Hilfe. Du brauchst mich, damit es dir besser geht." Du gibst den Menschen also auch die Chance, sich selbst zu helfen, wenn du als Beispiel vorangehst. Das heißt natürlich nicht, dass du anderen nicht mehr helfen solltest, sondern bedeutet nur, dass du zuerst auf deine Bedürfnisse achten darfst, um dann für alle anderen da zu sein – mit aller Kraft, Freude und aus ganzem Herzen.

Und an der Stelle fragt man sich doch wirklich: Wer lehrt hier wen etwas? Du bist unglaublich wichtig als Begleiter für dein Kind. Du bist der sichere Hafen, der Unterstützer, der Halt, der Liebende, du bist der Kraftspender und Tröster, erklärst deinem Kind die Spielregeln auf der Erde. Doch dann darf sich der Blick ruhig einmal mehr oder weniger drehen, indem du dich immer wieder fragst: „Und was lerne ich durch mein Kind?"

☆☆

„Die Lehrer des Herzens sind immer die, deren Herz noch rein und unbefleckt ist. Je mehr Prägungen, Glaubenssätze und Ängste hinzukommen, desto mehr verschwimmt das Bild des wahren Seins, des wahren Ursprungs. Das Vergessen tritt ein. Doch in dieser bedeutsamen Zeit ist es unglaublich wichtig, dass ihr euch wieder erinnert und euren Kindern helft, sich nicht zu vergessen. Dass sie wach bleiben. Sich erkennen, dich erkennen, das Leben durchschauen und das Leben leben, für das sie sich einst entschieden haben.

Bedenke, dass dein Kind in Wahrheit nicht deins ist, nicht dir gehört. Es ist ein Geschenk Gottes, das durch dich in die Welt kommen durfte. Ein Band der ewigen Liebe bindet euch auf ewig, aber lass es frei. Forme es nicht nach deiner Vorstellung, lass es sich selbst formen. Von innen nach außen. Du bist Un-

terstützer dabei, nicht aber der Erbauende. Lass dein Kind sich selbst, sein Leben und seine Welt erschaffen, nach seinen Wünschen und seinen Maßstäben. Es gibt hier nichts übermäßig zu kontrollieren oder zu lehren.

Bringe den Kindern bei, was du gelernt und für dich als stimmig erachtet hast, aber stülpe ihnen nichts aus deinen Ängsten über. Höre deinem Kind aufmerksam zu, sei offen, höre mit dem Herzen hin. Geht den Weg gemeinsam, Hand in Hand. Nicht dein Kind ist falsch oder unpassend für diese Erde. Die Erde ist im Laufe der Jahrhunderte unpassend für die Menschheit geworden.

Zu sehr vom Ego dominiert, zu sehr belastet wurden die Welt und die neuen Kinder, die neuen Generationen, zu denen auch du zählst. Ihr alle seid dazu da, um die Erde wieder zu dem werden zu lassen, was sie einst war: Ein wunderschöner, belebter Planet, in dem jeder sein und wirken kann, jeder zur Schönheit beiträgt. Sich nicht mehr vergisst, sondern sich und den anderen mit dem Herzen sieht und erkennt. Du musst dein Kind nicht erziehen, denn es ist schon. Du darfst es begleiten, aber vergiss nicht, dass dein Kind eine unendliche Weisheit in seinem Herzen trägt. Öffne dich dafür.“

☆☆☆

Seelenbalsam für die Begleiter dieser Kinder

Du hast eine der wichtigsten Aufgaben inne!

Erinnere dich:

Dein Kind ist genauso richtig und wunder-voll, wie es ist, und du bist genauso richtig und wunder-voll, wie du bist! Situationen, das Umfeld und andere Menschen können dich immer wieder prüfen, können dich teilweise ins Wanken bringen oder zum Zweifeln. Hiermit möchte ich das Wort ganz speziell an dich richten, denn dieses Buch hat nicht zufällig zu dir gefunden:

Sei nicht so hart zu dir selbst. Es ist vollkommen normal und in Ordnung, wenn nicht immer alles im Leben glatt läuft. Dein Kind und du, ihr werdet für immer eine Beziehung führen. Das Band zwischen euch ist unzertrennbar, und ihr seid wichtig für euer gegenseitiges Wachstum. Nicht nur du ziehst dein Kind groß, dein Kind hilft dir bei deiner Entfaltung, bei der Erkenntnis, wer du wirklich bist, und es macht dich aufmerksam auf deine wunden Punkte, die Heilung finden dürfen. Es zeigt dir ebenso deine Potenziale und Geschenke, die du für diese Welt in dir trägst.

Erinnere dich daran, welch' Wunder dein Kind ist. Wie es in dir als Mama oder in deiner Begleitung als Papa im Mutterleib herangewachsen ist. Und dann erinnere dich: Auch du bist dieses Wunder! Ja, lange ist es her, aber es hat einen Grund, weshalb du geboren wurdest. Du bist ein ebensolches Wunder, und eins der größten Geschenke, das wir unseren Kindern geben können, ist die Selbstliebe. Damit meine ich nicht die egoistische oder sogar narzisstische Form der Selbstliebe, sondern die Selbstliebe, die deinem wahren Sein entspricht. Erkenne, wie wertvoll und vollkommen du bist, in all deiner Unvollkommenheit.

Du bist genau richtig, so, wie du bist, und alles, was sich zeigt: An Freude, Liebe, Fülle, aber ebenso an Schmerz, Trauer, an Zweifeln und Ängsten – all das darf da sein! Auch sie sind Teil deiner Erdenreise. Drückst du sie immer wieder weg, weil sie unangenehm sind, weil du denkst, dass du sie nicht fühlen solltest oder gar dürftest, dann werden sie zu einem großen, emotionalen Rucksack, den du unsichtbar, aber deutlich spürbar durch dein Leben trägst. Das heißt, öffne dich auch für deine unangenehmen Emotionen. Begib dich ganz hinein in dieses Gefühl. Fühle. Nimm die Gefühle und dich selbst mit all dem an. Du wirst sehen, was das für Wunder bewirkt, und dann kannst du dich von Tag zu Tag ganz neu entscheiden.

Frage dich in allen schwierigen Situationen: Was darf ich lernen? Wo ist das versteckte Geschenk?

Du bist großartig, genau so, wie du bist! Ich weiß, dass diese Sätze oft befremdlich wirken können. Vielleicht fühlst du Segen, vielleicht denkst du dir aber auch: „Die kennt mich doch gar nicht! Wenn die wüsste…“, aber doch, ich kenne dich, ich sehe dich! Ich kenne dich nicht persönlich, aber im Kern sind wir alle eins und miteinander verbunden. Im Kern bewegt uns alle genau das Gleiche. Wir wollen gesehen und geliebt werden, so, wie wir sind, und uns zeigen können, wie wir sind – ohne negative Konsequenzen.

Und je früher du lernst, dich so bedingungslos anzunehmen und zu lieben, und zwar mit allem: deinen Stärken und Schwächen, deinen negativen wie auch positiven Emotionen, desto leichter fällt es dir auch, dein Kind genauso anzunehmen und zu lieben, wie es ist. Selbstliebe ist ein Weg. Und es ist nie zu spät, den ersten Schritt zu tun. Du solltest es nur für dich tun! Aber genau das fällt vielen schwer: Tu es auch für dein Kind!

Kinder tun letzten Endes immer genau das, was wir ihnen vorleben. Wir können ihnen hundert Mal sagen, dass sie sich selbst lieben dürfen und sollen. Lieben wir uns selbst nicht, spüren sie das und werden genau dieses Muster in Zukunft übernehmen.

Du bist wertvoll und einzigartig. Erinnere dich!

☆☆

„Du bist von unschätzbarem Wert. Unendlich. Du bist die Unendlichkeit. Auch wenn du das vergessen hast oder es an manchen Tagen noch vergisst. Wir sehen dich. Wir lieben dich. Und wir schätzen alle deine Werke. Ihr seid auf einem Selbsterfahrungsplaneten, im wahrsten Sinne des Wortes, denn am Ende dieser langen Reise geht es immer darum, zu erfahren, wer ihr selbst seid. Das kann euch keiner verraten, das kann euch erzählt und beigebracht werden, aber am Ende müsst ihr es fühlen. Nur dann wird es real für euch. Erst dann versteht ihr. Wir sehen dich und begleiten dich auf deiner Reise."

☆☆☆

Schlusswort

Fühle dich gesehen und umhüllt von Dankbarkeit!
Dafür, dass du dieses Buch gelesen hast!
Dafür, dass du bist!
Dafür, dass du Begleiter eines so wundervollen Kindes bist!
Das Beste, was du deinem Kind, deinem Umfeld und der Erde schenken kannst, ist, die beste Version deiner selbst zu leben! Tu genau das, was dir Freude bereitet. Folge deinem Herzen, folge deiner inneren Stimme. Sie führt dich sicher durch dein Leben!
So möchte ich die letzten Worte dieses Buches, eines meiner Lieblingsmottos, mit dir teilen:

Lebe! Liebe! Lache!

Damit ist alles gesagt. Ich wünsche dir und deinem Kind von Herzen eine wundervolle Lebensreise!

Ich würde mich von Herzen freuen, wenn wir in Verbindung blieben.
Du findest mich:

Über meine Website: www.sarahrogalski.com

Und kannst mir folgen auf...

Instagram unter: sarah_kreiere_deinen_himmel
Facebook über meine Seite: Sarah Rogalski

Danksagung

Aus vollstem Herzen danke ich meinem Kind, meiner wundervollen Tochter und Kriegerprinzessin „Mila"! Ohne sie wäre dieses Buch niemals geschrieben worden.

Es ist einfach unfassbar, was ich durch dich, liebe Mila, in den bisher nicht einmal vier Jahren deines Daseins lernen durfte. Keine hundert Seminare zur Persönlichkeitsentwicklung hätten mich dort hinwachsen lassen können, wie du es in dieser kurzen Zeitspanne getan hast. Ich verspreche dir, immer für dich da zu sein, dich bedingungslos zu lieben und zu unterstützen. Ich sehe dich!

Auch möchte ich von Herzen allen Menschen danken, die meinen Weg bis hier und heute begleitet haben. Egal, ob es kurze oder lange Begleitungen waren. Jede einzelne Begegnung bis hier und heute war und ist wichtig! Ich danke allen Menschen, die mich lieben, unterstützen, die ich inspirieren darf und die mein Sein schätzen.

Ebenso danke ich all jenen, die mich getriggert, mich auf emotionalen Schmerz hingewiesen, und die mich herausgefordert sowie an meine scheinbaren Grenzen gebracht haben.

Ein besonderer Dank gilt auch meiner Mutter, die mir stets das Gefühl gab und gibt, immer für mich da zu sein und mich zu unterstützen.

Ich danke allen, die so mutig sind, wahrhaft hinzuschauen, die bereit sind, endlich ihre Masken fallenzulassen und ihr wahres Selbst zu zeigen und zu leben.

Ich danke allen Müttern dieser Erde für euer starkes Dasein. Euer Wirken ist unbezahlbar!

Auch danke ich der wundervollen Mara Ordemann und dem gesamten Team des Smaragd Verlags, dass sie es mir ermöglichen, dieses Wissen weiter in die Welt zu tragen, um ganz viele da draußen zu erreichen.

Danke für alle Unterstützer, für alle, die bereit sind, diesen Neuen Weg zu gehen und zu ebnen.

☆☆☆

Über die Autorin

„Vertraue dir, und vertrau deinem Kind!", lautet die Kernbotschaft von Sarah Rogalski, die in Lebensumstände geboren wurde, die zunächst für viele Ängste, Blockaden und Hindernisse gesorgt haben. Schon immer fühlte sie sich „irgendwie anders" und fremd in dieser Welt, stellte Sinnfragen zum Leben, und sich oft genug selbst in Frage. Bis sie im Alter von fünfzehn Jahren mit den geistigen Gesetzmäßigkeiten und der Tierkommunikation in Berührung kam, die sie auf einen tiefen Weg zu sich selbst führten. Auf diesem Weg lernte Sarah, sich immer mehr zu lieben und anzunehmen, und ihre Schwächen in Stärken zu verwandeln.

Heute begleitet sie die Menschen, die sich ähnlich fühlen wie sie damals, auf ihrem ganz persönlichen Weg hin zu sich selbst. Mit dem Ziel, ihr wahres Selbst zu entdecken, sich zu entwickeln und ihr volles Potenzial zu leben. Dies tut sie als Medium, Coach und Autorin.

Seitdem Sarah Rogalski im Jahr 2016 selbst Mutter eines „Irgendwie anders"-Kindes wurde, brachte es ihr zusätzliche tiefe Erkenntnisse, warum diese Menschen gerade jetzt vermehrt geboren werden, und möchte Eltern darin stärken und begleiten, ihr Kind genauso zu lieben und anzunehmen, wie es ist. Und zu brechen mit alten Erziehungsmethoden und eigens erlebten Mustern, damit sich ihr Kind genau zu dem ent-falten kann, als was er oder sie auf die Erde kam.

Buchempfehlungen

Marliese & Vera Hanßen

Aleph – Eure Kinder, die Sendboten Gottes

Spiritueller Ratgeber

360 Seiten, A5, broschiert

ISBN 978-3-95531-192-6

Der erste spirituelle Ratgeber aus der Geistigen Welt mit vielen neuen Ideen und Erklärungen.

Aleph, ein Engel der Großen Weißen Bruderschaft, erklärt es so:

„Eure Kinder, die Sendboten Gottes, sind mit einer besonderen Mission auf die Erde gekommen: Sie möchten den Frieden, die Liebe und die Brüderlichkeit schnellstens manifestieren. Ihr hohes Bewusstsein stellt die Gesellschaft vor einige Herausforderungen: Suchtverhalten, Mobbing, Patchwork-Familien, Pubertät, Ritalin, Hochbegabung, Lernschwächen.

Zusammen mit euren Kindern vermögt ihr das Goldene Zeitalter noch schneller einzuläuten, wenn ihr mutig und wahrhaftig eurem Herzen folgt und den Frieden in euch verankert. Denn ihr seid Teil des Ganzen. Euer göttlicher Einsatz wird nicht umsonst sein. Ihr werdet die Früchte eurer allumfassenden Liebe ernten.

Seid ihr bereit, eure Licht- und Friedensbringer zu unterstützen?"

Ein Nachschlagewerk für Eltern, Erzieher, Lehrer und alle Menschen, denen Kinder am Herzen liegen. Mit Gebeten, Meditationen und Ritualen.

Sabine Huber
Seelenreiseführer
Die wundervolle Reise zu dir
160 Seiten, A5, broschiert
ISBN 978-3-95531-193-3

Warum spüren wir mehr und mehr diese Leere in uns? Warum erfüllt uns unser Leben von Jahr zu Jahr weniger?

Die Suche und Ablenkung im Außen hat uns jahrelang beschäftigt, jetzt aber spüren wir, dass es noch etwas anderes geben muss. Die spannende Frage lautet: Gibt es da vielleicht etwas in uns, das uns all das geben kann, wonach wir in diesem Moment suchen?

Die Autorin begleitet uns Schritt für Schritt auf unserer Reise zu uns selbst. Sie unterstützt uns dabei, eine neue liebevolle Beziehung zu uns aufzubauen und uns neu zu entdecken. Sie nimmt uns mit ihrer wundervollen Energie an die Hand und führt uns zurück zu unserem wahren Ich – zu unserer Seele. Denn in Wahrheit sind wir reine Liebe und vollkommen. Wir brauchen nicht länger zu suchen, alles ist bereits in uns.

Mit genügend Platz hinter jedem Kapitel für eigene Erfahrungen.

Zora Gienger
Hochsensibel – Leben mit besonderen Gaben
192 Seiten, A5, broschiert
ISBN 978-3-95531-182-7

Dieses Buch ist für alle, die hochsensibel, empathisch und medial sind, ein wichtiger Leitfaden, um Ordnung in die Vielfalt menschlicher Wahrnehmungen zu bringen, sich selbst besser verstehen zu können und seine Gaben wahrhaftig zum Wohl der Schöpfung zum Einsatz zu bringen.

Wer hochsensibel ist, bringt ganz besondere Gaben in die Welt. Doch allzu oft empfinden hochsensible Menschen diese als Last und fühlen sich von ihren Wahrnehmungen überfordert.

Es ist ein Segen, endlich zu wissen, wie die eigenen Gaben bewusst für fließende Heilenergie sorgen können, wie neue Energiefelder erschaffen werden und wie man sich selbst mit Hilfe von Heilmassagen helfen kann, um sich wohl, glücklich und erfüllt zu fühlen.

Katharina Kopp

Biete Erleuchtung, suche Probleme!

Eine etwas andere Sicht aufs Leben

232 Seiten, A5, broschiert

ISBN 978-3-95531-186-5

Katharina ist eine junge Visionärin der Neuen Zeit, die sich für ein friedliches Zusammenleben einsetzt.

Hast du dich auch schon einmal gefragt, was eigentlich der Sinn des Lebens ist? Ob es einen Grund gibt, weshalb du hier bist? Wer du wirklich bist?

Hast du dich schon einmal gefragt, wie es sein kann, dass wir Energie sind, warum wir mit allem verbunden sein sollen, obwohl wir uns doch häufig so allein fühlen?

Wenn auch du auf der Suche nach Antworten bist, um deinen eigenen Sinn zu finden, der dich jeden Tag tief erfüllt, du die bedingungslose Liebe zu dir und allen anderen aus tiefstem Herzen spüren möchtest, um dir ein Leben mit Sinn in Verbundenheit, Vertrauen, Liebe und Erfüllung zu erschaffen, dann ist dieses Buch für dich.

Beim Lesen wirst du durch alle Bewusstseinszustände hindurchgeführt, jedes Kapitel weitet dein Bewusstsein, du fühlst dich immer freier und weiter, und erkennst dich mit jedem Wort mehr.